Robert J. Ringer

Werde Nr. 1

Robert J. Ringer

Werde Nr. 1

Du bist Dir selbst der Nächste

mvg

CIP-Kurztitelaufnahme der Deutschen Bibliothek

Ringer, Robert J.:
[Werde Nummer eins]
Werde Nr. 1 : Du bist dir selbst d. Nächste /
Robert J. Ringer. [Aus d. Amerik. übers. von
Evelyn Linke]. – 3. Aufl. – Landsberg am Lech :
mvg, 1983.
Einheitssacht.: Looking out for number one <dt.>
ISBN 3-478-02513-3

3. Auflage 1983

Originaltitel: Looking out for No. 1
Aus dem Amerikanischen übersetzt von Evelyn Linke

Schutzumschlag: Weisbrod Werbung
Druck und Bindung: Kösel, Kempten
Printed in Germany 020513/183502
ISBN 3-478-02513-3

Ich widme dieses Buch der Hoffnung, daß irgendwo in unserem Universum eine Zivilisation existiert, deren Mitglieder die uneingeschränkte Herrschaft über ihr eigenes Leben haben, in der jedes Individuum die Fähigkeit und den Mut besitzt, die Wirklichkeit zu sehen und anzuerkennen, und wo es keine Regierungen gibt, die den unseren gleichen.

Inhaltsverzeichnis

Vorwort

Jeder Leser, der mit meiner Philosophie vertraut ist, wäre enttäuscht, wenn ich nicht sagen würde, daß der einzige Grund, der mich bewogen hat, dieses Buch zu schreiben, der Wunsch war, damit soviel Geld wie möglich zu verdienen.

Vielleicht ist es Ihnen gar nicht bewußt geworden, daß Sie durch den Kauf des Buches eine Wert-für-Wert-Beziehung mit mir eingegangen sind. Ich tausche meine Ideen - von denen ich glaube, daß sie Ihr Leben angenehmer machen können - gegen Ihr Geld. Betrachtet man unsere Beziehung aus dieser Perspektive, so brauchen Sie keinen Gedanken daran zu verschwenden, daß ich Ihnen einen Gefallen erweise, indem ich meine Ideen mit Ihnen teile: Ich tue Ihnen keineswegs einen Gefallen. Das ist sozusagen Ihr Sicherheitsventil bei dieser Transaktion - die Gewißheit, daß ich Geld verdienen möchte, indem ich Ihnen in den kommenden Jahren noch mehr Bücher verkaufen will, und daß ich mir Ihre Kundschaft nur dann erhalten kann, wenn dieses Buch für Sie den Kaufpreis wert ist, weil es Ihnen hilft, die Wirklichkeit zu erkennen und sich mit den Tatsachen rational auseinanderzusetzen.

Höhere Motive sind nicht vorhanden. Ich bin nicht darauf aus, Sie zu irgendeiner Sache zu bekehren, oder mir Ihren Beistand bei der Ausmerzung eines »Übels« zu sichern, oder Ihre Unterstützung für oder gegen irgend etwas zu gewinnen. Wenn Sie begreifen, daß ich einzig und allein beabsichtige, Ihnen eine wertvolle Ware zu liefern, dann haben Sie bereits die richtige Einstellung für die Verarbeitung der Tatsachen, die auf Sie zukommen.

Machen Sie reinen Tisch

Bevor Sie den neuen Weg einschlagen, wäre es für Sie überaus vorteilhaft, wenn Sie versuchen würden, alle Ihre bisherigen Ansichten über

Freundschaft, Liebe, Geschäft oder irgendeinen anderen Aspekt des Lebens aus Ihren Gedanken zu verbannen. Ich weiß, daß das leichter gesagt als getan ist, aber machen Sie den Versuch — die Mühe wird sich bestimmt lohnen.

Befreien Sie sich auch von jedem vorgefaßten Image, daß Sie vielleicht von mir haben. Glauben Sie ja nicht, daß ich »konservativ« bin, denn das stimmt nicht. Halten Sie mich nicht für »liberal«, denn auch das bin ich nicht. Ich bin ein Individuum und habe eine entsprechend vielschichtige Persönlichkeit. Ich erkenne Sie als einen Menschen an, der einzigartig ist, der sich von allen anderen Menschen unterscheidet, und es würde zu Ihrem eigenen Vorteil sein, wenn Sie mir das Gleiche zugestehen. Das, was ich Ihnen zu sagen habe, wird Ihnen viel einleuchtender erscheinen, wenn Sie nicht versuchen, mich abzustempeln.

Da es mir nur um den einzelnen Menschen, also um das Individuum geht, ist in meiner Philosophie kein Platz für einen Unterschied zwischen männlich und weiblich. Wenn immer ein spezifisches Geschlecht genannt wird, ist es automatisch auch für das andere Geschlecht gültig (es sei denn, daß es einen offensichtlichen Grund für die Verwendung eines bestimmten Geschlechtspronomens gibt).

Klar zum Start

Machen Sie in Ihren Gedanken reinen Tisch. Vergessen Sie unbegründete Traditionen, vergessen Sie die »moralischen« Prinzipien, die andere Menschen Ihnen gewaltsam einimpfen wollten, vergessen Sie die Einschüchterungsversuche, durch die man Sie zwingen wollte, irgendwelche Ansichten als »gut« zu akzeptieren. Lassen Sie sich von Ihrem Verstand leiten, und vor allem sollen Sie sich selbst als ein einzigartiges Individuum verstehen — als Nummer Eins.

Ich habe nicht die Absicht, als Ihr Rechts- oder Eheberater zu fungieren oder Sie zu irgendeiner drastischen Aktion zu veranlassen, weil Sie fälschlicherweise glauben, daß meine Worte als eine Art Garantie ausgelegt werden sollten. Falls Sie bei Ihren Bemühungen Schiffbruch erleiden, werde ich mich keineswegs schuldig fühlen; ebenso wenig erwarte ich einen »Gewinnanteil«, falls Sie Erfolg haben — gleichgültig, ob es sich um einen Erfolg in der Liebe, auf dem finanziellen Sektor oder auf irgendeinem anderen der im vorliegenden Buch diskutierten Gebiete handelt. Die

Verantwortung für Ihren Erfolg oder Mißerfolg liegt ausschließlich bei Ihnen.

Da wir aber die einzige Art von Transaktion eingegangen sind, die ich für rational halte — eine Beziehung, die auf dem Prinzip der Gleichwertigkeit von Leistung und Gegenleistung beruht —, möchte ich hiermit sagen, daß ich Ihnen aufrichtig den besten Erfolg bei der Überwindung der Hürden wünsche, die sich Ihnen jetzt noch auf Ihrem Weg zu einem besseren und glücklicheren Leben entgegenstellen.

R. J. RINGER

1. Kapitel
Sei dir selbst der Nächste

Wie kann ich Nummer Eins werden?

Der Wunsch, Nummer Eins zu werden, ist gleichbedeutend mit dem bewußten, rationalen Bestreben, möglichst viel Zeit für all die Dinge aufzuwenden, die Ihnen am meisten Freude machen, und allem, was Ihnen Kummer und Sorgen bereitet, weniger Zeit zu widmen. Jeder Mensch strebt ganz automatisch danach, glücklich zu sein, daher ist der Begriff »rational« das Schlüsselwort.

Wenn Sie rational handeln und somit innerhalb vernünftiger Grenzen Freude erfahren und Kummer vermeiden wollen, müssen Sie sich bewußt sein, was Sie tun und warum. Andernfalls leben Sie Ihr Leben nicht, sondern Sie wandern nur hindurch. Da die Menschen stets das tun, von dem sie *glauben,* daß es ihnen die meiste Freude macht, kann hier nicht von Selbstsucht die Rede sein. Das heißt aber auch, daß sie nicht selbstlos sind, wenn sie anscheinend uneigennützig handeln, obwohl sie das oft glauben (und erwarten, daß Sie diese Ansicht teilen). Ihr Verhalten bedeutet nur, daß sie sich ihrer Handlungen nicht ausreichend bewußt sind. Entweder ist ihnen nicht völlig klar, was sie tun, oder sie sind sich nicht bewußt, warum sie es tun, oder beides. Auf jeden Fall handeln sie selbstsüchtig — aber nicht rational.

Wenn Sie bewußt und konsequent zwischen Freude und Kummer abwägen wollen, müssen Sie ein höheres Niveau des Bewußt-Seins anstreben und Ihren Verstand so schulen, daß Ihre Entscheidung mehr und mehr der Ausdruck Ihrer eigenen Wahl ist. Ohne eine rationale Grundlage für Ihre Handlungen haben Sie sich nicht unter Kontrolle, und alles, was außer Kontrolle ist, bedeutet sowohl für sich selbst als auch für die Umwelt eine Gefahr. Stellen Sie sich Ihr Bewußtsein wie ein Meßinstrument vor: Die hohen Werte werden nur durch Ihre eigenen rationalen Entscheidungen erreicht, die Tiefstwerte sind diejenigen Handlungen, zu denen Sie durch fremde Entscheidungen veranlaßt werden. Falls Sie bisher zu letzterem Verhalten neigten, trösten Sie sich mit der erfreulichen Aussicht, daß es nur aufwärts gehen kann.

Worin besteht der Gewinn?

Warum ist es wichtig, nach eigenen Entscheidungen zu handeln? Welchen Gewinn bringt das ein? Sie wissen es bereits: mehr Freude und weniger Kummer – ein besseres Leben für Nummer Eins.

Das bedeutet im einzelnen: Sie fühlen sich springlebendig statt müde. Sie verdienen so viel, daß Sie sich die materiellen Dinge leisten können, die Sie sich wünschen, statt daß Sie verbittert sind, weil Sie darauf verzichten müssen. Sie können eine erfüllte Liebesbeziehung genießen, statt daß Sie sich danach sehnen. Sie erfreuen sich an guten Freundschaften, statt daß Sie Ihre Gedanken auf Menschen konzentrieren, für die Sie negative Gefühle hegen. Sie fühlen sich gesund statt abgeschlagen. Ihr Denken ist relativ geradlinig statt verworren und voller Ballast. Sie haben mehr Freizeit, statt daß Sie abgehetzt sind.

Auf das eigene Selbst bedacht zu sein, ist wichtig, weil es Ihnen ein einfacheres, unkomplizierteres Leben ermöglicht, in dem Sie mehr Zeit auf all jene Dinge verwenden, die Ihnen am meisten Freude machen. Es ist die Entdeckung dessen, worauf es wirklich ankommt — die Erkenntnis, daß das Leben lebenswert ist, daß es erfreulich sein kann und sein sollte, statt daß es Sie mit Angst erfüllt. Die natürlichen Weiterentwicklungen, die sich aus dieser Erkenntnis ergeben, sind Selbstdisziplin und Selbstachtung, die ihrerseits noch mehr Freude in Ihr Dasein bringen.

Das Wohlbefinden

Was ist Freude? Ich kann wohl auf den Versuch einer Definition verzichten, denn jeder Mensch versteht gefühlsmäßig, was dieser Begriff bedeutet. Wenn Sie etwas Angenehmes erleben oder frei von Kummer und Sorgen sind, dann fühlen Sie sich wohl.

Im Grunde genommen streben alle Menschen dieses Ziel an – sich wohlzufühlen. Glücklich sein ist kein mysteriöser Zustand, der von Sprachgelehrten oder Psychologen sorgfältig seziert werden muß. Es drückt einfach Ihre seelische Verfassung aus, wenn Sie etwas Erfreuliches erleben, und das heißt, daß Sie sich wohlfühlen.

Manchmal verlieren wir die Tatsache aus den Augen, daß unser eigentliches Ziel darin besteht, so glücklich wie möglich zu sein, und daß all unsere anderen Ziele, ob groß oder klein, nur ein Mittel dazu sind, diesen Zustand zu erreichen. In dem Maße, in dem wir unsere untergeordneten Ziele erreichen und diese rational sind, fühlen wir uns wohl.

Die Stärke des Gefühls, glücklich oder unglücklich zu sein, unterliegt Schwankungen. Sie können heute glücklicher sein als gestern oder doppelt so glücklich wie vor einem Monat, und Sie können die Hoffnung haben, in der Zukunft viel glücklicher zu sein, als Sie es jemals waren. Der Grad Ihres Glücksempfindens hängt stets von der Rationalität Ihrer Ziele und auch davon ab, ob Sie diese Ziele mit Erfolg anstreben. Je rationaler Sie sind, desto leichter sind sie zu erreichen.

Die innere Waage für das Glücksempfinden

Freuen Sie sich: Sie besitzen einen wunderbaren Mechanismus, dessen Vorhandensein Ihnen vielleicht gar nicht bewußt ist. Es handelt sich um einen Mini-Computer innerhalb des Großcomputers, den wir das Gehirn nennen. Er hat die Fähigkeit, jederzeit alle Alternativen gegeneinander abzuwägen, die Ihnen offenstehen, und wählt diejenige aus, von der er *glaubt,* daß sie Ihnen das stärkste Glücksempfinden vermittelt. Allerdings gibt es bei dieser Waage ein kleines Problem: Gelegentlich funktioniert sie nicht richtig. Sie ermittelt die Tatsachen nicht immer genau und produziert daher nicht immer die richtigen Entscheidungen. Wie jeder Computer ist auch dieser nur so gut wie der Operator, der die Informationen eingibt. Wenn Sie ihn mit irrationalen Gedanken füttern, wird er irrationale Entscheidungen treffen.

Es liegt also an Ihnen, für die gute Funktion dieses wunderbaren Besitzes zu sorgen. Der Computer wird es niemals versäumen, für Sie eine Entscheidung zu treffen (und keine Entscheidung ist ja gewissermaßen auch eine Entscheidung – nämlich der Beschluß, nichts zu unternehmen), und diese Entscheidung wird immer so ausfallen, wie er es für Sie am besten hält. Wie oft er das Richtige wählt, hängt unmittelbar davon ab, wie hoch das Niveau Ihres Bewußt-Seins ist, und wie weit Sie Ihre Fähigkeit, vernünftig zu denken, entwickelt haben.

Auch wenn alle Menschen ihre Handlungen mit Verstand planen würden, so würde doch jeder von uns auf verschiedene Art und Weise sein

Glück suchen. Manche mögen ihr Glück finden, indem sie zu stillen Duldern werden (obwohl ich bezweifle, daß das jemals eine rationale Wahl sein könnte), andere durch Belesenheit und Wissen auf allen möglichen Gebieten, wieder andere durch die Anhäufung von Reichtum. Wie Louise Ropes Loomis in ihrer Ausdeutung des Aristoteles sagte: »Das Ziel, nach dem wir alle mehr oder weniger streben, ist das Glücklichsein. Die Verschiedenheit unseres Verhaltens liegt an unseren unterschiedlichen Ansichten darüber, was Glück ist.«

Gefährlich wird es, wenn andere Ihnen sagen wollen, was Sie glücklich macht. »Wenn jemand sagt, das Geben sei der Schlüssel zum Glücklichsein, sagt er damit nicht, daß es der Schlüssel zu *seinem* Glück ist?« fragt Harry Browne. Er warnt, daß man sich selbst täuscht, wenn man annimmt, die Ansichten eines anderen Menschen seien für einen selbst bindend.

Woran erkennen Sie, ob Ihre innere Waage für das Glücksempfinden richtig funktioniert? Die für Freude und Leid zuständigen Sektoren Ihres Gehirns werden Ihnen stets eine leicht verständliche Auswertung liefern, nach der sich Ihr Wohlbefinden richtet.

Wenn Sie sich wohlfühlen, brauchen Sie keine Fragen zu stellen, denn Ihre innere Waage funktioniert einwandfrei. Aber wenn Sie sich Sorgen machen oder bedrückt sind, müssen Sie ein paar Hürden überwinden, und das bedeutet Arbeit (meist geistiger Art).

Es bewahrheitet sich immer wieder: *Keine Leistung ohne Gegenleistung.* Je glücklicher Sie sein wollen, desto höher ist der Preis, den Sie dafür bezahlen müssen. Sie allein entscheiden darüber, welchen Preis Sie zu zahlen bereit sind, und es liegt in Ihrem Interesse, diese Entscheidung zu treffen, *bevor* Sie handeln.

Welche Alternativen haben Sie nun wirklich? Es war nicht Ihre Entscheidung, geboren zu werden, aber es ist nun mal eine Tatsache, daß Sie leben. Abgesehen von der Bezahlung des Preises für ein besseres Leben stehen Ihnen tatsächlich nur zwei Möglichkeiten offen.

Die eine ist, daß Sie sich einfach umbringen, und obwohl viele Menschen diesen Weg wählen, kann man ihn wohl kaum eine rationale Alternative nennen. Die zweite ist Inaktivität, die Dinge nehmen, wie sie sind, und all die Verworrenheiten, Frustrationen, Konflikte und anderen negativen Werte ertragen, die aus dem Leben eher eine Last als eine Freude machen.

Die meisten Menschen wählen die Inaktivität, weil das scheinbar der leichteste Weg ist. Ich glaube jedoch, daß sie sich durch dieses auf kurze Sicht abgestellte Denken selbst betrügen. Sie tauschen eine relativ kleine Anzahl von periodisch auftretenden akuten Schmerzen gegen ein ganzes Leben voll dumpfer, chronischer Schmerzen ein. Aus dieser Einstellung resultiert ein Großteil der Bitterkeit, auf die wir in unserer Umgebung immer wieder stoßen. Ein ödes Leben ist, bildlich gesprochen, ein lebender Tod. Warum sollten Sie sich Gedanken über das Leben nach dem Tod machen, wenn Sie nicht einmal in Ihrem irdischen Leben richtig lebendig sind?

Auf lange Sicht ist es bestimmt die klügste Entscheidung, den Preis zu bezahlen, den die Entwicklung Ihrer Fähigkeit, rational zu denken, kostet. Das könnte eine radikale Änderung Ihres Lebensstils, Ihres Berufs oder sogar Ihres Wohnorts erfordern. Solche Änderungen sollten Sie aber erst dann vornehmen, wenn sie Ihnen nach reiflicher Überlegung gerechtfertigt erscheinen. Vielleicht liegt vieles, das Sie zum Glücklichsein brauchen, direkt vor Ihrer Nase.

Die Insel aus Vulkanasche

Vor Jahren gab es einen Film mit dem Titel »Fanny«, an den ich mich sehr gut erinnere. Die Titelheldin liebt einen jungen Mann namens Marius, und er liebt sie. Fanny möchte seine Frau werden, aber Marius ist, wie sie sagt, »so unsicher – so zerrissen«.

Marius erzählt Fanny eine Geschichte, die er in seiner Kindheit von einem alten Seemann gehört hatte. Der Matrose hatte begeistert die »Inseln unter dem Wind, wo schwarze Bäume wachsen«, beschrieben: »Wenn man sie fällt, sind sie innen aus Gold und duften nach Kampfer und Pfeffer.« »Damals wurde diese tiefe, schmerzhafte Sehnsucht in mir geboren«, fuhr Marius fort, und seine Augen glitzerten vor Aufregung. »Sie macht mich schwindlig, als ob ich ständig vornüber fiele in Richtung auf das Meer.« Trotz seiner tiefen Liebe zu Fanny geht Marius aufs Meer, um die Wunder zu suchen, die der alte Seemann geschildert hatte.

Über ein Jahr später kommt Marius zu einem kurzen Urlaub nach Hause und besucht Fanny, die inzwischen einen anderen geheiratet hat. In einer rührenden Szene fragt Fanny ihn, ob er »die Inseln unter dem Wind« gesehen hat.

Marius bejaht.

»Wie haben sie ausgesehen?« fragt Fanny.

»Hast du jemals Fotografien von den Mondkratern gesehen? Genauso waren diese Inseln – aus Vulkanasche. O Fanny, und ich bin mit so viel Hoffnung ausgezogen!«

Das Glück ist da, wo Sie es finden. Es ist durchaus möglich, daß es nicht dort ist, wo Sie heute sind. Aber ebensogut könnte es direkt vor Ihnen sein. Ob es nun in der Nähe ist oder nicht, lassen Sie sich nicht von Illusionen verführen und von Emotionen zu dramatischen Entscheidungen hinreißen. Vielleicht stellt sich heraus, daß auch Ihre Inseln des Glücks nichts als Vulkanasche sind.

Vor allem aber sollten Sie stets daran denken, daß Glücklichsein nicht das ist, was andere dafür halten. Glücklichsein ist das, was *Ihnen* ein Wohlgefühl bereitet.

Muß man siegen, um glücklich zu sein?

Ich werde oft gefragt, ob man siegen muß, um glücklich zu sein. Die Antwort lautet aus zweierlei Gründen »ja«. Erstens: Ihr Hauptziel ist das Glücklichsein, und deshalb ist es wichtig, daß Sie »siegen« – daß Sie dieses Ziel erreichen. Zweitens: Das Glücksempfinden entsteht dadurch, daß man eine Reihe von untergeordneten Zielen erreicht hat, und deshalb ist es unumgänglich notwendig, daß man von diesen Zielen so viele wie nur möglich verwirklicht.

Das Gefühl der Frustration entwickelt sich, wenn man die falschen oder zu viele Ziele hat. Das Problem der falschen Ziele ist das Ergebnis irrationalen Denkens; das Problem, zu viele Ziele zu haben, ist die Folge des von der Gesellschaft ausgeübten Drucks in Bezug auf den generell akzeptierten Begriff des Siegens. Wenn man jemanden einen »Erfolgsmenschen« nennt, heißt das, daß er praktisch jedes Ziel erreicht, das er sich setzt. Die Bezeichnung »Wettbewerbstyp« bezieht sich auf einen Menschen, der ständig angespannt ist, sich nie Ruhe gönnt und sich immer voll einsetzt, ob er nun über eine geschäftliche Transaktion verhandelt oder Golf spielt.

Siegen bedeutet zwar, daß Sie Ihre Ziele erreichen, aber das braucht Sie nicht gierig zu machen. Sie können nicht alle Schmankerln bekommen, die es im Delikatessenladen gibt, und sei es nur aus dem Grund, daß kein Mensch so viel Zeit, Energie und Talent hat, wie er brauchen würde, um alle guten Dinge einzuheimsen. Also brechen Sie sich vor Gier nicht das

Genick. Lassen Sie auch für uns etwas übrig, denn wir bekommen unseren Anteil, ob es Ihnen paßt oder nicht, und zwar ganz einfach deshalb, weil wir auf manchen Gebieten befähigter sind als Sie und vielleicht mehr Zeit und Energie für diese Dinge aufwenden können als Sie. Insbesondere ist die Zeit eine fest umrissene Kommodität, die dem, was ein Mensch in seinem Leben vollbringen kann, Grenzen setzt.

Wenn man nur um des Siegens willen siegt, macht man daraus eine eigenständige, hochwertige Aufgabe und verweist das eigentliche Ziel – das Glücklichsein – auf einen minderen Rang. So entsteht das Dilemma des Mannes, der im Leben nichts anderes kennt als die Arbeit. Er konzentriert sich so ausschließlich auf das Geldverdienen, daß er vergißt, sich die Zeit zu nehmen, um es zu genießen.

Wenn Sie klug sind, entscheiden Sie, welche Ziele für Ihr Glücklichsein am wichtigsten sind, und setzen die Prioritäten entsprechend fest. Aber legen Sie nicht den gleichen Wert darauf, ein Tennischampion, ein Gesellschaftslöwe, der Begründer eines Finanzimperiums, ein Meisterkoch, ein berühmter Liebhaber und ein Schachgroßmeister zu werden. Ich habe Leute gekannt, die sogar noch mehr als das erreichen wollten, und wenn diese Menschen sich glücklich fühlten, dann bedeutet Glücklichsein nichts anderes als Abhetzerei, Verkrampftheit und Bluthochdruck.

Nicht alle Ihre Ziele müssen etwas mit »Siegespunkten« zu tun haben. So kann es z. B. bei einem Tennisspiel am Sonnabend nachmittag Ihr Ziel sein, sich zu entspannen und die Gesellschaft Ihres Partners zu genießen, und wenn Ihnen das gelingt, haben Sie einen Sieg errungen. Sie haben Ihr Ziel erreicht, ob Sie das Spiel nun gewonnen oder verloren haben. In diesem Fall hatte der tatsächliche Punktestand nichts mit dem Sieg zu tun.

Das heißt natürlich nicht, daß Sie keinen Versuch machen sollten, das Tennismatch zu gewinnen. Das ist eine Sache der Perspektive. Es ist keine Todsünde, nicht zu versuchen, den Gegner zu besiegen, wenn Ihr Ziel darin besteht, sich zu entspannen und Spaß zu haben. Sie selbst müssen entscheiden, wo Sie die Linie ziehen wollen. Nur Sie können bestimmen, was Ihnen im Leben am wichtigsten ist. Und wie steht es mit den zweitrangigen Dingen? Nun, wenn Sie irgendeines der weniger bedeutenden »Spiele« gewinnen, so betrachten Sie das als Geschenk. Aber es braucht keineswegs Ihr wichtigstes Ziel zu sein, bei allem, was Sie unternehmen, die höchste Punktzahl zu erreichen.

Ein Verhalten, das auf Wettbewerb abgestellt ist, kann üble Folgen haben. Es kann Energie abziehen, die für wichtigere Ziele benötigt wird. Es kann Sie lächerlich machen, wenn Sie versuchen, in einer Aktivität, für die Sie nicht die erforderliche Zeit und Mühe aufbringen können oder wollen, oder für die Sie nicht begabt sind, eine ernstzunehmende Konkurrenz zu sein. Die daraus resultierende Frustration kann so stark sein, daß Sie Ihr Verhalten gegenüber wichtigeren Herausforderungen beeinträchtigt. Und es kann Menschen zu Feinden machen, die für Sie wertvolle Kontakte wären, wenn Sie auf einer entspannten und legeren Basis mit ihnen verkehren würden.

Jeder möchte in dem Spiel um das Glücklichsein siegen, aber tun Sie nicht zuviel des Guten und glauben Sie ja nicht, daß Sie bei jeder Unternehmung einen harten Konkurrenzkampf führen müssen, um ans Ziel zu kommen. Vielleicht erreichen Sie damit nur, daß Sie sich selbst verrückt machen.

Ist es gut?

Ist es »gut«, auf den eigenen Vorteil bedacht zu sein? Bei diesem Thema muß ich immer an ein Schreckgespenst denken, das seit Jahrtausenden auf der Erde herumgeistert und sich stetig vermehrt. Ich meine den Absoluten Moralisten. Seine Lebensaufgabe besteht darin, Sie und mich auf Vordermann zu bringen. Genauso wie der Teufel kann auch er in den verschiedensten Gestalten auftreten. Einmal erscheint er als Politiker, dann als Pfarrer und noch etwas später als Ihre Schwiegermutter.

Aber wie er sich auch tarnen mag, er ist unbarmherzig. Wenn Sie es zulassen, verfolgt er Sie bis ins Grab. Sobald er spürt, daß Sie eine leichte Beute sind – daß die Grundlage für Ihr Verhalten nicht eine rationale, eigene Entscheidung ist –, wird er Sie unnachsichtig bestrafen. Er wird Ihnen als ständigen Gefährten das Schuldgefühl zuordnen, bis Sie selbst glauben, daß Sie ein schlechter Kerl sind.

Der Absolute Moralist – immer in der Gestalt eines gewöhnlichen Sterblichen – ist die Kreatur, die ihr Leben damit verbringt, daß sie entscheidet, was für *Sie* richtig ist. Wenn der Absolute Moralist einer Wohlfahrtsorganisation eine Spende gibt, wird er Sie so lange bombardieren, bis Sie sich schämen und »begreifen«, daß Sie moralisch verpflichtet sind, ebenfalls etwas zu spenden (an die von ihm bevorzugte Organisation). Falls er an Christus glaubt, sieht er es bestimmt als seine moralische Pflicht an, Sie zu »erleuchten«. Wenn er weder raucht noch trinkt, kann er mühelos die

Schlußfolgerung ziehen, daß Rauchen und Trinken schlecht für Sie sei. Kurzum, was er wirklich will, ist, Ihr Leben zu kontrollieren. Es gibt nur eine Möglichkeit, ihn dazu zu bringen, daß er Sie in Ruhe läßt, und das ist Ihre feste Entschlossenheit, niemals zu gestatten, daß er Ihnen seine Ansichten aufzwingt.

Als Vorstufe für die Entscheidung, ob es gut ist, auf den eigenen Vorteil bedacht zu sein, schlage ich vor, daß Sie alle unerbetenen Moralprinzipien anderer Leute aus Ihren Erwägungen ausschließen. Moralität – die Qualität des Charakters – ist èine sehr persönliche und private Angelegenheit. Kein Mensch hat das Recht zu entscheiden, was für Sie moralisch »gut« oder »schlecht« ist. Ferner empfehle ich, daß Sie all jene Personen aus Ihrem Leben entfernen, die durch Worte oder Taten direkt oder indirekt behaupten, ein solches Recht zu haben. Sie sollten sich nur mit der Frage beschäftigen, ob von Ihrem eigenen rationalen und kritischen Standpunkt aus der Wunsch, Nummer Eins zu werden, moralisch akzeptabel ist.

Auf den eigenen Vorteil bedacht zu sein, bedeutet, daß Sie mehr Zeit für die Dinge aufwenden, die Ihnen Freude bereiten. Es gibt Ihnen jedoch keineswegs freie Hand, das zu tun, was Ihnen in den Kram paßt. Die Philosophie des Bedachtseins auf den eigenen Vorteil ist nicht hedonistisch* angelegt, denn sie endet nicht mit der Behauptung, daß die vordringliche moralische Pflicht des Menschen im Streben nach dem Vergnügen liegt, sondern sie fügt eine rationale, zivilisierte Auslegung hinzu: Die vordringliche moralische Pflicht des Menschen liegt im Streben nach dem Vergnügen, *solange er nicht gewaltsam die Rechte anderer beeinträchtigt.* Falls Sie dieses Buch in der Hoffnung gekauft haben, daß es Ihnen sagt, wie Sie im Leben vorankommen, indem Sie auf den Rechten Ihrer Mitmenschen herumtrampeln, haben Sie die falsche Wahl getroffen. Lesen Sie statt dessen eine Hitler-Biographie, das kommunistische Manifest oder die Steuergesetze.

Es gibt einen rationalen Grund, warum gewaltsame Übergriffe keinen Platz in der Philosophie des Bedachtseins auf den eigenen Vorteil haben – weil dieses Verhalten ganz einfach nicht zu Ihrem Besten wäre. Auf die Dauer gesehen, bringt es Ihnen mehr Kummer als Freude, also das Gegenteil dessen, was Sie erreichen möchten. Es ist möglich, daß es Ihnen für eine kurze Zeit Vergnügen bereitet, die Rechte anderer zu verletzen, aber

* Hedonismus: Die Lehre, daß die Lust der höchste Wert ist.

ich versichere Ihnen, daß diese kurzlebige Freude durch die sich auf lange Sicht daraus ergebenden Verluste (z. B. Kummer) mehr als aufgewogen werden.

Warum ist das so? Weil das Syndrom »schlechte Ursache / schlechte Wirkung« zur Wirklichkeit unseres Lebens gehört. Ich betrachte es als eines der vielen universellen Naturgesetze, die immer wieder von selbst in Kraft treten. Ich kann dieses Phänomen ebensowenig erklären wie Anfang und Ende von Zeit und Raum, aber ich weiß sehr seit vielen Jahren, daß es immer und nachweislich wirkt.

Nachdem nun die absolute Moralität und der Hedonismus aus dem Weg sind, kann ich die Frage: »Ist es gut?« vielleicht am besten dadurch beantworten, daß ich Sie etwas frage: Sehen Sie irgendeinen rationalen Grund, warum Sie nicht versuchen sollten, Ihr Leben erfreulicher und erträglicher zu gestalten, solange Sie nicht gewaltsam in die Rechte anderer eingreifen?

Sie haben nur ein einziges Leben. Ist es in irgendeiner Hinsicht unvernünftig, sorgsam über dieses Leben zu wachen und alles in Ihrer Macht Stehende zu tun, um es zu einem angenehmen und erfüllten Dasein zu gestalten? Ist es falsch, sich der eigenen Handlungen und der dafür verantwortlichen Gründe bewußt zu sein? Ist es schlecht, aus eigenem Entschluß zu handeln statt nach den Entscheidungen anderer, oder alles dem blinden Zufall zu überlassen?

Erinnern Sie sich bitte daran, daß die Selbstsucht nicht der Kernpunkt ist, um den es geht. Aufopferung ist nichts weiter als eine irrational egoistische Handlung (Sie tun etwas, von dem Sie glauben, daß es Ihnen ein Wohlgefühl bereitet), die unter dem Einfluß eines niedrigen Bewußtsein-Niveaus begangen wird. In Wirklichkeit werden Sie sich deshalb nicht wohlfühlen, jedenfalls nicht auf die Dauer, nachdem die Verbitterung über das, was Sie »geopfert« haben, die Chance hatte, sich in Sie hineinzufressen. Im schlimmsten Fall kann diese Verbitterung sich zu einer schweren Form von absoluter Moralitis entwickeln. Die irrationale Entscheidung, sich aufzuopfern, kann zu einer so großen Verbitterung führen, daß man sie nur dadurch besänftigen kann, indem man anderen predigt, wie verdienstvoll es sein würde, wenn sie den gleichen Fehler begehen.

Vielleicht haben Sie die edelsten Motive, aber versuchen Sie nicht gar so hart, für andere Opfer zu bringen. Das ist ihnen gegenüber unfair und für Sie selbst eine Katastrophe. Die traurige Ironie ist, daß Ihre Opferwut denjenigen, für die Sie sich »aufopfern«, keineswegs Vorteile, sondern oft sogar Nachteile bringt. Wenn Sie statt dessen Ihre Zeit darauf verwenden, Nummer Eins zu werden, ermöglichen Sie es den Menschen, die Ihnen am nächsten stehen, von Ihrem Verhalten zu profitieren. Nur dann, wenn Sie versuchen, die Naturgesetze umzukehren, das Glück eines anderen Menschen als Ihr vornehmstes Ziel betrachten und sich selbst zur Nummer Zwei degradieren, geraten Sie in Schwierigkeiten. Das hat noch nie funktioniert, und das wird es auch in Ihrem Fall nicht tun. Hier handelt es sich nämlich um ein Naturgesetz. Die Idee, daß man die Selbstaufopferung als eine Tugend zu betrachten hat, ist ein Gesetz, das von den Menschen gemacht wurde. Falls Sie Ihre Energie für den Kampf gegen Gesetze benutzen wollen, kämpfen Sie gegen von den Menschen aufgestellte Gesetze – das wäre eine lohnende Aufgabe. Die Naturgesetze können Sie niemals verändern, auch wenn Sie sich noch soviel Mühe geben.

Daß es nicht nur Sie, die Nummer Eins, sondern auch andere glücklich macht, wenn Sie auf Ihren Vorteil bedacht sind, gehört zu den schönsten Wirklichkeiten des Lebens. Im besten Fall bringt es sowohl Ihnen als auch anderen Menschen Nutzen. Im ungünstigsten Fall nützt es nur Ihnen und stört niemand anders. Aber selbst dann ist es eigentlich für andere vorteilhaft, weil ein glücklicher Mensch für seine Umwelt keine Belastung ist.

Das genügt meiner Meinung nach, um diese Philosophie zu rechtfertigen. Wenn Sie die Prinzipien praktizieren, die Ihnen helfen, Nummer Eins zu werden, wird es Ihnen leichter fallen, gute Beziehungen zu Ihrer Umwelt zu entwickeln. Es wird Ihre Fähigkeit fördern, ein warmherziger, verständnisvoller Mensch zu sein und all das zu genießen, was das Leben zu bieten hat.

Ist es leicht?

Als erwachsener Mensch wissen Sie, daß es niemals leicht ist, etwas Erstrebenswertes zu erringen. Das führt uns zu einer weiteren allgemein gültigen Tatsache, die Millionen Menschen nicht glauben wollen oder nicht begreifen können: Der Preis muß bezahlt werden.

Die Wirklichkeit, daß alles Erfreuliche im Leben seinen Preis hat, ist schon hart genug. Aber es gibt andere Dinge, die einem das Leben noch viel mehr erschweren.

Cuncta fluunt (alles fließet)

Das einzige im Leben, das man mit absoluter Sicherheit vorhersagen kann, ist, daß die Bedingungen sich laufend verändern. Darauf können Sie sich verlassen. Was wir nicht wissen, ist, *wann* diese Veränderungen eintreten werden.

Sie können noch so sorgfältige Pläne für ein glücklicheres Leben entwerfen – wenn Sie sterben, sind diese Pläne nichts mehr wert, sobald die Veränderung – der Tod – eingetreten ist. Normalerweise sind Sie nicht in der Lage, den Zeitpunkt vorauszusagen.

Tun Sie alles, um die Freuden des Lebens zu genießen, aber bleiben Sie bei Ihren Planungen flexibel. Es ist gefährlich, sich auf die Annahme zu stützen, daß alles so bleibt, wie es ist. Nichts könnte weiter von der Wahrheit entfernt sein, und da die Bedingungen sich oft sehr plötzlich ändern, werden Sie davon überrascht.

Ich kenne eine Frau, die von der kleinsten Veränderung in ihrem Leben aus der Bahn geworfen wird, das heißt also, sie regt sich jeden Tag auf. Ein Stromausfall ist eine größere Katastrophe. Gibt es eine Veränderung in ihrem Arbeitsgebiet, bekommt sie Migräne. Als ihr Lieblingsrestaurant die Pforten schloß, machte es ihr keinen Spaß mehr, zum Essen auszugehen. Sie lebt fast ständig in einem Spannungszustand, weil sie sich nicht auf die unaufhörliche Veränderung ihrer Lebensbedingungen einstellen kann.

An einem Tag sind Sie finanziell ganz oben, am nächsten stehen Sie vor der Möglichkeit einer Pleite, weil ein neues Produkt auf dem Markt erschienen ist. Heute gehen Sie gern ins Büro, morgen haben Sie einen neuen Abteilungschef, der Ihnen nicht liegt.

Liebespartner und Verwandte sterben; gute Freunde ziehen weg; Häuser werden abgerissen und durch neue ersetzt. Ein Unterhaltungskünstler wird von einer Veränderung im Publikumsgeschmack überrascht und ist plötzlich nicht mehr gefragt; ein Sportler entdeckt, daß in den Plänen des neuen Trainers kein Platz für ihn ist. Nichts dauert ewig, und ein Mensch, der sich nicht auf die Wirklichkeit einstellt, gerät oft in die Klemme und begreift nicht, warum. Ich glaube, daß die Unsicherheit einer sich rasch verändernden Welt eine der Hauptursachen für depressive Stimmungen ist. Wenn man sich nicht an die Wirklichkeit anpassen kann, ist man nie auf der Hut und daher nicht darauf vorbereitet, die rationalen Entscheidungen zu treffen, die zum eigenen Besten sind.

Als Personifizierung all der Schwierigkeiten, die es im Leben gibt, stelle ich Ihnen hiermit Herrn Murphy vor. Vielleicht kennen Sie sein Gesetz bereits:

Nichts ist so leicht, wie es aussieht.
Alles dauert länger, als man erwartet.
Wenn etwas schiefgehen kann, dann geschieht es todsicher,
und zwar im ungeeignetsten Moment.

Sehr klug von Murphy beobachtet. Einer der Gründe für die Gültigkeit seines Gesetzes ist die Tatsache, daß nichts lange genug an einer Stelle bleibt, um es festnageln zu können. Bei dem Versuch, eine Situation den Gegebenheiten anzupassen, hat man oft das Gefühl, mit einer geölten Wassermelone zu kämpfen: Man kann sie nicht hochheben, und wenn man glaubt, es geschafft zu haben, rutscht sie einem wieder aus dem Griff.

Trotzdem: Ob Sie es glauben oder nicht, manchmal klappt es doch. Und je besser Sie die Wirklichkeit der stetigen Veränderungen und von Murphys Gesetz begreifen, desto leichter werden Sie Erfolg haben. Dabei kann Ihnen eine Theorie helfen, die ich in meinem vorigen Buch erklärt habe:

Wie man sich eine positive Einstellung bewahrt,
indem man auf ein negatives Ergebnis gefaßt ist

Die alte Maxime »man kann nicht immer gewinnen« ist irreführend. Es wäre wesentlich realistischer zu sagen, daß man nicht immer *verlieren* kann. Denn verlieren werden Sie – sogar oft – im Sinne von Murphys Gesetz. Dafür sorgen die ständigen Veränderungen und andere Faktoren, die Sie nicht beeinflussen können. Und wenn Sie die Dinge nicht aus der richtigen Perspektive sehen, wird das Verlieren nicht nur Ihr Tempo bremsen, sondern es kann auch Ihr Selbstbild zerstören und Sie frustrieren.

Der Tag, an dem ich begann, kurzzeitige Verluste als Schlachten und nicht mehr als Kriege zu betrachten, war ein wichtiger Wendepunkt für mich. Inzwischen bin ich schon lange nicht mehr interessiert daran, in jeder »Schlacht« zu siegen; mir geht es nur noch darum, den »Krieg« zu gewinnen. Da ich ja von vornherein weiß, daß die meisten Pläne nicht verwirklicht werden können (auf Grund von Faktoren, die außerhalb meiner Kontrolle liegen), registriere ich sie nur als erfolglose Schlachten auf dem Weg zum höheren Ziel, den Krieg zu gewinnen. Das positive Resultat dieser realistischen Einstellung ist, daß Sie nicht am Boden vernichtet sind, wenn etwas schiefgeht. Auf diese Weise bewahren Sie sich Ihre positive Einstellung, die Sie verlieren würden, wenn jeder Rückschlag eine Überraschung für Sie wäre.

Ich bin mir bewußt, daß ich zehn, zwanzig oder sogar fünfzig Schlachten verliere, bevor ich Erfolg habe, aber das wichtigste ist, daß ich mich jedesmal darauf vorbereite, zu gewinnen. Die Anerkennung der Tatsache, daß das Leben die ärgerliche Angewohnheit hat, nicht mit meinen Plänen konform zu gehen, ist für mich ein Grund mehr, warum ich es mir nicht leisten kann, nicht bereit zu sein, falls die Mosaiksteine doch einmal auf die richtigen Plätze fallen. Obwohl ich auf das Schlimmste gefaßt bin, tue ich mehr als nur auf das Beste zu hoffen: Ich bereite mich darauf vor.

So viele Beulen und blaue Flecken Sie in der täglichen Flut der verlorenen Schlachten auch einstecken müssen – jede Situation bietet etwas Positives, und zwar in Form einer lehrreichen Erfahrung. Sie brauchen die Lektion, die Sie gelernt haben, nur von den unwichtigen Dingen zu trennen und sie dazu zu benützen, das nächste Mal besser vorbereitet zu sein. Das negative Ergebnis als solches ist bereits Vergangenheit. Vergessen Sie es. Das so erworbene Wissen kann jedoch viel wertvoller sein als eine gewonnene Schlacht. David Seabury hat in einem Buch folgendes geschrieben:

> In Südafrika gräbt man nach Diamanten. Tonnen von Erdreich werden bewegt, um einen kleinen Kiesel zu finden, der nicht einmal so groß ist wie der Nagel des kleinen Fingers. Die Grubenarbeiter achten nur auf die Diamanten, nicht auf das Erdreich. Sie sind bereit, diese Riesenmenge Erdreich zu bewegen, um die Edelsteine zu finden. Im Alltagsleben vergessen die Menschen dieses Prinzip und werden zu Pessimisten, weil es mehr Erdreich als Diamanten gibt. Wenn Schwierigkeiten auftauchen, lassen Sie sich von den negativen Werten keine Angst einjagen. Suchen Sie nach den positiven Werten und graben Sie sie aus. Sie sind so wertvoll, daß es nichts ausmacht, wenn Sie viele Tonnen Erdreich wegräumen müssen.

Das klingt paradox, aber in Wirklichkeit hilft Ihnen die Erhaltung einer positiven Einstellung, auf lange Sicht Erfolg zu haben, indem sie dafür sorgt, daß Sie geistig auf kurzzeitige Niederlagen vorbereitet sind. Sie hilft Ihnen, das Erdreich wegzuräumen, das zwischen Ihnen und *Ihren* Diamanten liegt.

Diese geistige Vorbereitung ist ebenfalls eine Form, in der man den Preis bezahlt. Sie müssen die Tatsache akzeptieren, daß einfach alles im Leben seinen Preis hat: Liebe, Freundschaft, materieller Gewinn, eine entspannte Stimmungslage, die Freiheit, nach Belieben zu kommen und zu gehen – alles, was Ihr Dasein angenehm macht.

Was immer erstrebenswert ist, muß bezahlt werden. Falls Sie sich in diesem Punkt einer Selbsttäuschung hingeben, öffnen Sie endlosen Frustrationen Tür und Tor.

Ich versuche immer bewußt, gleich zu Anfang den Preis der Sache zu analysieren, die ich haben will. Gleichgültig, ob die Bezahlung in Form von Geld, Zeit, Energie, Unbequemlichkeit oder sonstwie geleistet werden muß, ich bemühe mich stets, mir nichts vorzumachen. Und wenn ich entschieden habe, daß die Sache den Preis wert ist, möchte ich so schnell wie möglich bezahlen. Gewöhnen Sie es sich ja nicht an, die Zahlungsfrist zu verlängern. Je schneller Sie es hinter sich bringen, desto eher können Sie die Belohnung genießen, die sich Ihnen in der Form von unbelasteten Gedanken und einem glücklicheren Leben darbietet.

Im Grunde genommen handelt es sich hier um die Gegenüberstellung von Dauerlösung und kurzzeitigem Flickwerk. Hüten Sie sich vor der Überlegung, daß Sie zur Bewältigung einer rauhen Stelle auf Ihrem Weg ein Problem auf kurze Sicht lösen wollen, in der Absicht, später eine dauerhafte Lösung auszuarbeiten. Irgendwie kommt dieser Zeitpunkt nie, und das Ergebnis ist, daß das Problem weiter wächst und schwärt. Je eher Sie begreifen, daß es am klügsten ist, die Zeit, die geistige Anstrengung und den Mut aufzubringen, die eine dauerhafte Lösung erfordert, desto angenehmer wird Ihr Leben werden.

Versuchen Sie nicht, das Glück auf Raten zu kaufen. Wenn Sie schleppend bezahlen, werden Sie niemals ganz den Punkt erreichen, an dem Sie das Leben unbelastet genießen können. Denken Sie daran, daß es einen hohen Preis kostet, Nummer Eins zu werden: *bewußte* und *rationale* Bemühungen. Fangen Sie schon heute mit dem Bezahlen an, damit Sie sich möglichst bald an den Vorteilen erfreuen können.

Für den Fall, daß Sie sich nicht so verhalten, wie es vernünftig wäre, möchte ich Ihnen eines versichern: Niemand wird so gut auf Ihren Vorteil bedacht sein wie Sie selbst.

Es dauert nur noch ein paar Seiten, bis der Ball in Ihrer Hälfte des Spielfeldes ist. Ich wünschte, ich könnte Ihnen sagen, daß Sie unbegrenzt Zeit haben, den Ball zu betrachten und zu überlegen, was Sie damit tun wollen.

2. Kapitel
Die Hürde der richtigen Perspektive

Aristoteles hat gesagt, daß der erste Schritt immer der wichtigste ist. So bescheiden und unauffällig der Anfang auch sein mag, er hat einen starken Einfluß, und sobald man ihn vollbracht hat, ist es leicht, das übrige zu tun.

Mit dem letzten Teil dieser Aussage – daß es leicht ist, das übrige zu tun –, bin ich nicht ganz einverstanden, aber die Erfahrung hat mich gelehrt, daß der erste Schritt in der Tat meist der schwerste ist. Die Hürde der richtigen Perspektive ist *Ihr* erster Schritt – die erste Hürde, die Sie auf dem Weg zu einem angenehmeren Leben überwinden müssen. Sie können die anderen Hindernisse, die sich Ihnen entgegenstellen, nicht erfolgreich bewältigen, wenn Sie sie nicht in der richtigen Perspektive sehen.

Wenn Sie es zulassen, daß ein Problem größer erscheint, als es tatsächlich ist, dann mangelt es Ihnen an der richtigen geistigen Einstellung, um es rational bewältigen zu können. Ein extremes Beispiel hierfür ist ein Mensch, der auf verschütteten Kaffee und auf einen Atomkrieg mit dem gleichen Aufwand an emotionalem Stress reagiert. Einem solchen Menschen geht jedes Verständnis für die Relativität der Dinge ab.

Die Relativitätstheorie

Diese Theorie besagt, daß nur wenige Menschen sich die Mühe machen, Tatsachen im richtigen Verhältnis zueinander zu sehen. Das führt dazu, daß man keine intelligente Entscheidung über die erforderlichen Aktionen treffen kann. Mit anderen Worten: Daß Sie und ich Probleme haben, ist nichts Besonderes. Worauf es ankommt, ist das Ausmaß und der Schweregrad dieser Probleme. Welche Relation haben sie zu anderen Dingen?

Sie haben einen Nietnagel? Das tut weh, gewiß, aber wie mißt man den Schmerz? Sie sind arbeitslos? Und außerdem haben Sie einen Nietnagel? Das verschlimmert die Sache. Aber in Bezug auf einen Menschen, der in einem unterentwickelten Land lebt und ein niedriges Jahreseinkommen hat, ist es nicht so arg. Sie sind krank? Das kann natürlich sehr schlimm sein, aber der Schweregrad einer solchen Situation muß an den unzähligen Mühen und Plagen gemessen werden, von denen vier Milliarden Menschen tagtäglich heimgesucht werden.

Erfolg — auf dem Weg ins Nichts?

Als ich Anfang zwanzig war und durch die Straßen von New York wanderte, immer in der Hoffnung, irgendein Geschäft abschließen zu können, hatte ich das Glück, einem reichen alten Börsenmakler aus der Wall Street vorgestellt zu werden.

Harold Hart verkörperte die typische Erfolgsgeschichte des armen Jungen aus den Slums, der es geschafft hat. Sein Vermögen wurde auf fünfzig Millionen Dollar geschätzt. Als ich ihn zum ersten Mal traf, war er schon über siebzig Jahre alt.

Er hatte alles: eine Luxuslimousine mit Chauffeur, eine hochelegante Garderobe und eine atemberaubende Wohnung, die ganz im Neureichen-Stil eingerichtet war.

Ich besuchte den alten Herrn einige Male in seinem Feudalsitz an der Park Avenue, und im Laufe der Zeit lernte ich ihn recht gut kennen. Der Zweck meiner Besuche war, ihn zur Beteiligung an irgendeinem höchst vielversprechenden Projekt zu überreden – so etwas wie beispielsweise eine Schwefelmine in Tibet oder eine Goldsucher-Expedition nach Neuseeland.

Ich erinnere mich nicht mehr, um was es sich handelte, aber vermutlich war es eines von diesen typischen Projekten, in die so viele Promoter sich in einem Rausch der Selbsthypnose verbeißen, und die nicht die kleinste Chance haben, jemals verwirklicht zu werden. Nun, die Investition, um die ich mich bemühte, bekam ich nicht, dafür aber ein paar Weisheiten, die mich zum Nachdenken anregten.

Als ich eines Abends zu Mr. Hart kam, saß er, in einen seidenen Hausmantel gehüllt, in seinem Lieblingssessel, umgeben von einer Dienerschar, die auf seinen leisesten Wink achtete. Ich setzte mich ihm gegenüber und wartete geduldig, während er ins Leere starrte. Schließlich murmelte er: »Eigentlich hat Mutter Natur den Menschen fein ausgeschmiert. Da schuftet man sich ein Leben lang zuschanden, läßt keinen Trick aus, und wenn man Glück hat, erreicht man eines Tages den Gipfel.

Ich hab's schon vor vielen Jahren geschafft, und soll ich Ihnen mal was verraten? Es ist alles Mist. Es bedeutet gar nichts. Ich sage Ihnen, daß die Natur die Menschen zu Narren macht, und der größte Narr von allen bin ich. Hier sitze ich, alt, krank und mürbe von all den Jahren des Gerangels. Ich weiß, daß meine Uhr abläuft, und frage mich immer wieder: Und was nun, du Genie? Was ist dein nächster brillanter Schachzug? All die Zeit, die ich damit verbracht habe, mir Sorgen zu machen, zu manövrieren – es war total sinnlos. Wir halten uns für ungeheuer wichtig, aber in Wirklichkeit sind wir nichts.«

Ein paar Monate nach dem lehrreichen Kurzvortrag starb Harold Hart. So lange es auch schon her ist – seine Worte und der Tonfall, in dem er sie sagte, klingen mir noch immer in den Ohren.

Hat die Natur den Menschen zum Narren gemacht? Ist alles nur ein Schwindel? Trotz meiner reichen Erfahrungen, trotz vieler Jahre, in denen ich nachgedacht, gelesen und mit klugen Menschen über alle möglichen Themen diskutiert habe, die sowohl wissenschaftlicher als auch religiöser Art waren, kann ich mit Sicherheit nur eines sagen: Ich kenne die Antwort auf diese Frage immer noch nicht. Es gibt auch niemanden, der mich davon überzeugt hätte, daß er die Antwort weiß, obwohl viele es versucht haben. Aber das weiß ich ganz sicher: Selbst wenn der Mensch im Universum eine bestimmte Aufgabe hat – so heißt das nicht unbedingt, daß jedes unserer Probleme wichtig ist, wenn man es in Relation zu einer unendlich komplexen Welt und einem noch unfaßbareren Universum betrachtet.

Sie können nun argumentieren, daß all das in der Theorie ja gut und schön sein mag, daß Sie aber keine Relation zu dem großen Ganzen herstellen können, also zu Dingen, die nicht Teil Ihres Alltagslebens sind. Ich müßte Ihnen darauf antworten, daß Sie, wenn Sie Ihre Probleme und deren Relation zum großen Ganzen *nicht* realistisch sehen, einen Fehler machen, weil Sie die erste Hürde umgehen, statt sie zu überwinden. In Wahrheit liegt es nicht daran, daß die Menschen unfähig sind, die Relation zum Großen und Ganzen herzustellen, sondern daß sie sich nicht die dafür erforderliche Zeit zugestehen.

Was ist nun das große Ganze? Vielleicht könnte ein Mensch, der für diese Aufgabe einigermaßen qualifiziert ist, seine Gedanken auf zehntausend Seiten zusammenfassen. Da das aber für unsere Zwecke unpraktisch und unnötig ist, wollen wir uns mit einem kurzen Streifzug durch das Universum, unseren Planeten und das Leben im allgemeinen begnügen und auf diese Weise versuchen, einen kleinen Eindruck des großen Ganzen zu gewinnen.

Das Universum

Werfen wir einen Blick auf den unendlichen Raum, den wir das Universum nennen. Es gibt viele Bücher, die sich mit den verschiedensten Aspekten des Alls befassen, aber wir wollen hier nur ein paar Fragen herausgreifen.

Was mich als Individuum am meisten an der Größe des Universums beeindruckt, ist, wie unbedeutend ich im Vergleich dazu bin. Eigentlich ist ein Vergleich gar nicht möglich. Angesichts der Unendlichkeit des Universums hat die Erde kaum den Stellenwert eines Sandkorns in der Wüste.

Wenn das also meine Größenordnung im Universum ist, welchen Rang haben dann meine Probleme? Sicher, für *mich* sind sie wichtig, aber in Relation zum großen Ganzen sind sie nicht einmal ein Gähnen wert. Diese unbegreifliche Disparität hilft mir, die Hindernisse in meinem Leben auf eine realistische Größe zu reduzieren, und dadurch kann ich sie leichter bewältigen.

Gibt es da draußen Leben?

Schon immer hat mich die Vorstellung fasziniert, daß es auf anderen Planeten Leben gibt. Ich meine damit nicht Mikroben, sondern intelligentes Leben, eventuell in einer humanoiden Form. Wissenschaftliche Schätzungen über die Möglichkeit außerirdischen Lebens besagen, daß es allein in unserer Galaxis bis zu 50 Millionen Zivilisationen geben könnte — ich wiederhole: nur in unserer Galaxis! Fürwahr, ein faszinierender Gedanke. Aber ich bin bescheiden: Ich würde es schon aufregend finden, wenn es im ganzen Universum nur einen einzigen Planeten mit einer intelligenten Zivilisation gäbe.

Wie wichtig ist das Fußball-Pokalspiel?

Aber wir wollen nicht in so engen Maßstäben denken, die sich nur auf unsere kleine Galaxis beschränken. Vor kurzem wurde die Existenz einer anderen Galaxis bestätigt, die schätzungsweise fünf bis zehn Mal größer ist als unsere und Trillionen von Sternen enthält. (Im Vergleich dazu soll es in unserer Milchstraße zwischen hundert und zweihundertfünfzig Milliarden Sterne geben.) Das Licht dieser Galaxis, das mit Hilfe von Spezialteleskopen erkennbar ist, reist seit acht Milliarden Jahren mit einer Geschwindigkeit von rund zehn Trillionen Kilometern pro Jahr durch den Raum. Wenn all das Sie immer noch nicht genug beeindruckt hat, dann bedenken Sie bitte, daß die neu entdeckte Galaxis sich vermutlich mit einer Geschwindigkeit von rund viereinhalb Trillionen Kilometern pro Jahr von unserem Planeten entfernt, und daß ihr Licht eine Million Mal schwächer ist als das Licht, das man gerade noch mit dem bloßen Auge wahrnehmen kann.

Was sagen Sie jetzt?

Und wir bekommen Nervenzusammenbrüche, weil der Fernseher fünf Minuten vor Beginn des Pokalspiels den Geist aufgibt. Es könnte schlimmer sein. Wir könnten z. B. auf einem Planeten der neu entdeckten Galaxis leben, und in diesem Fall würden wir uns mit einer Geschwindigkeit von über vier Trillionen Kilometern pro Jahr von dem Fußball-Pokalspiel wegbewegen.

Was wäre, wenn unser ganzes Universum nichts weiter als ein Pingpong-Ball sein würde, der in einer Welt der Giganten vom Tisch rollt? Und was wäre, wenn Sie und ich zufällig in dem Zeitpunkt leben würden, in dem der Ball auf dem Boden aufprallt?

Ich weiß nicht, wie Sie darüber denken, aber für mich ist das Bild da draußen im Raum etwas zu groß. Die unendlichen Grenzen und die Geheimnisse, die sie umschließen, tun mehr, als uns zu einer Perspektive zu verhelfen: Sie überwältigen uns. Kehren wir also zu unserer Erde zurück – zu unserem Sandkorn – und betrachten wir ein paar Realitäten, die etwas begreiflicher sind.

Die Erde

Wenn Sie der Meinung sind, daß das Leben relativ kurz ist, wird es Ihnen noch viel kürzer vorkommen, wenn Sie das Folgende gelesen haben.

Der berühmte Exobiologe Carl Sagan schreibt: »Wenn man die Äonen, welche die bisherige Lebensdauer der Erde darstellen, in ein einziges Jahr zusammenpressen würde. . . dann würde die Geschichte der Menschheit die letzten dreißig Sekunden des letzten Tages dieses Jahres beanspruchen.« Das würde z. B. heißen, daß die Gesamtdauer der beiden letzten Weltkriege nur einen winzigen Bruchteil einer Sekunde in der Lebenszeit der Erde ausmachen würde.

Aus dieser Perspektive gesehen, stellt sich die Frage, ob es wirklich die Aufregung wert ist, wenn Sie sich ärgern, weil Ihr Partner sich um eine halbe Stunde verspätet. Wenn Sie ein solches Ereignis in Sagans Schema unterbringen wollen, würden Sie keine Zeiteinheit finden, die klein genug wäre, um es zu registrieren.

Machen Sie aus Ihrem Leben kein Jammertal

Unsere Alltagsprobleme sind zwar real, aber man kann sie wohl kaum als Katastrophen bezeichnen, wenn man sie in der richtigen Perspektive sieht.

Stellen Sie sich einen Mann vor, der glaubt, an seinen Problemen verzweifeln zu müssen: Im Betrieb will jemand ihn von seinem Posten verdrängen, sein Arzt sagt ihm, er müsse das Rauchen aufgeben oder er gefährde sein Leben, seine Geliebte will ihn verlassen, falls er sich nicht scheiden läßt. Aber nehmen wir einmal an, daß dieser Mann sich plötzlich als Häftling in einem Konzentrationslager der Nazizeit wiederfinden würde; in diesem Fall käme es ihm gewiß abwegig vor, diese Schwierigkeiten, wenn man sie ihm für die Zukunft vorhersagen würde, als ernste Probleme zu betrachten.

Ein echtes Problem wäre es, wenn Sie in das Jahr 1945 versetzt würden und in Hiroshima leben müßten. Aber wenn Sie bei einer geschäftlichen Transaktion aufs Kreuz gelegt worden sind, werden Sie durch ruhiges und rationales Überdenken der Lage bestimmt einen Weg finden, um diese Schlappe zu überleben.

Sind Sie deprimiert, weil Sie älter werden? Dann denken Sie daran, daß es auf unserem Planeten immer noch Gebiete gibt, wo die durchschnittliche Lebenserwartung bei siebenunddreißig Jahren liegt.

Regen Sie sich wegen der steigenden Lebensmittelpreise auf? Jeden Tag sterben ungefähr zehntausend Menschen den Hungertod, und Millionen leiden an Unterernährung.

Jammern Sie über die hohe Miete für Ihre Wohnung? Vielleicht möchten Sie lieber in Kalkutta auf dem Straßenpflaster geboren werden, wohnen und sterben. Dann brauchen Sie sich nur die eine Sorge zu machen, wo Sie ein paar Tuchfetzen als Kopfpolster finden können.

Wir akzeptieren es als normal, daß es überall Armut und Elend gibt. Aber wir bekommen Wutanfälle, wenn der reservierte Tisch im Luxusrestaurant nicht frei ist, wir sind frustriert, weil wir unseren Speckwanst nicht losbringen, und meckern unaufhörlich über die Rechnungen, die uns ins Haus flattern. Probleme? In welcher Relation, bitte?

Da es widernatürlich und unmöglich ist, ständig an die Schmerzen und Leiden anderer Menschen zu denken, ist es verständlich, daß wir uns ärgern, wenn wir uns beim Handballspielen ein Handgelenk verstauchen, oder daß wir uns Sorgen machen, weil sich im Büro die Arbeit anhäuft, wenn wir krank sind. Aber wenn wir den Blick nur auf unsere eigene, eng begrenzte Umgebung richten, kann uns die kleinste Kleinigkeit wie ein größeres Problem vorkommen und uns einen unangemessenen Aufwand an Zeit und Energie kosten.

Sehen Sie sich selbst und Ihre Probleme in der richtigen Perspektive. Schwierigkeiten, die auf die entsprechende relative Größe reduziert werden, können viel leichter bewältigt werden. Ist das, was Ihnen zur Zeit die größten Sorgen bereitet, wirklich so wichtig, wenn Sie es im Rahmen des großen Ganzen betrachten?

Es waren nicht nur die Worte von Harold Hart, die meinen Sinn für Perspektive erweckten, sondern auch ein Erlebnis, über das der Taoist Tschuang-tzu vor Tausenden von Jahren berichtete, also in einer Zeit, als die Menschen noch nicht von Reizen überflutet wurden, die sie vom Nachdenken über sich selbst ablenkten:

> Vor langer Zeit träumte ich, daß ich ein Schmetterling sei, der hin und her flatterte, in jeder Hinsicht ein Schmetterling. Ich war mir nur bewußt, daß ich meinen Neigungen als Schmetterling folgte, und war mir meiner Individualität als Mensch nicht bewußt. Plötzlich erwachte ich, und da lag ich, wieder ich selbst. Jetzt weiß ich nicht, ob ich damals ein Mensch war und geträumt hatte, ich sei ein Schmetterling, oder ob ich jetzt ein Schmetterling bin und träume, daß ich ein Mensch sei.

Und da sitzen Sie und zerfransen sich vor Sorgen wegen ein paar unbezahlter Rechnungen, wegen Meinungsverschiedenheiten mit ihrer Freundin oder wegen der Rechnung für eine Autoreparatur, die um hundert

Mark über dem Kostenvoranschlag liegt, und dabei sind Sie vielleicht nichts anderes als ein verdammter Schmetterling, der einen Alptraum hat!

Das kommt Ihnen abwegig vor? Vielleicht. Aber verkriechen Sie sich nicht hinter der Ausrede, es sei nicht realistisch, die eigenen Probleme in Relation zum großen Ganzen zu bringen – daß Sie, als Individuum, sich nur auf Ihre Alltagsprobleme konzentrieren können. Wenn Sie Nummer Eins werden wollen, wenn Sie die Hürden überwinden wollen, die Sie zur Zeit daran hindern, einen Großteil Ihrer Zeit für freudebringende Aktivitäten aufzuwenden, dann müssen Sie bereit sein, Ihr Blickfeld über Ihre eigene kleine Welt hinaus zu erweitern. Ihr Blickfeld – nicht Ihre Bemühungen; letztere *sollten* auf Ihre eigenen Probleme gerichtet sein.

Die meisten Menschen schleppen auf ihrem Lebensweg viel überflüssiges Gepäck mit sich. Und genauso wie die Fluggesellschaften verlangt auch die Natur einen Aufpreis für Übergepäck. Wenn Sie in der gleichen Lage sind wie die meisten von uns, nämlich daß Sie sich den Preis nicht leisten können, täten Sie gut daran, Ihre Last zu vermindern – befreien Sie sich von so vielen Ihrer sogenannten Probleme, wie Sie können. Lassen Sie sich Zeit; entspannen Sie sich; überlegen Sie. Denken Sie über Ihre Probleme nach und bewältigen Sie sie nicht im Schnellverfahren, sondern immer schön der Reihe nach.

Eine rationale Analyse bringt Sie vielleicht zu der Erkenntnis, daß einige Ihrer Probleme gar keine sind. Und für diejenigen, die übrig bleiben, stellt sich immer noch die Frage: Probleme – in Relation zu was?

3. Kapitel
Die Hürde der Wirklichkeit

Die richtige Einschätzung der Wirklichkeit kann so lebenswichtig sein wie die Luft zum Atmen. Ein Mensch, der seinen Weg geht, ohne die Wirklichkeit zu begreifen, stolpert praktisch in tiefer Finsternis umher, immer in der Gefahr, auf eine Landmine zu treten.

Eine wesentliche Voraussetzung für Ihren Erfolg, Nummer Eins zu werden, besteht darin, daß Ihnen bewußt ist, was Sie tun und warum Sie es tun — daß Sie die Tatsachen erkennen. Dadurch gewinnen Sie die Grundlage für selbständige und rationale Entscheidungen, statt daß Sie die Kontrolle über Ihr Verhalten anderen Menschen oder gar dem Zufall überlassen.

Um die Hürde der Wirklichkeit überwinden zu können, müssen Sie lernen, realistisch zu denken. Ein Realist ist ein Mensch, der sein Leben auf Tatsachen aufbaut und Wunschvorstellungen oder zwecklose, praxisferne oder utopische Vorhaben ablehnt.

Das größte Problem in diesem Zusammenhang ist, daß der Mensch dazu neigt, die Wirklichkeit mit seinen Vorlieben und Abneigungen zu vermischen. Persönliche Gefühle über eine gegebene Tatsache haben nichts mit der Wirklichkeit zu tun. Man ändert nichts an der Realität, wenn man Menschen, die einen auf Tatsachen hinweisen, für Narren hält. Das schlimmste ist jedoch die Selbsttäuschung. Bischof Butler hat es so ausgedrückt: »Dinge und Taten sind, was sie sind, und für ihre Folgen gilt das Gleiche. Warum also sollten wir wünschen, getäuscht zu werden?«

Die Theorie der Wirklichkeit

Die Wirklichkeit besteht nicht darin, daß Sie Dinge so sehen, wie Sie sie sich wünschen, oder daß Sie sie nach dem Augenschein beurteilen; die Wirklichkeit beruht einzig und allein auf den Tatsachen, wie sie sind. Entweder erkennen Sie die Realität an und benützen Sie zu Ihrem Vorteil, oder sie wird automatisch gegen Sie arbeiten.

Aber die Wirklichkeit bietet Ihnen auch etwas Erfreuliches: Es steht in ihrer Macht, sie zu Ihren Gunsten auszunützen, statt ergeben darauf zu warten, daß sie wie ein Keulenschlag auf Sie herniederfällt. Es gibt so vieles im Leben, das wir nicht kontrollieren können, deshalb ist es gut zu wissen, daß wir es in der Hand haben, die Wirklichkeit zu erkennen und von ihr zu profitieren.

»Ist« versus »sollte sein«

Wie kompliziert das Leben eines Menschen ist, hängt in hohem Maße davon ab, ob er sich hartnäckig Wunschvorstellungen hingibt, statt die Welt so zu sehen, wie sie wirklich ist.

Ich bin der Ansicht, daß es in unserer Welt keine Regierungen oder Nationen geben *sollte,* daß nur freie Menschen in ihr leben *sollten,* die das Recht haben, das zu tun, was ihnen gefällt, solange sie nicht gewaltsam in die Rechte anderer eingreifen.

Ich bin dafür, daß die Technologie sich noch schneller entwickeln *sollte* als bisher, aber ohne den hohen Preis der Umweltverschmutzung.

Ich glaube, daß es keine Vorurteile geben *sollte,* weder aus rassischen, religiösen, sexuellen oder anderen Gründen.

Und wir *sollten* auch nicht gezwungen sein, für unseren Lebensunterhalt zu arbeiten. Warum sollten die Menschen nicht alles haben, was sie sich wünschen, ohne so hart schuften zu müssen?

Hei, jetzt wird's interessant! Wie wäre es, wenn es für jeden Mann eine schöne, intelligente, einfühlsame und verständnisvolle Frau geben würde und für jede Frau einen gutaussehenden, intelligenten, einfühlsamen und verständnisvollen Mann? Das *sollte* doch eine Realität sein, meinen Sie nicht auch?

Und da wir schon dabei sind: Es *sollte* ein Wundermittel gegen Zahnweh geben, es *sollte* nicht nötig sein, ein Drittel seines Lebens mit Schlafen zu vergeuden, es *sollte* keinen Tod geben.

Du meine Güte, da habe ich mich doch so sehr in meine Vorstellungen von den Dingen, wie sie sein *sollten,* hineingesteigert, daß es mir fast gelungen ist, mich selbst zu hypnotisieren. Und genau das ist ein Leben, das sich auf das »Sollte-sein« konzentriert — ein Leben in Selbsthypnose, ein Dasein, dessen Grundlage aus Wunschvorstellungen und nicht aus Tatsachen besteht.

Es ist so leicht, sich von den eigenen Wünschen und Gefühlen in die Irre locken zu lassen und Illusionen mit der Wirklichkeit zu verwechseln. Was nützt es, auf der Basis von Wunschvorstellungen Pläne zu schmieden, wenn die übrige Welt sich nur an Tatsachen orientiert?

Wünsche haben nichts mit der Wirklichkeit zu tun. Wenn Sie es zulassen, daß Ihre Wünsche und die Tatsachen des Lebens sich miteinander vermischen, geraten Sie in Schwierigkeiten. Die Philosophin Ayn Rand hat das mit sehr einfachen Worten ausgedrückt: »Tatsachen können nicht durch einen Wunsch verändert werden, aber sie *können* den Wünschenden vernichten.« Hüten Sie sich davor, Wunschdenken und Wirklichkeit miteinander zu verwechseln. Haben Sie niemals so viel Angst vor der Wahrheit, daß Sie sich weigern, sie anzuerkennen. Wie können Sie die Tatsachen bewältigen, wenn Sie ihre Existenz leugnen?

Ist es wirklich so schlimm, in der irrealen Welt des »Sollte – sein« zu leben? Die beste Antwort darauf ist eine andere Frage: Ist es wirklich so gefährlich, aus dem zehnten Stockwerk zu springen, wenn man fest davon überzeugt ist, daß der Mensch fähig sein sollte, zu fliegen?

Ich möchte Ihnen mit diesem Beispiel verdeutlichen, welche Gefahren das Leben im »Sollte-sein« in sich birgt. Sicher, auch in diesem Fall sind selbständige Entscheidungen möglich, aber sie können nicht rational sein. Sie können nur dann eine rationale Wahl treffen, wenn Sie hellwach sind, aber wenn Sie nicht die Fähigkeit und den Mut haben, die Realität anzuerkennen, dann sind Sie nicht hellwach.

Realität versus Wahrnehmung der Realität

Es wird immer wieder argumentiert, daß die Realität kein absoluter Begriff ist, daß sie vom Wahrnehmungsvermögen abhängig ist und für jeden Menschen etwas anderes bedeutet.

Das ist teilweise richtig, aber die Schlußfolgerung, die daraus gezogen wird, ist total falsch. Es stimmt, daß jeder Mensch die Wirklichkeit anders wahrnimmt – aber die Wirklichkeit paßt sich nicht der Wahrnehmung an; sie besteht aus Tatsachen. Da sie jedoch nicht immer eine bekannte Größe ist, muß die Wahrnehmung helfend einspringen. Die Realität ist die bekannte Größe, die Wahrnehmung ist die Variable.

Bildlich gesprochen, lebt jeder Mensch in seiner eigenen kleinen Welt. Es ist schwierig, Ideen und Sachverhalte zu begreifen, von denen wir normalerweise innerhalb der unsichtbaren Perimeter, die unser Leben abgrenzen, nichts hören und sehen. Aber der gesunde Menschenverstand sagt uns, daß all das, was wir gelernt haben und begreifen, ganz bestimmt nicht das Wissensgut der ganzen Welt, geschweige denn des Universums darstellt. Das Gegenmittel gegen diese Begrenztheit des Denkens ist Aufgeschlossenheit. Das bedeutet, daß wir Gewohnheiten und Traditionen als Basis für Tatsachen verwerfen und statt dessen Logik und Vernunft akzeptieren.

Die Bewältigung der Hürde der Wirklichkeit bedeutet also zweierlei: Die Realität richtig wahrzunehmen und den Mut zu haben, sie anzuerkennen. Und genau das ist der Punkt, der für zwei bestimmte Gruppen von Menschen die Quelle aller Schwierigkeiten ist. Ich will die Vertreter dieser beiden Gruppen »Herr Tumber-Tor « und »Vogel Strauß« nennen.

Herr Tumber-Tor ist ein Mensch, der unfähig ist, die Tatsachen richtig zu sehen. Ihm fehlt jeder Kontakt mit der Realität. Gleichgültig, wie viele Mißerfolge er hinter sich hat, er glaubt fest daran, daß die fabulösesten Transaktionen klappen werden, daß Politiker besser als er selbst entscheiden können, was gut für ihn ist. Er ist zutiefst überzeugt, daß andere Menschen sein Wohl über das ihre stellen.

Aber leider läßt die Natur Ignoranz nicht als Entschuldigung gelten. David Seabury schreibt: »Die Natur duldet keinen Ungehorsam gegen ihre Gesetze. Sie bestraft uns genauso schmerzhaft, wenn wir liebevoll und unwissend sind, als wenn wir gemein und dumm sind. Wir müssen in jedem Fall für unsere Fehler büßen. Noch nie hat sie jemanden wegen seiner edlen Motive glimpflich davonkommen lassen.«

Wenn nicht irgendwo in rätselhaften Tiefen von Herrn Tumber-Tors Gehirn der Same für eine bislang unentwickelte Fähigkeit zur Wahrnehmung der Wirklichkeit liegt, ist sein Schicksal besiegelt. Falls er doch ein solches ruhendes Samenkorn hat, besteht die schwache Hoffnung, daß er doch noch lernen kann, die Wirklichkeit richtig zu sehen. Aber das erfordert harte Arbeit. Im anderen Fall kann man Herrn Tumber-Tor nur noch das herzlichste Beileid aussprechen.

Der Vogel Strauß ist ein ganz anderer Typ. Er ist zwar fähig, die Realität zu erkennen, aber er weigert sich es zu tun, und zieht es vor, in einer Phantasiewelt voller »Sollte-seins« zu leben.

Das klingt unglaublich, nicht wahr? Und doch zählen die Mitglieder der Vogel-Strauß-Familie nach Hunderten von Millionen. In Wahrheit ist der Vogel Strauß noch bemitleidenswerter als Herr Tumber-Tor, denn ein

Mensch, der die Tatsachen sieht, sich aber weigert, sie anzuerkennen, ist der größte aller Narren.

Verwechseln Sie den Vogel Strauß aber nicht mit dem Lügner, einem wirklich gefährlichen Typ. Der Lügner erkennt eine gegebene Realität, aber aus irgendwelchen Gründen verbirgt er die wahren Tatsachen absichtlich. Der Lügner gibt sich nicht mit »Sollte-seins« ab. In seinem Fall handelt es sich nicht um einen Mangel an Mut, sondern um eine bewußte Täuschung.

Wenn also jemand — mit Ausnahme des Lügners — von der Wirklichkeit spricht, meint er eigentlich seine Wahrnehmung der Realität. Alles, was bisher geschrieben, gelehrt und geglaubt worden ist, beruht nicht auf der Wirklichkeit, sondern auf individuellen Wahrnehmungen der Realität. Ein Beispiel: Die Grundlage für dieses Buch ist *meine* Wahrnehmung der Wirklichkeit. Das ist es, was ich tatsächlich verkaufe — meine Wahrnehmung der Realitäten und meine Ideen darüber, wie man sie bewältigen kann.

Es steht Ihnen frei, irgendeine oder alle meiner Auslegungen der Wirklichkeit abzulehen. Meinungsverschiedenheiten bedeuten, daß einer von uns in dem Maße, wie seine Wahrnehmung irrig ist, negative Folgen ertragen muß. Und in dem Maße, in dem einer von uns eine gegebene Realität richtig wahrnimmt, wird er positive Resultate ernten. Aber eines wird von unseren Ansichten total unberührt bleiben: die Wirklichkeit selbst.

Drei Realitäten der menschlichen Natur

Im Grunde genommen ist mein ganzes Buch eine Diskussion von Realitäten, aber ich habe hier drei herausgegriffen, die besondere Aufmerksamkeit verdienen. Sie sind so elementarer Natur, daß sie gleich zu Anfang behandelt werden müssen, um für die in den nachfolgenden Kapiteln besprochenen Realitäten eine solide Grundlage zu liefern. Das Besondere an dieser Dreiergruppe ist, daß sie bei allen Menschen in gleicher Stärke zu finden ist. Sie sind für den Menschen genauso charakteristisch wie die Tatsache, daß er an jeder Hand fünf Finger hat.

Realität Nr. 1: Eigennützigkeit

Wie anderen Millionen Menschen wurde auch mir der Abscheu vor dem

Begriff »Eigennützigkeit« eingeimpft. Kein anderes Schimpfwort konnte eine so negative Tendenz ausdrücken. Schimpfwörter zischelte man heimlich vor sich hin, aber das Wort Eigennützigkeit wurde überhaupt nicht ausgesprochen. Wir lernten, jeden Menschen, der diese Eigenschaft für eine Tugend hielt, als miesen Typ zu betrachten.

Werfen wir unsere Befangenheit über Bord und sagen wir es laut und deutlich: *Alle* Menschen handeln *immer* zu ihrem eigenen Vorteil. Na, so schwer war's doch gar nicht, wie? Warum wurde diese Wahrheit immer als ein anrüchiges Geheimnis betrachtet? Was finden denn manche Leute an der Eigennützigkeit so bedrohlich?

Die Leute, die sich am meisten davor fürchten, daß die Realität der Eigennützigkeit allgemeines Wissensgut wird, sind diejenigen, die darauf bedacht sind, daß Sie weiterhin in *ihrem* besten Interesse handeln. *Rationale* Selbstsucht ist kein Problem (d. h. Selbstsucht, die nicht bewußt anderen schadet). Das Kernproblem ist der *irrationale* Egoismus derjenigen, die nicht wünschen, daß Sie Ihren eigenen Vorteil verfolgen, die eigensüchtig in Ihr Leben eingreifen wollen, indem sie Sie ermuntern, das zu tun, was *sie* für richtig halten. Ein Mensch, der Ihnen vorwirft, ein Egoist zu sein, ist meist selbst irrational selbstsüchtig. Diese Tatsache an sich würde für unsere Zivilisation kein Problem darstellen. Gefährlich wird es erst, wenn eine solche Person Sie bedrängt, Dinge zu tun, die *ihrem* Wohlbefinden dienen.

Wie kann dieser Mensch — ein Absoluter Moralist — Sie zwingen, zuerst an seine Bedürfnisse zu denken, wenn Sie durch logische Überlegungen zu der Schlußfolgerung kommen, daß es keineswegs unmoralisch ist, eigennützig zu handeln, ja, daß es sogar völlig normal ist? Die Antwort lautet: Er kann es nicht. Wenn Sie einmal die Sperre durchbrochen haben und erkennen, daß es nicht nur natürlich, sondern sogar gut ist, selbstsüchtig zu sein, sind Sie seiner Ansicht nach nicht mehr für seine Zwecke geeignet.

Und das ist sein großer Denkfehler. Tatsache ist, daß Sie seinen Interessen viel besser dienen könnten, wenn er gewillt wäre, mit Ihnen auf der Basis von Leistung und Gegenleistung zu verkehren. Aber das ist es ja gerade: Er will Ihnen für das, was er von Ihnen fordert, nichts Gleichwertiges bieten. Er ist nicht rational genug, um begreifen zu können, daß er Sie durch ein Eingehen auf Ihre Bedürfnisse stimulieren könnte, sein Leben freiwillig zu bereichern.

Im Lexikon wird der Begriff der Selbstsucht dahingehend definiert, daß man »nur oder hauptsächlich auf sich selbst bedacht ist«; daß man »nur oder hauptsächlich im eigenen Interesse oder zum eigenen Vorteil handelt«. Wie die meisten Definitionen, die man in Lexika findet, verzerrt auch diese die eigentliche Frage. Es ist nämlich ein Unterschied, ob man *nur* oder ob man *hauptsächlich* auf den eigenen Vorteil achtet. Aber es geht hier nicht um die Aspekte der Selbstsucht. Sie werden immer eigennützig handeln, gleichgültig wie sehr Sie sich dagegen sträuben oder das Gegenteil behaupten, denn Sie verhalten sich automatisch so. Sie haben keine Wahl.

Sie können nur wählen, ob Sie *rational* oder *irrational* selbstsüchtig sein wollen. Und es hängt davon ab, wie Sie diese immer wiederkehrende Frage beantworten, ob Ihr Leben überwiegend glücklich oder von Leid und Sorgen überschattet sein wird. Wenn Sie rational selbstsüchtig sind, dann sehen Sie *hauptsächlich* auf Ihren eigenen Vorteil, aber nicht *ausschließlich.* Es liegt auf der Hand, daß Sie die Interessen anderer (und Ausnahmen bestätigen die Regel) berücksichtigen müssen, wenn Sie Ihr Ziel erreichen wollen. Ob es sich um geschäftliche oder um private Beziehungen handelt, Ihre Mitmenschen sind für Sie potentielle Werte, und jeder vernünftig denkende Mensch weiß, daß er sich diese Werte nur dann zunutze machen kann, wenn er bereit ist, auf bestimmte Bedürfnisse anderer einzugehen. Je mehr also die Handlungen eines Menschen von rationaler Selbstsucht bestimmt sind, desto mehr »gibt« er anderen, weil er am besten die Vorteile einer Beziehung begreift, die auf dem Gleichgewicht zwischen Leistung und Gegenleistung beruht.

Wenn ein »selbstloser« Mensch etwas für jemanden tut, ist das weder eindrucksvoll noch auffallend, weil er ja allen Leuten gegenüber der »Gebende« ist, wobei der Grad der Hochachtung oder Bewunderung, die er für die Beschenkten empfindet, überhaupt keine Rolle spielt. Ich persönlich habe vor solchen Geschenken Angst, weil ich nicht weiß, wie die Bezahlung aussehen wird, die eines Tages bestimmt — und zwar mit Zins und Zinseszins und über einen langen Zeitraum verteilt – leisten muß. Ich bin nicht erpicht darauf, eine Menge Schulden in unbekannter Höhe anzusammeln. Wenn dann eines Tages mein angeblich so »selbstloser« Gläubiger mich auf die subtile Art und Weise, die für ihn charakteristisch ist, wissen läßt, daß der Zahltag gekommen ist, trifft mich der Schock vielleicht unvorbereitet.

Machen Sie sich nichts vor. Sie müssen sich darüber im klaren sein, daß Geschenke von Leuten, die sich als selbstlos bezeichnen, fast immer verborgene Preisschilder haben, und zwar meistens über Beträge, die höher sind, als Sie zu zahlen bereit gewesen wären, wenn Sie den Preis von Anfang an gewußt hätten. Unbekannte Schulden pflegen immer dann fällig zu werden, wenn es einem am wenigsten paßt.

Wenn aber ein wahrhaft selbstloser Mensch Ihnen ein »Geschenk« macht, dann ist das der Beweis dafür, daß Sie für ihn von Wert sind.

Jetzt werden Sie verstehen, warum es eine bewußte, rationale Anstrengung erfordert, Nummer Eins zu werden. Im Unterbewußtsein denken Sie stets an Ihren eigenen Vorteil und treffen ja ständig Entscheidungen über das, was Sie tun oder lassen wollen, und gerade weil Sie selbst es sind, der diese Entscheidungen trifft, handeln Sie eigennützig.

Ein praktisches Beispiel: Die ganze Woche lang haben Sie sich darauf gefreut, am Sonnabend mit einem Freund Tennis zu spielen. Aber Ihre Frau hat andere Pläne für Sie — Sie sollen auf die Kinder aufpassen, damit sie für irgendein privates Vorhaben Zeit hat. Sie erklären sich schweren Herzens einverstanden, als Babysitter zu fungieren, obwohl Sie wirklich gern Tennis gespielt hätten. In diesem Fall haben Sie also bestimmt nicht das gewählt, was Sie am liebsten getan hätten, nicht wahr?

Sie irren sich. Sie haben tatsächlich das gewählt, was Sie sich am meisten wünschten. Das tun Sie immer. Sie haben so gehandelt, wie es Ihrer Meinung nach im gegebenen Zeitpunkt und angesichts der Begleitumstände zu Ihrem eigenen Besten ist. Sie haben die Entscheidung getroffen (ob sie nun rational war oder nicht), daß die Unannehmlichkeiten, die Sie sich dadurch ersparen (ein potentieller Konflikt mit Ihrer Frau) für Sie wichtiger sind als das Vergnügen, das Sie beim Tennisspiel gefunden hätten.

Es war Ihre eigene selbständige Entscheidung. Niemand hat Ihnen einen Revolver an die Schläfe gehalten. So bleibt nur die Frage, ob Sie eine rationale Wahl getroffen haben, und die können nur Sie beantworten.

Was wäre gewesen, wenn jemand Sie wirklich mit einer Waffe bedroht hätte? Auch in diesem Fall würden Sie eigennützig handeln, und als rational denkender Mensch würden Sie wahrscheinlich mit der Person, die den Revolver auf sie richtet, zusammenarbeiten.

Sollten Sie sich jedoch weigern, weil es Ihnen feig vorkäme, dann würden Sie aus irrationaler Selbstsucht handeln. Obwohl es Umstände geben könnte, unter denen eine Zusammenarbeit selbst angesichts einer Bedrohung nicht zu Ihrem eigenen Vorteil wäre, könnte »Tapferkeit« nicht als rationale Begründung für Ihre Weigerung akzeptiert werden. Aber auch wenn Sie sich von dem irrationalen Wunsch leiten lassen, »tapfer« zu sein, würden Sie immer noch das gewählt haben, was Ihrer Meinung nach zu Ihrem eigenen Besten ist. Könnten Sie sich jedoch vorstellen, daß jemand glaubt, der Tod würde seinen Interessen am dienlichsten sein?

Wie steht es mit dem Menschen, der sein Leben riskiert, um das eines anderen Menschen zu retten? Handelt auch er selbstsüchtig? Ich glaube, daß Sie diese Frage jetzt schon beantworten können. Wenn Sie spontan und ohne zu überlegen Ihre Leben für einen völlig fremden Menschen aufs Spiel setzen, dann haben Sie entschieden – auch wenn Sie nur einer momentanen Eingebung gefolgt sind –, daß Sie es vorziehen, Ihr Leben zu riskieren und zu versuchen, den Fremden zu retten, statt mit dem Gedanken weiterzuleben, daß ein Mensch sterben mußte, den Sie vielleicht hätten retten können. Da in jeder Notfallsituation der Risikoanteil verschieden groß ist, wird Ihre Fähigkeit, in Sekundenschnelle eine rationale Entscheidung zu treffen, auf eine harte Probe gestellt, wenn es um Leben oder Tod geht. Deshalb sollten Sie beizeiten ein paar Richtlinien für Notfälle aufstellen, damit Sie ein ungefähres Bild davon haben, was Sie tun würden. Vergessen Sie bei diesen Überlegungen nicht, auch darüber nachzudenken, wie Sie sich verhalten würden, wenn es sich bei der Person, für die Sie Ihr Leben riskieren, um einen Menschen vom Schlage eines Adolf Hitler handeln würde.

Diese Frage unterstreicht die Irrationalität der Entscheidung, das eigene Leben für einen Fremden aufs Spiel zu setzen: Man weiß niemals im voraus, für wen man es tut.

Bedeutet das nun, daß man sich Fremden gegenüber ablehnend, mißtrauisch oder gleichgültig verhalten soll? Es ist natürlich absurd, einem Menschen, den man nicht kennt, feindselig gegenüber zu treten. Es ist genau so viel Vorsicht angebracht, wie man sie beim Überqueren einer Straße praktiziert. Eine potentielle Gefahr besteht zwar immer, aber sie ist keineswegs so bedrohlich, daß Sie deswegen zum Paranoiker werden sollten. Im Normalfall sollte die Angst vor Fremden nicht größer sein als diejenige, die man beim Überqueren einer verkehrsreichen Kreuzung empfindet.

Gleichgültigkeit ist etwas anderes. Ich finde es vernünftig, in dem Maße gleichgültig zu sein, daß ich nicht ständig nach Hilfsbedürftigen Ausschau halte. Da praktisch jeder Mensch Hilfe braucht, wüßte ich ja gar nicht, wo ich anfangen wollte. Aber meine Gleichgültigkeit gegenüber Fremden hat natürlich Grenzen: Ich respektiere ihr Recht, so zu leben, wie es ihnen gefällt (solange sie mir dadurch nicht schaden) und bemühe mich, im Rahmen des normalen Alltags human, freundlich und sogar hilfsbereit zu sein, ohne dabei meine eigenen Ziele zu opfern.

Bei Menschen, die Sie kennen, müssen Sie eine ganz andere Werteskala anwenden. Sie handeln zwar auch in solchen Fällen eigennützig, aber zumindest tappen Sie nicht im Dunklen. Sie können z. B. die rationale Entscheidung treffen, Ihr Leben für einen geliebten Menschen zu riskieren, wenn das Glück, das seine Existenz Ihnen schenkt, groß genug ist, um ein solches Verhalten zu rechtfertigen. Wenn ein Mensch bereit ist zu sterben, um eine Beziehung, die ihm viel bedeutet, nicht zu verlieren, dann ist die Eigennützigkeit vielleicht doch nicht gar so verdammenswert.

Und nun kommen wir zum letzten Beispiel, das ich das »Mahatma-Gandhi-Argument« nenne, und das den Mitgliedern der Gruppe Tumber-Tor/Vogel Strauß immer wieder als letzte Zuflucht dient, wenn sie beweisen wollen, daß es sehr wohl möglich ist, selbstlos zu handeln.

Also gut, machen wir einen Versuch. Kann ich ehrlich sagen, daß ich glaube, Gandhi habe eigennützig gehandelt, als er sich für die Freiheit des indischen Volkes »aufopferte«? Nein, ich kann nicht sagen, daß ich das glaube. Die Aussage, daß ich es mit Sicherheit weiß, wäre viel richtiger. Natürlich war ich kein persönlicher Freund Gandhis, aber das ist gar nicht nötig. Ich brauche nur zu wissen, daß er ein Mensch war, und daß der Mensch vom Beginn seiner Geschichte an seine Handlungsweise jeweils aus den ihm zur Verfügung stehenden Alternativen ausgewählt hat. Was immer Gandhi getan hat, und ob seine Wahl nun rational oder irrational war – er hat stets auf Grund seiner von ihm selbst getroffenen Entscheidung gehandelt. Falls er von der Hoffnung geleitet wurde, daß er Millionen seiner Landsleute glücklich machen könne, dann war das die Methode, die er wählte, um sein eigenes Glück zu finden. Es sind nur die Mittel, mit deren Hilfe die Menschen ihr Glück erringen wollen, die sich voneinander unterscheiden.

Mahatma Gandhi war nicht der erste Märtyrer, und er wird nicht der letzte bleiben. Sehr wahrscheinlich gibt es auch in Ihrem Familien- oder Freundeskreis einen Märtyrer. Diese Menschen sind genauso selbstsüchtig wie Sie und ich, aber sie haben unersättliche Egos. Ihr Ego ist immer hungrig, und die Nahrung, die es für sein Wachstum braucht, heißt Lobhudelei.

Ja, Sie bringen aus eigennützigen Motiven für Ihre Kinder »Opfer« (was die Kinder und Sie glücklich macht oder auch nicht), und Sie bringen auch für Ihre Eltern aus eigennützigen Motiven »Opfer« (was Ihre Eltern und Sie glücklich macht oder auch nicht).

Natürlich handelt es sich bei keinem dieser Beispiele um echte Aufopferung. Hier ist bestenfalls rationale Selbstsucht am Werk — in dem Glauben, daß der Nutzen, den Sie als Gegenleistung erhoffen, die Zeit, die Mühe und das Geld wert ist, die Sie als Ihre Leistung für die andere Person aufgewendet haben.

So muß denn abschließend gesagt werden, daß es keinen Altruismus im Sinne der sogenannten Selbstlosigkeit gibt. Es gibt nur rationale oder irrationale Eigennützigkeit. Seien Sie auf der Hut, wenn verhinderte Idealisten mit Ihnen Wortspiele spielen wollen. Wenn jemand unter dem Begriff Altruismus die Selbstopferung für andere versteht, dann meint er in Wirklichkeit nichts anderes als irrationale Selbstsucht: Er begeht den Fehler, etwas zu tun, von dem er glaubt, daß es ihm das größte Glücksempfinden vermittelt, indem er einen hohen Wert für einen niedrigeren hingibt. Und seien Sie besonders vorsichtig, wenn Sie es mit Leuten zu tun haben, die tatsächlich glauben, daß sie altruistisch sind, denn das sind die Eitelsten und Gefährlichsten von allen.

Die Theorie der drei Typen

Wenn man die Eigennützigkeit als Basis für unser Handeln betrachtet, kann man die Menschen in drei Hauptgruppen einteilen.

Typ Nr. 1 ist ein Mensch, der begreift und offen zugibt, daß er immer in seinem eigenen Interesse handelt. Typ Nr. 2 ist ein Mensch, der begreift, daß er immer auf seinen Vorteil bedacht ist, jedoch versucht, Ihnen das Gegenteil einzureden. Typ Nr. 3 ist ein Mensch, der nicht begreifen kann oder will, daß er immer aus Eigennützigkeit handelt. Er meint es daher ganz ehrlich, wenn er Sie glauben machen will, daß er zuerst an Ihr Wohl denkt.

Aber was immer auch ihre Gründe oder Begründungen sein mögen, alle drei handeln stets in ihrem eigenen Interesse. Das ist und bleibt die Grundlage. Typ Nr. 1 will Sie nicht täuschen; Typ Nr. 2 versucht, Sie zu täuschen; Typ Nr. 3 täuscht zuerst sich selbst und versucht dann unbewußt, auch Sie zu täuschen.

Wenn man diese grundlegenden Beobachtungen über die menschliche Natur begreift, kann das dazu führen, daß Schock und Enttäuschung zum

Dauerzustand werden — Enttäuschung über die Tatsache, daß die Menschen nicht so selbstlos handeln (weil sie es gar nicht können!), wie Sie es von Ihnen erwarten.

Sieht man die Dinge in der richtigen Perspektive, so ist die Eigennützigkeit weder gut noch schlecht; sie ist ganz einfach eine Realität. Wenn Sie irrational selbstsüchtig handeln, können Sie sich selbst und anderen schaden. Ist Ihr Verhalten aber von rationaler Selbstsucht geprägt, verbessern Sie Ihre Chancen, eine Scheibe vom Kuchen zu bekommen, und meistens werden auch andere von Ihren Aktionen Nutzen haben. Mit anderen Worten: Wenn Sie in Ihrem eigenen Interesse handeln, schließt das nicht aus, daß es auch anderen Menschen Vorteile bringt. Es ist zwar durchaus möglich, zum Besten anderer zu handeln, doch müssen Sie unbedingt begreifen, daß das niemals Ihr Hauptziel sein kann.

Und so wollen wir von heute an nicht mehr zusammenzucken, wenn wir die Worte *Eigennützigkeit* und *Selbstsucht* hören.

Realität Nr. 2: Das schöne Spiel der Definitionen

Die Spiele, die von den Menschen praktiziert werden faszinieren mich immer wieder. Hier ist eins, das wir alle spielen, ob wir uns dessen bewußt sind oder nicht: das Definitionsspiel.

Der Mensch definiert jedes Wort, jede Tat und jede Situation subjektiv, und zwar für gewöhnlich so, wie es sich am besten in seine eigenen Aktionen oder in die gegebenen Umstände einfügt.

Wir alle sind unfreiwillige Teilnehmer am Definitionsspiel. Da aber jeder von uns ein einzigartiges Individuum ist und somit unsere Wünsche, Vorlieben, Vorurteile, Erfahrungen und Persönlichkeitsmerkmale von Mensch zu Mensch variieren, hat auch jeder Mensch eine andere Einstellung zu den Dingen. Man tut klug daran, sich immer vor Augen zu halten, daß jeder von uns sich bewußt oder unbewußt an ein Definitionsschema hält, das ungefähr so aussieht:

Gut ist, was ich tue; schlecht ist, was du tust.
Richtig ist, was ich tue; falsch ist, was du tust.
Ehrlich ist, was ich tue; verlogen ist, was du tust.
Fair ist, was ich tue; unfair ist, was du tust.
Moralisch ist, was ich tue; unmoralisch ist, was du tust.
Ethisch ist, was ich tue; unethisch ist, was du tust.

Und so geht es endlos weiter. Wenn Sie begreifen, wie das Definitionsspiel gespielt wird, haben Sie eine bessere Ausgangsposition, um Nummer Eins zu werden. Der Grund liegt darin, daß Sie sich nicht der Illusion hingeben, Ihre Umwelt befinde sich in Übereinstimmung mit Ihnen, und zwar nicht einmal dann, wenn Sie den Eindruck haben, daß eine Diskussion in vollkommener Harmonie verläuft. Wie oft kommt es vor, daß Gesprächspartner übereinstimmend nicken, sich die Hände schütteln und sich dann vor Gericht als Gegner wiedersehen. Zweifellos passierte es auch in der Steinzeit des öfteren, daß zwei Höhlenmenschen zustimmend grunzten und anscheinend befriedigt auseinandergingen, nur um die Angelegenheit später mit Keulenhieben zu regeln, nachdem sich herausgestellt hatte, daß jeder das Grunzen des anderen mißverstanden hatte. Allerdings hatten sie uns zwei große Vorteile voraus: Es gab noch keine Rechtsanwälte, die alles noch schwieriger machten, und sie brauchten nicht zwei oder drei Jahre zu warten, bis ihr Fall zur Verhandlung kam.

Was das Spiel noch weiter kompliziert, ist die Tatsache, daß der Mensch die Gewohnheit hat, seine Definitionen laufend zu ändern. Das geschieht meist dann, wenn er seine etablierten Definitionen nicht mehr mit seinen Taten in Einklang bringen kann. Wenn man dieses Spiel mit einem Absoluten Moralisten spielt, kann es eine recht schwierige Sache werden. In seinen unermüdlichen Bemühungen, Sie zu seinen moralischen Grundsätzen zu bekehren, betreibt der Absolute Moralist dieses Spiel mit unvergleichlichem Eifer. Falls er Sie dazu bringen kann, seine Definitionen zu akzeptieren, hat er den wichtigsten Schritt getan, um zu erreichen, daß Sie zu seinem statt zu Ihrem eigenen Besten handeln.

Die Theorie über die Gerechten und die Ungerechten

Diese Theorie ist ganz einfach: Der Ungerechte ist immer der andere, der Gerechte sind immer Sie selbst. Unfaire Tricks sind etwas, das nur der andere gegen Sie anwendet, aber niemals das, was Sie ihm antun.

Ich hatte einmal mit einem Mann geschäftlich zu tun, dessen Methoden, gelinde gesagt, höchst kaltschnäuzig waren. Bei einem unserer Gespräche verbiß er sich in eine Nichtigkeit, wie das für ihn typisch war, und plötzlich brüllte er: »Meine Frau hat ganz recht. Sie sagt mir immer wieder, daß ich zu gutmütig bin – daß man mich leicht aufs Kreuz legen kann – daß die anderen auf mir herumtrampeln dürfen.«

Das Netteste, was dieser Kerl jemals tat, war, daß er »Entschuldigung« murmelte, nachdem er Asche in meine Kaffeetasse gestaubt hatte. Aber nachdem er sich freie Bahn geschaffen hatte, indem er sich als einen Mann zeichnete, der ständig unter Druck gesetzt wurde, konnte er es rechtfertigen, mir mit jeder Waffe, die er in seinem Vorratssack an Definitionen finden konnte, Tiefschläge zu verpassen.

Ob es Ihnen behagt oder nicht — Tatsache ist, daß der Übeltäter sein Verhalten immer rechtfertigen kann.

Das Buch, das nichts definiert: das Lexikon

Das Lexikon gibt für die meisten Wörter mehrere Begriffsbestimmungen an, was den Leser nur ermutigt, sich seiner eigenen Definitionen zu bedienen. Aber selbst wenn Sie eine vom Lexikon gelieferte Definition akzeptieren und sie näher untersuchen, indem Sie die Erklärungen der Wörter nachschlagen, mit denen das ursprüngliche Wort definiert worden war, werden Sie immer zu der gleichen Schlußfolgerung kommen: Das Lexikon überläßt es dem Leser, die endgültige Definition zu finden.

Sehen wir uns einmal das im Definitionsspiel so beliebte Wort *richtig* an. Die erste Definition im Lexikon lautet:

Richtig: entspricht dem, was *gerecht* oder gut ist.

Gerecht: entspricht dem, was *richtig* ist.

Sie sind also sofort in einer Sackgasse. Richtig entspricht dem, was gerecht ist, und gerecht entspricht dem, was richtig ist. Die einzige Lösung dieses Dilemmas kann das Definitionsspiel liefern: Jeder definiert jedes Wort so, daß es der Bedeutung entspricht, die er ihm zu geben wünscht. Wie definieren Sie *richtig*? Oder Ihre Nachbarin? Oder Ihr Freund?

Schäme dich!

Dann gibt es die Wörter, die bewirken sollen, daß man sich schämt, und die von den Absoluten Moralisten sehr effektiv als Einschüchterungsmittel eingesetzt werden. Schäme dich, wenn du kein »Patriot« bist; schäme dich, wenn du ein »Anarchist« bist; schäme dich, schäme dich, schäme dich.

Das Lexikon definiert einen Patrioten als »einen Menschen, der sein

Vaterland liebt und begeistert seine Autorität und Interessen unterstützt«. Ein Anarchist ist »ein Mensch, der gegen jede feststehende Ordnung oder Regierung rebelliert«. Wenn man also in einem totalitären Staat lebt und ihn unterstützt, ist man ein Patriot; wenn man dagegen rebelliert, ist man ein Anarchist. Die Leute, die 1776 die Rebellion gegen England anführten, wurden in Amerika als Patrioten betrachtet; in England galten sie als Anarchisten und Hochverräter. Denken Sie an diese Beispiele, wenn Sie hören, daß jemand als Anarchist diffamiert wird, oder wenn man Ihnen vorwirft, unpatriotisch zu sein. Lassen Sie sich von der Angst, unpatriotisch genannt zu werden, nicht dazu zwingen, eine unmoralische Aktion der Regierung gutzuheißen.

Macht es Ihnen wirklich etwas aus, wenn Leute, insbesondere Befürworter von Doktrinen, die Sie für unmoralisch halten, Sie beschimpfen? Man bewirft Sie ja nicht mit Steinen, sondern nur mit Worten, und davon sollten Sie sich niemals verletzen oder einschüchtern lassen. Vor allem aber sollten Sie niemals versuchen, einem Schreihals dieser Sorte Ihre Haltung zu erklären, das ist nur Zeitvergeudung. Er versteht Sie nicht, weil er nicht logisch und rational denken kann. Wenn Sie sich dazu erziehen können, ihn zu ignorieren, wird er Sie schließlich in Ruhe lassen, so daß Sie sich weiter der friedlichen Aufgabe, Nummer Eins zu werden, widmen können.

Was ziehen Sie vor, »Deep Throat« oder Krieg?

In einem Artikel, der in »Newsweek« erschien, gab ein Staatsanwalt aus Memphis folgende brillante Aussage von sich: »Es steht außer Frage, daß es so etwas wie Obszönität gibt. Das Oberste Bundesgericht hat gesagt, daß es so etwas gibt, und der Kongreß hat es auch gesagt«. Da fällt es einem wirklich schwer, sich das Grinsen zu verkneifen, aber es handelt sich tatsächlich um ein Zitat.

Natürlich gibt es so etwas wie Obszönität, und ich will Ihnen genau erklären, was es ist: nämlich das, was *Sie* darunter verstehen. Der Staatsanwalt war offenbar der Auffassung, daß der Film »Deep Throat« obszön ist; jemand anders vielleicht der Meinung, daß es obszön ist, wenn eine Regierung einen Menschen, zum Sklaven macht und ihn in eine Situation hineinzwängt, in der er entweder fremde Menschen ermorden oder sich selbst ermorden lassen muß. Die Regierung hingegen drückt es so aus, daß jemand zu den Streitkräften eingezogen wird und die Chance erhält, sein Vaterland zu verteidigen. Es kommt eben immer auf den Standpunkt des Betrachters an.

Wenn Sie jemanden »unaufrichtig« nennen, dann meinen Sie in Wirklichkeit, daß Sie und der Betreffende den Begriff der Aufrichtigkeit unterschiedlich definieren. Das heißt nicht, daß sein moralischer Standard niedriger ist als der Ihre; er ist nur anders. Und wenn die andere Person Ihren moralischen Standard für niedriger hält als ihren eigenen, dann ist das ihr Problem.

Es ist nicht Ihre Aufgabe, sich um die andere Person zu kümmern. Ihre Aufgabe besteht darin, Nummer Eins zu werden. Also sorgen Sie dafür, daß Sie einen klaren Kopf behalten. Ihre moralischen Prinzipien sollten der Definition entsprechen, die Sie Ihnen geben. Erlauben Sie niemandem, diese Grundsätze für Sie festzulegen.

Realität Nr. 3: Jeder zieht seine eigenen Grenzen

Hierbei handelt es sich um ein Zusatzspiel zum Definitionsspiel. Wir definieren nicht nur Wörter, um unsere Handlungen zu rechtfertigen, sondern wir definieren Wörter auch *durch* unsere Handlungen. Wenn jemand z. B. Lebensmittel stiehlt, weil er glaubt, daß er ein »Recht« darauf hat, enthüllt diese Tat seine Definition des Wortes »Recht«. Jeder Mensch zieht eine willkürliche Grenze zwischen gut und böse, die er so plaziert, daß seine Taten auf der »guten« Seite liegen. Die Grenzen, die andere Menschen für sich ziehen, kommen Ihnen vielleicht nicht vernünftig vor, aber wenn jemand fähig ist, selbständig zu denken, gibt er nicht sonderlich viel auf eine fremde Meinung, zumal wenn er andere Wertbegriffe hat als Sie.

Jeder Mensch grenzt subjektiv ab, was er für richtig oder falsch hält; die Grundlage dafür liefern seine eigenen moralischen Grundsätze, die Moralprinzipien anderer Personen oder das, was im gegebenen Zeitpunkt für ihn am günstigsten ist. Das Ergebnis davon ist, daß seine Taten mehr oder minder bestimmte Definitionen demonstrieren.

Auch am Grenzlinienspiel ist jeder Mensch beteiligt, ob er es will oder nicht. Durch seine Taten (oder durch seine Inaktivität) zeigt er an, auf welcher Seite welcher Grenzen er steht.

Problematisch wird es, wenn Absolute Moralisten anfangen, für andere Grenzen zu ziehen. Da es unmöglich ist, daß Milliarden von Individuen sich immer und über alles einig sind, ist eine Aussage wie »irgend jemand muß ja irgendwo die Grenze ziehen« schierer Blödsinn – eine sinnlose politische Phrase. Die einzig mögliche Antwort auf eine solche unrealistische und gefährliche Behauptung ist: »Aber wer soll diese Grenze ziehen?« Leider hat es uns noch nie an Kreuzfahrern, Bürokraten und verkappten Diktatoren gemangelt, die gern hervortreten und mit Vergnügen für alle Menschen die Grenzen festlegen. Da es eine Tatsache ist, daß alle Mitglieder einer Gesellschaft niemals auch nur in *einem* Punkt eine gemeinsame Meinung haben können, bedeutet jede Grenze, die von anderen Menschen festgelegt wird – ob als Gebot, Gesetz oder irgend etwas anderes getarnt –, für viele von uns eine schwere Belastung.

Wir haben zwar keine andere Wahl, als an diesem Spiel teilzunehmen, aber es liegt in unserer Macht, uns damit zu begnügen, daß wir nur für uns selbst Grenzen ziehen und der Versuchung widerstehen, es auch für andere zu tun.

Störe meine Grenzen nicht!

Bei einer Dinnerparty saß ich einmal einer Dame mittleren Alters gegenüber, die ein kostbares Modellkleid trug. Während des Essens schnatterte sie pausenlos über »das Wohl der Gesellschaft« und darüber, daß man alles tun müsse, was »im besten Interesse der Menschheit« sei. Nach einer Stunde hatte ich genug, und als sie ihren Vortrag auch auf das Gebiet der moralischen Grundsätze ausdehnte, wurde mir speiübel. Von ihrer eigenen Rhetorik davongetragen, verkündete sie schließlich, daß die Welt (ein Land oder ein Erdteil genügte ihr nicht) einen Moralkodex brauche, nach dem jeder Mensch sich richten müsse, andernfalls würden wir alle zum Untergang verdammt sein.

Ich dachte einen Moment über diese Behauptung nach, kratzte mich auf dem Kopf, trank einen Schluck Wein, den ich zum Teil auf meine Krawatte kleckerte, und kam zu dem Schluß: »Wir *sind* alle zum Untergang verdammt.«

Was diese Frau wirklich meinte, war, daß sich die Grenzen, die für jeden Menschen gezogen werden sollten, *ihren eigenen* Grundsätzen angepaßt sein müßten. Bestimmt hätten sie laut aufgeschrien, wenn der amtlich bestallte Grenzenzieher für die ganze Welt entschieden hätte, daß niemand das Recht haben dürfe, Modellkleider und Brillanten zu tragen, solange Millionen in Armut lebten.

Die flexible Grenze

Ein guter Freund von mir ist nach seiner eigenen Definition, ein »orthodoxer« Jude. Deshalb wunderte ich mich immer wieder, daß dieser Mann, der am Sabbath niemals rauchte, ohne Gewissensbisse Auto fuhr. Nach dem jüdischen »Gesetz« sind sowohl das Rauchen als auch das Autofahren am Sabbath verboten.

Schließlich wurde mir klar, daß hier ein ganz schlichter Fall der subjektiven Grenzenziehung vorlag. Mein Freund hatte die Grenze einfach zwischen Rauchen und Autofahren plaziert. Wäre er ein starker Raucher gewesen, hätte er vielleicht die Seiten vertauscht. Ihm war das Autofahren wichtiger als das Rauchen, und so wurde der Begriff »orthodox« seinen Vorlieben angepaßt und durch diese definiert.

Wo fängt das Schuldgefühl an?

Der Ehebruch, ein Thema, das so vielen Menschen am Herzen liegt, ist besonders fein für das Grenzenziehspiel geeignet. Für manche Leute ist schon der bloße Gedanke an einen Ehebruch die Grenze, die sie nicht überschreiten. Andere tätscheln im Büro ein bißchen herum und lassen es dabei bewenden. Dann gibt es den echten talentierten Grenzenzieher, der sich für ehrenwert hält, weil er seine Frau nur »hin und wieder« betrügt.

Das Ende des Sprektrums bilden diejenigen, die den Ehebruch mit geradezu fanatischer Inbrunst betreiben. Aber selbst bei den Mitgliedern dieser Gruppe gibt es die verschiedensten Grenzen. Der eine meint, er verstoße nicht gegen die Moral, weil er seine außerehelichen Aktivitäten nur tagsüber betreibt (auch wenn er es jeden Tag tut), der andere hält sich für moralisch einwandfrei, weil er nur mit »Klasseweibern« ins Bett geht. Und die Philosophie eines dritten lautet: »Was heißt hier Klasse, mir kommt's nur auf Rekorde an.« Und wo ziehen Sie die Grenze?

Wie man für andere Grenzen zieht

Wenn es um Grund und Boden geht, werden richtige, sichtbare Grenzen gezogen. Wie weit würden Sie zurückgehen, um festzustellen, wem ein Stück Land ursprünglich gehörte? Wenn Sie heute der Besitzer eines

Grundstücks sind, dann ziehen Sie eine Grenze um das Land herum, die Ihre rechtmäßige Eigentümerschaft manifestiert. Aber wenn Ihnen das Land vor über hundert Jahren gewaltsam weggenommen worden ist, dann würden Sie kaum dem Sprichwort zustimmen, daß Besitz neun Zehntel des Gesetzes ist.

Vielleicht wundern Sie sich, wieso die Amerikaner einfach über die Tatsache hinweggehen können, daß die europäischen Siedler den Indianern, die lange vor ihnen dort gelebt hatten, mit so viel Dreistigkeit das Land stahlen. Das Grenzenziehspiel macht alles möglich.

Unsere »Vorväter« (müssen wir uns eigentlich für die Taten von Menschen verantwortlich fühlen, die wir gar nicht gekannt haben?) erfanden ein schönes Manifest (Manifest Destiny), demzufolge die Europäer und ihre Nachkommen *vom Schicksal ausersehen waren*, über ganz Amerika zu herrschen.

Man kann sich schwer vorstellen, daß erwachsene, gebildete Männer, die sich zweifellos für Musterbeispiele an Integrität und Ehrbarkeit hielten, sich gegenseitig ins Auge sehen und so tun konnten, als ob sie das ernsthaft glaubten. Aber anscheinend konnten sie das sehr gut, denn wann immer die Leute in Washington es für zweckmäßig hielten, ein den Indianern gegebenes Versprechen zu brechen, wurde die Grenze ein bißchen verlegt und ein neues »Gesetz« erlassen. Heute gehen wir bei Diskussionen über Bodenrechte einfach von der Annahme aus, daß der ursprüngliche Eigentümer eines Grundstücks derjenige war, der es nach der Enteignung der Indianer als erster besaß.

Aber Ereignisse, die so lange zurückliegen, spielen heute keine Rolle mehr, auch wenn einige von uns anders darüber denken. Worauf es ankommt, ist, daß es Leute gibt, die Ihnen liebend gern einhämmern würden, wo Ihre Grenzen liegen. Wenn Sie es nicht als eine Realität anerkennen, daß das Grenzenziehspiel immer und zu jeder Zeit von allen gespielt wird, dann wird man Sie so lange mit Phrasen bombardieren, bis Sie nicht mehr fähig sind, selbständig über moralische Belange zu entscheiden.

Der Grenzverlauf wird durch den moralischen Standard bestimmt

Erinnern Sie sich an den Film »Der Pate«? Gegen Ende des Films gibt es eine dramatische Folge von Szenen, als Michael stolz der Taufe seines Sohnes beiwohnt, während seine Henkersknechte gleichzeitig jeden umlegen, der Michaels Autorität anzutasten gewagt hatte. Da war also Michael in der Kirche und flehte demütig um Gottes Segen für seinen Sohn, während er gleichzeitig das Blut der Menschen vergoß, die ihm in die Quere gekommen waren. Nun, Sie und ich würden unsere Grenzen nicht dort ziehen, wo Michael sie hinplazierte, aber auch wir ziehen sie bestimmt dort, wo wir sie zur Rechtfertigung unseres eigenen Verhaltens brauchen. Jene Filmszenen waren nicht nur eine Botschaft an jeden von uns, sie sagten auch etwas über uns aus. Michael mordet; ein orthodoxer Jude fährt am Sabbath Auto; Regierungen erlassen ungerechte Gesetze. Wir alle spielen das Spiel mit.

Jetzt wissen Sie die Antwort auf die Frage: »Aber wer soll die Grenze ziehen?« – Sie lautet: jedermann. Jeder von uns hat seine Grenzen immer so gezogen, wie es für ihn am vorteilhaftesten war. Auch das ist eine Realität, die zur menschlichen Natur gehört.

Wie beim Definitionsspiel gibt es auch beim Grenzenziehspiel beträchtliche Komplikationen, weil wir ständig alte Grenzlinien ausradieren und neue ziehen, die sich den veränderten Gegebenheiten besser anpassen. Ich möchte behaupten, daß die meisten Menschen die moralischen Prinzipien, nach denen sie leben wollen, nicht rational und logisch analysiert haben. Wenn dann irgend etwas, das sie sich wünschen, zufällig auf der falschen Seite einer Grenze liegt, dann wird die Linie einfach so korrigiert, daß das erwünschte Ereignis schließlich doch auf die »richtige« Seite gelangt.

Lassen Sie sich von den Grenzen, die andere Leute ziehen, nicht einschüchtern. Es kann Ihnen egal sein, wie sie dieses Spiel spielen, solange Sie dadurch nicht eingeengt werden. Machen Sie ihnen auch klar, daß Sie bei der Entscheidung, wo Sie Ihre eigenen Grenzen ziehen wollen, keine Hilfe benötigen.

4. Kapitel
Die Hürde der menschlichen Beziehungen

Warum, zum Teufel, kann das Leben nicht leicht sein? Wenn es das wäre, könnte ich mich jetzt an der Copacabana sonnen, statt dieses Buch zu schreiben. Und Sie würden es nicht für notwendig halten, mein Buch zu lesen, sondern könnten das sorglose, schicke Leben führen, das von den Werbeagenturen so prächtig dargestellt wird.

Aber leider ist das Leben ganz anders als im Werbefernsehen. Es besteht nicht darin, daß ein eleganter Herr mit einer verführerischen Dame am Kamin sitzt und Cognac schlürft. (Arbeiten die beiden jemals? Stehen sie wie wir täglich im Kampf um den Parkplatz? Verschütten sie den Cognac mal?) Das Leben ist kein freundlicher Versicherungsvertreter, der wie der Geist aus der Flasche stets zur Stelle ist, wenn ein Problem auftaucht.

Ach ja, das Leben sollte ein immerwährender Spaziergang durch einen Rosengarten sein. Aber das ist es nicht. Sie und ich wissen das, denn wir haben unsere Erfahrungen gesammelt.

Machen wir uns nichts vor: Das Leben kann eine Sprengbombe sein. An der Wurzel fast aller Übel, die es mit sich bringt, finden wir ein und dieselbe treibende Kraft: ein lebendes Wesen. Jahrtausende der Geschichtsschreibung haben gezeigt, daß dieses Wesen direkt oder indirekt die Ursache für die meisten unserer Alltagsprobleme ist. Versuchen Sie einmal, ob Sie aus der folgenden Gruppe den wahren Schuldigen ermitteln können:

a) Rentier
b) Zebra
c) Pavian
d) Raupe
e) Mensch

Wenn Sie auf Rentier oder Zebra tippen, haben Sie einen löblichen Versuch gemacht; Raupe ist ganz daneben. Mit dem Pavian sind Sie auf dem richtigen Weg, und ins Schwarze treffen Sie, wenn Sie den Menschen nennen.

Die richtige Antwort ist das Ergebnis einer simplen rationalen Analyse. Sie haben bestimmt noch niemals erlebt oder gehört, daß ein Rentier, ein Zebra, eine Raupe oder ein Pavian versucht hätte, seine moralischen Grundsätze anderen Lebewesen aufzuzwingen, nicht wahr? Nein, wir müssen es uns eingestehen: Probleme werden vom Menschen geschaffen. Er ist die Quelle der meisten Frustrationen und Komplikationen unseres Lebens. Wenn Sie lernen können, wie man mit den Neurosen der Mitmenschen am besten fertigwerden kann, haben Sie eine gewaltige Hürde überwunden. Aber auch hier gilt grundsätzlich das Gleiche wie für alle anderen Tatsachen: Sie müssen das Problem identifizieren können, bevor Sie daran gehen, es zu bewältigen.

Die menschliche Natur

Was treibt den Menschen an? Warum ist er so problematisch? Was ist er eigentlich? Als erstes wollen wir den Menschen durch den Prozeß der Elimination definieren. Das, was der Mensch *nicht* ist, ist das, was er Ihrem Wunsch nach sein sollte. Wie immer steht hier das »ist« dem »sollte sein« gegenüber: Kein Mensch ist das, war er Ihrer Meinung nach sein sollte; er ist, was er ist. Jeder Versuch zu glauben, daß jemand etwas anderes ist als das, was er in Wirklichkeit ist — ein nur allzu weit verbreiteter Irrtum — ist eine Lüge. Das Schlimme daran ist, daß Sie sich selbst belügen (und vielleicht auch die Person, die Sie mit dem »Sollte-sein«-Etikett markieren).

Was wissen wir noch über den Menschen? Daß er von Natur aus selbstsüchtig ist und stets seine eigenen Spielregeln aufstellen will. Wir wissen auch, daß diese Eigenschaften weder gut noch schlecht sind, sondern lediglich Tatsachen, die Sie nur dann vor Probleme stellen, wenn Sie es gestatten.

Ferner wissen wir, daß man die Menschen generell in drei Haupttypen einteilen kann: Typ Nr. 1 ist der ehrliche, geradlinige Mensch, der niemals vertuscht, daß er stets auf seinen eigenen Vorteil bedacht ist; Typ Nr. 2 ist der Mensch, der Ihnen weiszumachen versucht, daß er in erster Linie zu Ihrem Besten handelt, und Sie so dazu verleitet, in Ihrer Aufmerksamkeit nachzulassen; Typ Nr. 3 ist der Mensch, der es entweder nicht begreift oder nach Vogel-Strauß-Manier die Erkenntnis der Tatsache verweigert, daß er auf seinen Vorteil bedacht ist, ein Verhalten, das den Gesprächspartner in falsche Sicherheit wiegen kann.

Eines der wichtigsten Merkmale haben wir noch nicht erwähnt, nämlich daß der Mensch nicht vollkommen ist. Wenn man diese Tatsache außer acht läßt, kann das endlose Frustrationen und Enttäuschungen verursachen. Wir wünschen uns so sehr, daß andere Menschen vollkommen sind, daß wir uns oft selbst Schaden zufügen, weil wir zuviel von ihnen erwarten.

Sobald Sie die Tatsache der Unvollkommenheit des Menschen akzeptiert haben, werden Sie erkennen, daß Ihre Mitmenschen nicht darauf aus sind, Ihnen zu schaden, sondern daß Sie es ihnen *gestatten*. Ein solcher Schaden ist nicht nur die Folge Ihrer Unfähigkeit, mit der menschlichen Unvollkommenheit fertigzuwerden, sondern auch Ihrer Bemühungen, aus einem Menschen etwas zu machen, das er nicht ist. Wenn Sie sich dieses Vorhaben aufhalsen, werden Sie garantiert die Erfahrung machen, daß Sie sich an etwas Unmögliches gewagt haben.

Wie vergeblich solche Bemühungen sind, wird besonders deutlich, wenn es sich um Leute handelt, die Ihnen nahestehen. Auch Freunde, Liebespartner, Eltern und Kinder sind Menschen. Sie alle sind ebenfalls unvollkommen, aber auf Grund Ihrer Beziehung zu Ihnen können sie Ihnen viel mehr Kummer bereiten als andere Menschen – falls Sie das zulassen. Da die meisten unserer Probleme von Menschen verursacht werden, ist es verständlich, daß diejenigen, die Ihnen am nächsten stehen, potentiell den größten Schaden anrichten können. Das heißt nicht, daß sie es tun müssen oder werden, es bedeutet nur, daß sie das Potential dazu haben.

Eine Aufzählung der Charaktereigenschaften des Menschen könnte man mit einer Diskussion über die Wirklichkeit vergleichen, denn auch hier ist die Dimension unendlich. Zur Überwindung der Hürde der menschlichen Beziehungen ist es jedoch nicht erforderlich, daß man versucht, jede dieser Eigenschaften zu definieren. Als ersten Schritt wollen wir alle positiven Eigenschaften eliminieren, nicht um die guten Seiten des Menschen zu bagatellisieren, sondern weil es für gewöhnlich die negativen Charakteristika sind, die den Schaden anrichten. Alle erfreulichen Eigenschaften – die Fähigkeit, human und gütig zu sein und Liebe geben zu können – sind angenehme Zugaben. Wenn Sie in ihren Genuß kommen, sind sie willkommene Extras. Aber wenn Sie nicht einfach dasitzen und darauf warten, dann sind Sie der Steuermann Ihres eigenen Glücks, statt daß Sie den Kurs der Gnade anderer überlassen.

Aus diesem Grund will ich mich nur mit den Eigenschaften befassen, die Ihren Weg zu einem besseren Leben blockieren können. Voraussetzung dafür ist die Erkenntnis, daß der Mensch unbegrenzt viele potentiell schädliche Eigenschaften hat. Sie müssen lernen, diese Merkmale zu identifizieren, und vor allem müssen Sie die Fähigkeit und die Selbstdisziplin entwickeln, ein negatives Verhalten zu ignorieren oder schlimmstenfalls diejenigen Personen, die für solche Aktionen verantwortlich sind, aus Ihrem Leben auszuschließen. Sie haben Ihre Meisterprüfung auf diesem Gebiet bestanden, wenn Sie die Energie, die Sie früher für den Hader mit solchen Leuten aufwenden mußten, dazu einsetzen, daß Sie Menschen an sich heranziehen, die Glück in Ihr Leben bringen. Wenn Sie diesen Punkt erreicht haben, sind Sie ein gutes Stück auf dem Weg zu einem besseren Leben vorangekommen.

Die Mehrzahl der menschlichen Eigenschaften sind bei allen von uns zu finden. Bei manchen sind sie verdeckt, bei anderen spielen sie eine dominierende Rolle. Mehr als alles andere ist es diese Unterschiedlichkeit, welche die Menschen so interessant macht. Jeder Mensch ist einzigartig. Und das gibt Ihnen einen großen Vorteil. Es gibt über vier Milliarden Menschen auf dieser Welt, und Sie brauchen nur eine Handvoll davon auszuwählen, um Ihre Bedürfnisse nach Gemeinsamkeit zu erfüllen. Aus dieser Perspektive betrachtet, stehen die Chancen haushoch zu Ihren Gunsten – vorausgesetzt, Sie wissen, was Sie suchen, und sind fest entschlossen, sich nicht mit weniger zufriedenzugeben. Da aber die meisten Menschen, die Ihnen begegnen, nicht zu der Gruppe der Auserwählten gehören, müssen Sie fleißig jäten, damit Sie das Gesuchte finden können.

Die größten Hindernisse, die sich Ihnen entgegenstellen, sind die Neurotiker. Ein Neurotiker ist ein Mensch, dessen Gefühlsleben gestört ist. Das ist natürlich ein weites Feld – wahrscheinlich hat jeder von uns in stärkerem oder schwächerem Maße und zu verschiedenen Zeiten derartige Phasen. Jeder Mensch ist auf bestimmten Gebieten zumindest gelegentlich leicht neurotisch. Aber die Menschen, die entweder generell neurotisch sind oder an einer schweren Neurose leiden, können Ihr Leben ernsthaft beeinträchtigen.

Irrationalität

Ich möchte mit der Diskussion der Irrationalität beginnen, denn sie ist für gewöhnlich die Ausgangsbasis für andere negative Verhaltensformen. Es ist wichtig, daß Sie erkennen können, ob ein Mensch sich irrational verhält, und Sie müssen lernen, Ihre eigenen Denkprozesse so unter Kontrolle zu haben, daß Sie innerhalb der möglichen Grenzen rational handeln.

Unter einem rationalen Verhalten verstehe ich, daß die eigenen Worte und Taten sich auf Vernunft und Logik stützen. Nun werden diese beiden Begriffe individuell verschieden ausgelegt. Wie kann man dann sicher sein, daß jemand die Rationalität oder Irrationalität seines Verhaltens erkennt? Diese Frage beantwortet sich mit der Zeit von selbst: Ein irrationaler Mensch erreicht sein Ziel nie, ein rationaler Mensch schafft es.

Als einfache Richtlinie dafür, wie Sie Ihre Entscheidungen rational treffen können, schlage ich vor, daß Sie es sich angewöhnen, sich selbst zwei Fragen zu stellen:

1. Wird die beabsichtigte Aktion mein Leben verbessern können, weil sie mir Freude bringt oder mir Kummer und Sorgen erspart?
2. Wird mein Vorhaben in irgendeiner Form gewaltsam in die Rechte anderer eingreifen?

Damit sind wir wieder auf vertrautem Grund. Um ein Vorhaben realisieren zu können, das Sie glücklich macht, müssen sie wissen, was Sie tun wollen und warum Sie es tun, und das heißt, daß Sie sich der gegebenen Tatsachen bewußt sein müssen. Wir kommen also immer wieder zu dem einzig möglichen Ausgangspunkt zurück: die richtige Wahrnehmung der Realität. Wenn jemand sein Leben bereichern will, dabei aber im Widerspruch zu den Tatsachen handelt, verhält er sich irrational. Es spielt keine Rolle, ob er die Wirklichkeit außer acht läßt, weil er nicht logisch denken kann, oder weil er sich selbst belügt. In jedem Fall ist sein Verhalten irrational und wird ihn, auf die Dauer gesehen, nicht ans Ziel bringen.

Sie sollten sich also nur an den Tatsachen orientieren. Das erreichen Sie am besten dadurch, daß Sie sich vom Verstand und nicht von Ihren Gefühlen leiten lassen. Nehmen Sie sich Zeit und machen Sie sich die Mühe, einmal logisch über die grundsätzlichen Fragen nachzudenken, die für Sie wichtig sind. Tun Sie das, wenn Sie allein sind und durch nichts abgelenkt werden, also wenn Sie entspannt und unemotional sind.

Sobald Sie Klarheit geschaffen haben, daß Sie Ihrer Entscheidung treu bleiben, insbesondere wenn Sie Ihr Verhalten gegen irrationale Argumente verteidigen müssen. Bleiben Sie stark und lassen Sie sich nicht von Emotionen beeinflussen. Und vergessen Sie nicht: Wenn Sie selbst fähig sind, rational zu denken, heißt das nicht automatisch, daß die Gegenseite ebenfalls über diese Fähigkeiten verfügt. Auf Ihrem Weg zu einem glücklichen Leben treffen Sie auf Schritt und Tritt irrationale Leute, die Ihnen nur allzugern eine falsche Richtung aufschwatzen werden, falls Sie diese Gefahr nicht rechtzeitig erkennen. Wiegen Sie sich ja nicht in dem Glauben, daß alle Menschen, die Ihnen begegnen, rational handeln: sie tun es nicht.

Wie man ein irrationales Argument erkennt

Wie können Sie ein irrationales Verhalten erkennen? Als erstes müssen Sie lernen, die Voraussetzung für eine Aussage zu identifizieren und dann zu entscheiden, ob Sie damit einverstanden sind oder nicht. Wenn jemand z. B. argumentiert, daß ein Teil der Steuergelder für Zwecke verwendet werden soll, die er persönlich gutheißt, dann fühlen Sie vielleicht instinktiv, daß an seiner Aussage irgend etwas nicht richtig ist. Ihre Überlegungen führen Sie zu der Schlußfolgerung, daß die Grundlage für diese Aussage – nämlich daß man unter dem Etikett der Besteuerung Geld von bestimmten Leuten stiehlt – Ihrer Überzeugung widerspricht. Daher ist *jedes* Projekt, für das die Gelder seiner Meinung nach ausgegeben werden sollten, ungerechtfertigt, weil das ganze Argument auf der Voraussetzung basiert, daß Diebstahl eine akzeptable Methode sei.

»Sie haben kein echtes Interesse daran, anderen zu helfen, stimmt's?« Diese Frage wird mir in Rundfunk- und Fernsehinterviews immer wieder gestellt.

Ich kann eine solche Frage erst dann ehrlich beantworten, wenn ich den Interviewer dazu bewegen kann, seine Worte genauer zu definieren. Wenn er mit »anderen« *alle* Menschen meint, ist meine Antwort ein klares Nein. Es gibt Notzuchtverbrecher, Mörder, absolute Moralisten, Räuber und viele andere, denen ich in keiner Weise »helfen« möchte. Aber es gibt auch viele Menschen, für die ich tiefe Gefühle hege, insbesondere jene, die mein Leben bereichern und so zu meinem Wohlbefinden beitragen.

Falls der Interviewer unter dem Wort »helfen« versteht, daß ich etwas gebe, ohne eine Gegenleistung zu erwarten, dann bin ich tatsächlich nicht interessiert daran, *irgend jemandem* zu helfen. Aber ich bin stets gern dazu bereit, wenn ich damit etwas für Menschen tun kann, zu denen ich eine Wert-für-Wert-Beziehung habe. Ich habe nicht den Wunsch, jeden Menschen, der mir über den Weg läuft, kritiklos mit Liebe, Freundschaft, Geld oder anderen Gütern zu beschenken, denn dadurch würde ich das, was ich zu bieten habe, im Wert mindern. Bestimmte Dinge sind und bleiben für bestimmte Menschen reserviert, nämlich für diejenigen, die mir etwas bedeuten. Ebensowenig möchte ich Liebe, Freundschaft, materielle Vorteile oder irgend etwas anderes von einem Menschen annehmen, der nichts Gleichwertiges von mir erhalten hat oder erwarten darf.

Beantworten Sie Fragen also erst dann, wenn die wichtigsten Begriffe genau definiert sind. Wenn eine Frage Ihrer Überzeugung nach auf einer falschen Voraussetzung beruht, dann ist jede Antwort, die Sie darauf geben, zwangsläufig unaufrichtig. Durch eine genaue Untersuchung der Grundlage für eine Frage habe ich oft erkannt, daß es sich nicht um eine echte, sondern nur um eine hypothetische Frage handelt. Eine Frage ist etwas Wirkliches, eine hypothetische Frage ist eine erzwungene Illusion. Ich habe keine Zeit, mir den Kopf wegen hypothetischer Fragen zu zerbrechen, die auf falschen Voraussetzungen basieren, und auch Sie haben keine Zeit dazu, wenn Sie Ihre Kraft und Energie dazu verwenden wollen, aus Ihrem Leben eine angenehme und erfreuliche Reise zu machen.

Es gibt noch viele andere Merkmale für ein irrationales Verhalten, auf die Sie achten müssen. Irrationale Leute schweifen vom Thema ab; sie verharren auf Belanglosigkeiten; sie verlassen sich auf Schlagworte, die nichts mit Tatsachen zu tun haben; sie sind Meister der Verallgemeinerung. Ein anderer beliebter Trick ist die nicht stichhaltige Analogie, und die wahrscheinlich am häufigsten angewendete Technik besteht darin, eine Aussage zu »beweisen«, indem man sie in verschleierter Form so wiederholt, also ob es sich um eine Tatsache handle. Es ist immer diesselbe Methode, die auch für Zauberkunststücke gilt: Man lenke die Aufmerksamkeit des Zuschauers ab, damit man den Trick mit der Hand, die nicht beobachtet wird ausführen kann.

Wenn keine dieser Techniken Erfolg hat, nimmt der irrationale Mensch oft zum Begriff des »Glaubens« Zuflucht. Wenn jemand sagt, daß eine bestimmte Ansicht nur auf »Glauben« basiert, gibt er damit zu, daß er nicht vernünftig nachgedacht hat. Der Glaube ist die Antithese der Logik. Es kann selbstmörderisch sein, das eigene Verhalten auf einen »Glauben« zu stützen. Das ist ungefähr so, als ob ein Betrunkener über eine Hauptverkehrsstraße geht, weil er glaubt, daß ihm nichts passieren wird. Wenn aber ein »Glaube« durch Tatsachen untermauert wird, dann verwandelt er sich in Vertrauen. Gefährlich ist nur der blinde Glaube.

Wohl das häufigste Verhaltensmuster des irrationalen Menschen ist der emotionale Überschwang. Wenn mir besonders viel daran liegt, meinen

Standpunkt darzulegen, muß ich immer an die aufschlußreiche Aussage der Gertrud im »Hamlet« denken: »Die Dame protestiert zuviel.« Je wortreicher jemand auf einem bestimmten Punkt beharrt, desto skeptischer werde ich, und je mehr die Gegenseite sich echauffiert, desto mehr ziehe ich mich zurück. Zu viele Wiederholungen erwecken Zweifel. Die Macht des Understatement, also der maßvollen oder sogar untertriebenen Darstellung, ist enorm. Sagen Sie das, was Sie sagen wollen, nur einmal, ruhig und bestimmt. Wenn Ihr Standpunkt rational ist, dann drücken Sie ihn rational aus. Alles, was darüber hinaus geht, ist eine Abschwächung.

Übertreibungen und was dahinter steckt

»Ich habe alles bestens unter Kontrolle« – eine Aussage, die man sehr häufig gerade von den Leuten hört, die dazu neigen, aus ihrem Leben ein trauriges Haschee zu machen.

Wenn Sie genau auf die erstaunliche Konsistenz dieser Theorie achten, wird es Ihnen ein Leichtes sein, Ihre Freunde durch Ihre wahrsagerischen Talente zu verblüffen. Je stärker jemand einen bestimmten Punkt betont (besonders wenn es sich um eine freiwillige Information handelt, die spontan gegeben wird), desto wahrscheinlicher haben sie Recht, wenn Sie das Gegenteil vermuten. Es kommt nur auf die richtige Auslegung an:

Aussage: Ich habe alles bestens unter Kontrolle.
Auslegung: Ich bin so durcheinander, daß ich nicht mal mehr darüber sprechen kann.
Aussage: Wir führen eine vollkommene Ehe; es gibt nie Streit; mein Mann sieht nie einer anderen Frau nach; ich bin rundherum zufrieden.
Auslegung: Unsere Ehe ist sterbenslangweilig; wir reden nicht miteinander; ich weiß, daß der Schuft mich jeden Tag betrügt; wenn ich mich scheiden lasse, muß er bluten.
Aussage: Ich scheffle das Geld haufenweise; bezahle alles in bar; ich bin fein raus.
Auslegung: Der Gerichtsvollzieher lauert mir im Genick; mein Mercedes ist gemietet; wenn nicht ein Wunder geschieht, bin ich in einem Monat pleite.

Seien Sie vorsichtig, wenn jemand zu dick aufträgt. Sie müssen feine

Ohren haben, um die Wahrheit heraushören zu können. Und wenn Sie sich selbst dabei ertappen, daß Sie Ihren Standpunkt mit zuviel Feuer vortragen, dann überprüfen Sie Ihre Denkstruktur. Es ist durchaus möglich, daß Sie irrational handeln.

Über die Einschüchterung

Die Einschüchterung – also die Motivation durch Angst – hat unzählige Gesichter und Formen und ist allgegenwärtig.

Wenn Sie einmal gründlich darüber nachdenken, werden Sie erschüttert sein, wie viele Ihrer Handlungen durch Angst motiviert sind. Um nur einige zu nennen: die Angst vor körperlichen Schäden; die Angst vor dem Verlust von Liebe und Zuneigung; die Angst, sich zu blamieren. Manche dieser Ängste sind begründet, aber die meisten sind es nicht. Und dieses Übergewicht an unbegründeten Ängsten ist ein unnötiger Störfaktor in Ihrem Leben.

Die Einschüchterung kann auf die verschiedenste Art und Weise getarnt sein und ist nicht immer leicht zu erkennen. Sobald Sie das Gefühl haben, daß jemand Sie einschüchtern will, sollten Sie sich diese simple Frage stellen. Warum tue ich das, was ich tue? Geben Sie sich eine ehrliche Antwort darauf. Wenn Sie das Motiv für Ihr Verhalten auf ein Angstgefühl zurückführen können, dann sind Sie eingeschüchtert. Etwas anderes ist es natürlich, wenn Sie nach reiflicher Überlegung zu der Schlußfolgerung kommen, daß es sich um eine wohlbegründete Angst handelt – daß es tatsächlich zu Ihrem Besten ist, etwas zu tun, das Ihnen nicht behagt. Da Sie in diesem Fall nicht aus blinder Angst handeln, sind Sie nicht eingeschüchtert.

Aber in den meisten Fällen wird der Mensch durch Ängste motiviert, die keine echte Grundlage haben. Nur allzuoft reagieren wir wie Pawlows Hunde* und befolgen die Befehle anderer, wenn wir nur ihre Stimmen hören. Das kann sehr unselige Folgen haben; die Motivation durch eine geschickt getarnte Einschüchterung kann so sehr zur Gewohnheit werden, daß es einem gar nicht bewußt ist, ständig vom Willen anderer gesteuert zu werden.

---

*Eine von Pawlow ausgearbeitete Experimentiertechnik: Die Fütterung von Hunden wird durch ein akustisches Signal eingeleitet. Nach mehreren Wiederholungen löst das Signal auch ohne Futterabgabe die typischen Begleiterscheinungen wie Speichelfluß usw. aus.

Einschüchterung durch Haltung und Verhalten

Es ist nicht so sehr das, was Sie sagen oder tun, was zählt, sondern die Art und Weise, wie Sie es sagen oder tun. Eine überlegene Haltung erleichtert Ihnen das Leben, aber wenn die Gegenseite diesen Trumpf in der Hand hält, kann das so einschüchternd wirken, daß Sie den Boden unter den Füßen verlieren und nicht mehr erkennen, was zu Ihrem eigenen Vorteil ist und was nicht.

Es ist gar nicht nötig, eine solche Überlegenheit voll auszunützen. Sie gibt Ihnen jedoch die Macht, Einschüchterungsversuche abzuwehren. Das ist allerdings nicht leicht; Sie brauchen dazu einen kühlen Kopf und einen klaren Verstand, und Sie müssen begreifen, wie das Einschüchterungsspiel gespielt wird.

Überlegenheit durch die äußerliche Erscheinung

Auch das Aussehen eines Menschen kann einschüchternd wirken. Es ist schwer, sich nicht im Nachteil zu fühlen, wenn man zu seinem Gesprächspartner aufsehen muß. Aber abgesehen von Situationen, in denen man mit einer tätlichen Bedrohung rechnen muß, ist die körperliche Größe nicht automatisch ein Vorteil. Allerdings gibt es Leute, die es darauf anlegen, ihre Statur als psychologische Waffe zu gebrauchen. Lassen Sie sich nicht davon beeindrucken. Es bedeutet überhaupt nichts, es sei denn, daß es in der gegebenen Lage auf die Überlegenheit der Muskeln ankommt.

Die Macht des Geldes

Reichtum kann auch einem an sich unbedeutenden Menschen eine starke Position verleihen. Die Macht des Geldes kann manchmal einschüchternd sein – aber sie hat nichts mit der Fähigkeit zu tun, mit den Problemen des Lebens fertigzuwerden.

Respektieren Sie das Geld als einen Machtfaktor, aber lassen Sie sich nicht davon überwältigen und einschüchtern. Ein dickes Bankkonto allein gibt einem Menschen weder Rang noch Ansehen.

Edelmut und was dahinter steckt

Von klein auf wird uns die Ehrfurcht vor edelmütigen Menschen eingeimpft. In den Augen eines Kindes ist ein solcher Mensch über jeden Zweifel erhaben. Aber ich bin kein Kind mehr und Sie hoffentlich auch nicht. Der Edelmut ist ein naher Verwandter der Selbstgerechtigkeit. Im Laufe der Jahre lernt man, schärfer zu beobachten, und dann fallen einem Dinge auf, die Zweifel erwecken und manchmal Skepsis in Zynismus verwandeln.

Sieht es nicht oft so aus, als ob humanitäre oder kirchliche Auszeichnungen in direktem Zusammenhang mit der Steuererklärung des Belobigten stehen? Ein Mensch, der ob seines Edelmuts gepriesen wird, ist meistens jemand, der es sich leisten kann, edelmütig zu sein. Ich kann Ihnen aus eigener Erfahrung sagen, daß es mir sehr viel leichter fiel, großzügig zu sein, nachdem ich ein erfolgreicher Autor geworden war, als in den Zeiten meiner finanziellen Pleite.

Was ist ein Experte?

Ein Experte ist das, was Sie in ihm sehen wollen. Für gewöhnlich ist er ein Mensch, der Ihnen genau erklären kann, warum *Sie* eine bestimmte Arbeit nicht tun können. Ich persönlich ziehe es vor, meine Fähigkeiten und ihre Grenzen selbst zu entdecken.

Sehr oft ist ein Experte nichts weiter als ein Mensch, der seine Arbeit in- und auswendig kennt. Ich bin im Laufe der Jahre viel im Land herumgereist und habe immer wieder die erstaunliche Feststellung gemacht, daß man im Rang als Experte umso höher steigt, je mehr Reisekilometer man zurücklegt.

Auch das gedruckte Wort ist eine Hilfe. Jahrelang habe ich genau das gesagt, was ich jetzt in meinen Büchern schreibe, aber damals hat mir kaum jemand zugehört. Wenn Sie mich vor ein paar Jahren getroffen hätten, dann hätten Sie die meisten Informationen, die ich in diesem Buch gebe, umsonst bekommen können. Wahrscheinlich hätte ich Sie sogar zum Abendessen eingeladen, um Sie fürs Zuhören zu belohnen.

Meine Skepsis gegenüber dem Expertentum begann, als ich Aristoteles gelesen hatte. Er war zwar zu seiner Zeit ein anerkannter Wissenschaftler und Denker, aber er propagierte auch die feste Überzeugung, daß die Erde der Mittelpunkt des Universums sei und von sieben Planeten, darunter auch die Sonne und der Mond, umkreist würde. Gemessen an den damals bekannten Tatsachen, waren seine Aussagen vernünftig. Aber das ist es ja gerade: Es gibt ständig neue Erkenntnisse.

Wie man zu einem Experten des Alltags wird

Oft wird ein ganz gewöhnlicher Mensch zum Experten, wenn er das richtige Werkzeug hat. Diese Entdeckung machte ich, als ich bankrott war. Ich hatte mich nie für handwerkliche Fertigkeiten interessiert, und wenn ich mal etwas reparierte, setzte ich meine gesunden Glieder aufs Spiel. Für mich war ein Hammer etwas, womit man die Suppe umrührte, und wenn ich Nieten-und-Bolzen hörte, hielt ich das für den Namen eines Modetanzes.

Aber nach der finanziellen Katastrophe war ich gezwungen zu lernen, wie ich einige Geheimnisse der Mechanik selbst lösen könnte. Zu meiner Überraschung machte ich meine Sache recht gut, was ich größtenteils der Erkenntnis verdankte, daß eine Schlacht schon halb gewonnen ist, wenn man das richtige Werkzeug hat. Die große Erleuchtung kam an jenem Tag, an dem ich mich fünf Stunden lang bemühte, einen Aufkleber von einer Glasfläche zu entfernen. Ich goß kochendes Wasser darüber und verbrühte mich beinahe; ich kratzte mit einem Fleischmesser daran herum, bis die Messerspitze abbrach; ich verfluchte ihn und schüttelte drohend die Fäuste, aber der Aufkleber ließ sich nicht von seiner Aufgabe abbringen: Er klebte.

Wütend ging ich in eine Eisenwarenhandlung und fragte den Verkäufer nach einem geeigneten Werkzeug. Es gab eines. Es kostete ungefähr einen Dollar und besteht aus einem kleinen Metallgerät, in das eine Rasierklinge so hineingesteckt wird, daß die scharfen Seitenflächen frei bleiben. Innerhalb von wenigen Sekunden hatte ich den Aufkleber mühelos und ohne Kratzer zu hinterlassen abgeschabt. Ich starrte das kleine Instrument an, das die Arbeit so glatt erledigt hatte und murmelte: »So also wird aus einem Versager ein Experte.« Seitdem habe ich es mir zur Regel gemacht, bei *jeder* Aufgabe, die das Leben mir stellt (also nicht nur bei handwerklichen), dafür zu sorgen, daß ich das richtige »Werkzeug« parat habe, bevor ich anfange.

Die Demaskierung des Expertentums

Wenn Sie die traditionelle Ehrfurcht vor dem Expertentum schnell loswerden wollen, dann lesen Sie die folgende wahre Geschichte: Zwei Psychiater von einer Universität in Kalifornien und ein Mediziner von einer Universität in Illinois taten sich zusammen, um ein ziemlich ungewöhnliches Experiment durchzuführen. Sie arrangierten einen Vortragsabend, bei dem ein gewisser Dr. Myron L. Fox, angeblich eine Autorität auf dem Gebiet der Anwendung der Mathematik auf das menschliche Verhalten, vor einer Gruppe von fünfundfünfzig Lehrern, Schulleitern, Psychiatern, Psychologen und Sozialarbeitern sprechen sollte. Sein Thema hieß: »Die mathematische Spieltheorie und ihre Anwendung bei der ärztlichen Ausbildung.«

Der Vortrag muß großartig gewesen sein, denn zweiundvierzig Zuhörer sagten nachher, daß der Redner sehr anschauliche und verständliche Beispiele gegeben habe, daß er den Stoff sehr übersichtlich dargeboten habe, und daß es ein anregender Vortrag gewesen sei. Wunderbar – bis auf eine Kleinigkeit: Dr. Fox war in Wirklichkeit ein Schauspieler, den man für diesen Zweck engagiert hatte, und sein Vortrag hatte nie etwas anderes sein sollen als leeres Gewäsch.

Gott sei uns allen gnädig, wenn unser Schicksal jemals in den Händen eines Menschen liegen sollte, der Anspruch auf den Titel eines Experten erhebt!

Der Super-Experte

Die Krönung des Expertentums ist natürlich der Paragraphenmann, auch Rechtsanwalt genannt. Falls Sie mit diesem Phänomen nicht vertraut sind, möchte ich es Ihnen noch einmal vorstellen. Wenn die Dinge gut für Sie stehen – insbesondere wenn Sie ein vielversprechendes Geschäft abschließen wollen – erscheint plötzlich der Paragraphenmann auf der Bühne, bewaffnet mit einer Aktentasche, die mit netten kleinen Geschäftstötern gefüllt ist, und dann fällt für alle Beteiligten der Schlußvorhang.

Eine klassische Vorstellung dieser Art erlebte ich, als ich noch versuchte, in der Geschäftswelt Fuß zu fassen. Eines Tages nahm der reiche Gründer und Besitzer der Aktienmehrheit einer Börsenmaklerfirma Verbindung mit mir auf. Er war ein müder, verbrauchter Mann, dem die Erkenntnis gedämmert war, daß das Leben nicht nur aus Arbeit und Altwerden bestehen kann. So hatte er beschlossen, für den Rest seines Lebens lieber auf den Bahamas Golf zu spielen als sich weiterhin mit Zahlenakrobatik zu befassen.

Sein Wunschtraum wurde beinahe Wirklichkeit. Ich hielt das Geld bereit, er die Aktien. Aber auch der Paragraphenmann, jener allgegenwärtige Streiter für die nicht-existenten Probleme der Menschheit – war bereit, seine Aktentasche zu öffnen.

Wie ein Wirbelwind fegte er heran, gerade noch rechtzeitig, um seinen üblichen Einleitungssatz von sich zu geben: »Ich möchte Ihnen sagen, daß ich nicht zu den Anwälten gehöre, die geschäftliche Transaktionen zunichte machen, also keine Sorge. Die Entscheidung ist einzig und allein Sache meines Klienten.« Dann packte er sein Opfer (pardon: seinen Klienten) bei der Gurgel und zerrte ihn hinaus, um »ein paar private Worte« mit ihm zu reden.

Ich weiß nicht, was sich im Nebenzimmer abspielte, ich weiß nur, daß der Makler seine Firma nicht an mich verkaufte. Er war zu der festen »Überzeugung« gelangt, daß er eigentlich gar nicht den Wunsch hatte, Golf zu spielen. Der Paragraphenmann hatte ihn vor den Schrecken eines behaglichen Daseins auf den Bahamas gerettet und es ihm ermöglicht, bis zu seinem seligen Ende weiterzuschuften. Nachdem der Paragraphenmann seine Aufgabe erfüllt hatte, nahm er seine Aktentasche, grüßte und verschwand, um in seiner Vorstadtvilla einen wohlverdienten Martini zu trinken.

Ein Gott in Menschengestalt

Millionen Menschen glauben an einen persönlichen Gott, der nicht nur eine symbolische, abstrakte kosmische Macht ist, sondern eine Art Übermensch. Nun, das kann jeder halten, wie er will, bewiesen ist nichts. Allerdings hat das, was ich als möglich akzeptieren kann, seine Grenzen. Sich Gott vorzustellen, wie er mit Stethoskop und Injektionsspritze herumläuft, geht mir doch etwas zu weit.

Und da haben wir den Unterschied zwischen der Ausbildung zum Juristen und der Ausbildung zum Arzt: Dem Jurastudenten wird beigebracht, wie er Probleme finden oder erschaffen und sich dann als sachverständiger Einschüchterer in Positur bringen kann. Dem Medizinstudenten wird beigebracht, daß er Gott ist! Zwar schließen sich nicht alle Ärzte dieser Ansicht an, aber ich kenne viele, die es tun.

Vor vielen Jahren machte ein Arzt mir die düstere Eröffnung, daß er bei mir eine anomale Wucherung festgestellt habe. Er erklärte ferner, daß der Tumor wahrscheinlich bösartig sei und an der ungünstigsten Stelle säße, von wo aus die entarteten Zellen am schnellsten ausstreuen könnten. Er riet mir dringend zu einer sofortigen Operation.

Ich war verzweifelt. Es sah aus, als ob für mich alles zu Ende sei, bevor es richtig angefangen hatte. In meiner jugendlichen Naivität kam mir nie der Gedanke, daß der Arzt sich geirrt haben könnte. Sein Status als Experte beeindruckte mich zu sehr, als daß ich seine Meinung angezweifelt hätte. Ich hatte Angst; ich hatte Ehrfurcht vor ihm; ich wollte ihn nicht dadurch »beleidigen«, daß ich einen zweiten Arzt konsultierte; ich wand mich in Todeszuckungen, in die mich die Einschüchterung durch einen Experten versetzt hatten.

Die Schmerzen, die dieser chirurgische Eingriff verursachte, kann man nur mit denen nach einer radikalen juristischen Operation vergleichen. Die körperliche Pein, der Krankenhausaufenthalt, die verlorene Zeit und das vergeudete Geld, all das war eine Lektion, die man nicht so schnell vergessen konnte. Ich brauchte ein Jahr, um mich von den Nachwirkungen zu erholen und spüre die Folgen noch heute. Und was fand der Experte, nachdem er mich aufgeschnitten hatte? Nichts!

Ein paar Monate später sprach ich mit zwei anderen Ärzten über die Sache. Ich war, gelinde gesagt, etwas verbittert, als beide mir versicherten, daß sie mich auf Grund der vorliegenden Befunde niemals operiert hätten. Das tat fast so weh wie die Operation selbst. Ich hatte im wahrsten Sinne des Wortes meinen Blutzoll gezahlt und würde nie wieder das Wort eines Experten akzeptieren, ohne mich vorher gründlich zu informieren.

Wenn Sie jemals in eine solche Lage kommen sollten, dann geben Sie niemals Ihr Einverständnis zu einer so ernsten Sache, wie eine Operation es ist, ohne nicht wenigstens noch ein anderes Gutachten einzuholen. Falls Ihr Arzt beleidigt ist, haben Sie nichts verloren, denn eine solche Reaktion gibt ja sehr deutlich Aufschluß über ihn selbst. Und wenn Ihr Arzt noch so qualifiziert ist und die höchsten ethischen Grundsätze hat – in Wirklichkeit sind Sie für ihn nichts als ein »Job«. Er mag zwar immer die besten Absichten haben, aber er ist nicht Gott; er ist ein Mensch und als solcher nicht unfehlbar. Sollte er zu neurotisch sein, um das begreifen zu können, dann behalten wenigstens Sie einen klaren Kopf. Andernfalls könnten Ihre Pläne, Nummer Eins zu werden, ein schnelles Ende finden.

Experten, Experten und nochmals Experten

Unermüdlich sind sie am Werk, und niemand weiß, wo sie einmal haltmachen werden. Seit altersher haben die Experten durch ihre Einschüchterungstaktik die Menschen veranlaßt, Pläne zu schmieden, die sich an ihren wissenschaftlichen Voraussagen orientieren. Aber heutzutage erreichen wir die Zukunft so schnell – und decken die Irrtümer der Experten entsprechend eher auf als in der Vergangenheit –, daß sich nur ein Narr blindlings auf die Vorhersagen der Experten verlassen würde.

Im Jahre 1976 veröffentlichte das *Wall Street Journal* eine Artikelserie, in der nachgewiesen wurde, wie drastisch die sogenannten Experten in den letzten zehn Jahren ihre Vorhersagen für das Jahr 2000 geändert haben. Jeder Artikel befaßte sich mit einem anderen Gebiet, auf dem die Experten sich verrechnet hatten – vom Welthunger über das Wachstum der Bevölkerung bis zu ökonomischen Fragen –, aber meiner Meinung nach enthielt schon der erste Artikel eine präzise Zusammenfassung des Themas, und zwar in der Form des folgenden Eingeständnisses eines Wissenschaftlers, der Mitglied des Nationalen Planungsausschusses ist: »Wir sind nicht mehr sonderlich an langfristigen Vorhersagen interessiert. Wir haben uns zu oft geirrt.«

Inwieweit beeinflußt die Einschüchterung durch Experten Ihr Leben? Legen Sie Wert auf ein reichliches Frühstück, weil die Experten Ihnen eingehämmert haben, daß es der Gesundheit dienlich sei? Es gibt Experten, die behaupten, ein üppiges Frühstück sei ungesund, weil es u. a. unnötige Kalorien liefert, die Fettablagerung in den Zellen fördert, den Blutzuckerspiegel anhebt, den Appetit auf kohlehydrathaltige Nahrungsmittel fördert und das Blut auf Kosten des Gehirns und der Muskulatur in den Darm abzieht.

Machen Sie sich Sorgen über das, was die Experten über die Energieknappheit sagen? Ich kann Ihnen andere Experten nennen, die entweder die Lage der Energieversorgung nicht für kritisch halten oder nicht glauben, daß dieses Problem nicht relativ leicht gelöst werden könne. Der Installateur sagt, daß Sie eine komplette neue Armatur brauchen? Ich kann Ihnen einen bringen, der Ihnen versichert, daß es genügen würde, eine einzige Schraube in der Armatur auszuwechseln. Sie erhalten Ihre kaputte Ehe aufrecht, weil es nach Meinung eines Eheberaters »richtig« wäre, die Probleme zu bereinigen? Ich kann ohne weiteres einen finden, der Ihnen sagt, es würde viel zweckmäßiger sein, Schluß zu machen und neu anzufangen. Lehnen Sie ein Nahrungsmittel ab, das Sie besonders gern mögen, weil ein Wissenschaftler nachgewiesen hat, daß es bei Würmern Krebs hervorruft? Es ist bestimmt nicht allzu schwierig, einen anderen zu finden, der behauptet, daß es das gesündeste Nahrungsmittel ist, das es gibt.

Ringen Sie sich zu der Einsicht durch, daß auch Experten nicht alle Antworten kennen. Im günstigsten Fall sind sie Leute, die auf ihrem Fachgebiet umfangreiche Kenntnisse haben, aber keineswegs unfehlbar sind. Die Besten von ihnen geben das offen zu. Werfen Sie Ihre alte Experten-Gläubigkeit ab; treffen Sie keine Entscheidungen, die sich nur auf die Meinung eines angeblichen Experten stützen. Sicher, Sie sollten ihm zuhören, aber wägen Sie seine Ansicht gegen all die anderen Beweise ab, die Ihnen zur Verfügung stehen. Und was noch wichtiger ist: Prüfen Sie jede derartige Meinung mit dem Verstand. Erst dann sollten Sie sich entscheiden. Kein Experte kann Sie gegen Ihren Willen zu einem bestimmten Verhalten zwingen.

Über den Wert von Referenzen

Der Einfluß von Referenzen ähnelt der Macht der Experten, ist jedoch noch absurder. Hier kommt es im Grunde genommen nur auf ein Stück Papier an und gelegentlich auch auf die Erfahrung.

Wenn jemand die amtliche Genehmigung hat, einen bestimmten Beruf auszuüben, heißt das noch lange nicht, daß er alle Antworten kennt. Ebenso ist auch die Erfahrung nicht unbedingt ein gültiger Wertmesser. Ich habe es oft erlebt, daß Anfänger instinktiv besser Bescheid wußten als Leute, die seit dreißig Jahren auf diesem Gebiet arbeiteten. Das Dienstalter ist nicht wichtig, Befähigung und Wissen sind es.

Kein Diplom, keine Lizenz und kein anderes Stück Papier kann das Wissen über die Tatsachen ersetzen. Versuchen Sie nicht, mich mit Ihren Diplomen oder mit der Zahl Ihrer Dienstjahre zu beeindrucken – das schaffen Sie nur durch den Beweis, daß Sie rational denken können.

Falls Sie der gefährlichen Gewohnheit huldigen, Fachkenntnisse auf

Grund von Referenzen zu beurteilen – insbesondere, wenn die einzige Referenz aus einem Stück Papier besteht, das von einer bürokratischen Institution ausgestellt wurde –, sollten Sie sofort damit brechen. Gewöhnen Sie es sich statt dessen an, während des Gesprächs die Voraussetzungen, von denen der Bewerber ausgeht, zu überprüfen. Nur wenn diese rational sind, ist es sinnvoll, das zu berücksichtigen, was er sagt, ohne es jedoch als der Weisheit letzten Schluß zu akzeptieren.

Die Macht des Wortes

Die Einschüchterung durch das Wort ist die letzte Waffe des Experten, wenn die Referenzen, auf die er sich beruft, nicht den gewünschten Erfolg bringen. Er wird dann versuchen, Sie durch eine glitzernde Kaskade von hochtönenden Worten zu beeindrucken. Das ist aber nur ein Trick, denn eine hochgestochene Sprache soll vielleicht vertuschen, daß die vorgebrachten Argumente nicht schlagkräftig genug sind, um auch dann bestehen zu können, wenn sie mit einfachen, klaren Worten dargelegt werden. Eine komplizierte Redeweise soll oft darüber hinwegtäuschen, daß ein Argument irrational ist oder auf schwachen Füßen steht.

Viele Menschen lassen sich von dem hochkarätigen Vokabular des Intellektuellen einschüchtern. Nur allzu oft liefert die Macht des Intellekts einem Menschen die Position, die er braucht, um einen Gegner erledigen zu können. Lassen Sie sich nicht durch pompöse Worte hinters Licht führen. Bestehen Sie auf Tatsachen — auf einfachen Tatsachen, die leicht verständlich sind.

Die Wahrheit ist, daß viele sogenannte Intellektuelle so intensiv mit akademischen, technischen und manchmal auch hypothetischen Fragen befaßt sind, daß sie nur wenig über die praktische Seite des Lebens wissen. Sie sind so wortverliebt, daß sie die Logik nicht mehr sehen können.

Lassen Sie sich nicht einwickeln. Wehren Sie sich dagegen, von intellektuellen Wirklichkeitsfremden durch Wortspiele eingeschüchtert zu werden, die an den Kernpunkten vorbeigehen.

Einschüchterung durch Gewohnheit und Tradition

Gewohnheit und Tradition können eine verheerende Wirkung auf das menschliche Denkvermögen haben. Der Grund dafür liegt auf der Hand.

Viele Menschen sind, gelinde gesagt, übereifrig darum bemüht, die hoch in Ehren gehaltenen »guten alten Sitten« zu schützen. Tatsache ist, daß die meisten von uns insofern konservativ sind, als sie die Neigung haben, die Dinge so zu bewahren, wie sie sind; die Gewohnheit gibt ihnen Sicherheit. Die Angst vor Veränderungen und der Wunsch, den Status quo zu verteidigen, treibt uns oft in ein übermäßig irrationales Verhalten hinein. Die Wirklichkeit sieht doch so aus, daß eine Tradition durch ihr Alter nicht logischer wird. Die Rationalität, auf der sie basiert, wird durch die Zeit nicht verbessert. Es ist eine Tatsache, daß das Alter einer Tradition in keinerlei Zusammenhang mit ihrer rationalen Gültigkeit steht. Wer die guten alten Sitten nur deshalb in Ehren hält, weil sie alt sind, beweist damit nur eins: daß er ein guter alter Narr ist.

Und wie steht es mit Ihnen? Sind Sie das Opfer eines gedankenlosen Gehorsams gegenüber der bestehenden Ordnung? Wenn traditionelle Vorstellung und Ideen in Widerspruch zur Wirklichkeit, Logik und den gegebenen Umständen stehen, müssen sie ohne langes Getue aufgegeben werden. Es genügt, wenn man seine Beobachtungsgabe und seinen gesunden Menschenverstand einsetzt, um die meisten irrationalen Vorschriften in der Versenkung verschwinden zu lassen.

Die Einschüchterung durch Gewohnheit und Tradition wirkt sich in vielen Lebensbereichen negativ aus. Sie spannt sich von Recht und Religion über die gesellschaftliche Etikette bis zum korrekten Tischdecken. Jahrhundertelang hat sie dafür gesorgt, daß hochintelligente Frauen nur mit Sockenstopfen und Topfscheuern beschäftigt waren; sie hat Millionen junger Männer getötet, die begeistert die Chance ergriffen, »dem Vaterland zu dienen«; sie zwingt auch heute noch die Männer, sich mit einem Strick, der sich Krawatte nennt, die Hälse abzuschnüren, wenn sie ins Büro oder in ein besseres Restaurant gehen.

Lernen Sie zu erkennen, welche Traditionen gut oder schlecht für Sie sind. Wenn eine althergebrachte Gewohnheit gut für Sie ist, d. h. wenn sie logisch ist und niemandem schadet, dann ist alles in Ordnung. Aber die Traditionen, die sich nicht auf Tatsachen stützen und deren Voraussetzungen auf einer Grundlage aus Treibsand beruhen, müssen verbannt werden. Da Sie nur dann Nummer Eins werden können, wenn Sie klar erkennen, was Sie tun und warum Sie es tun, sollten Sie die alten, aber schlechten Traditionen über Bord werfen. Die alten, aber guten Traditionen können Sie beibehalten, aber Sie müssen sie sorgfältig kontrollieren und gegen die sich ständig ändernden Lebensbedingungen testen.

Das elektronische Spiel mit Gedankenpartikeln

Ich hatte einmal eine fabelhafte Idee für ein neues Spiel, das mir Millionen einbringen sollte. Nachdem ich ein Weilchen darüber nachgedacht hatte, mußte ich leider erkennen, daß jeder Mensch bereits ein solches Spiel besitzt. Es befindet sich in Ihrem Gehirn, direkt neben der inneren Waage für das Wohlbefinden. Wenn Sie bei diesem Spiel verlieren, füllt sich die eine Waagschale mit irrationalen Gedanken, und Ihre Waage funktioniert nicht mehr richtig.

Es ist ein strapaziöses Spiel. Der Schauplatz ist ein imaginäres Fernsehgerät. Wenn Sie einen rationalen Gedanken haben, wird das Gerät automatisch aktiviert. Auf dem Bildschirm strömen irrationale Gewohnheits- und Traditions-Partikel von links nach rechts, während das einsame rationale Teilchen von rechts nach links zu wandern beginnt. Ziel dieses Spiels ist, das rationale Gedanken-Teilchen ohne Kollision durch die Masse der Gewohnheits- und Traditions-Partikel zu bugsieren.

Sie spüren es, wenn es einen Zusammenstoß gab; die Symptome sind u. a. Nervosität, Frustration, Kopfschmerz, schlaflose Nächte und Schuldgefühle. Diese unangenehmen Empfindungen entstehen, weil ein rationaler Gedanke mit irrationalen Konventionen und Bräuchen kollidiert ist. Ein solcher Zusammenstoß manifestiert sich in der Form eines geistigen Konflikts zwischen dem Wunsch, richtig zu handeln und dem Trieb, instinktiv zu reagieren.

Man braucht viel Übung, bis man dieses Spiel beherrscht, aber dem guten Spieler winkt als Lohn die Selbstachtung, die nur dann gedeihen kann, wenn er weiß, wer er ist, wofür er einsteht, und wohin sein Lebensweg führt.

Ein guter Rat

Wir begehen oft den Fehler, viel Zeit und Energie aufzuwenden, um »das Richtige« zu tun, weil wir glauben, dafür belohnt zu werden. Natürlich ist eine Anerkennung sehr schön, aber ich persönlich möchte auf keinen Fall die Hoffnung auf die Dankbarkeit eines anderen Menschen zur Grundlage für mein Verhalten machen.

Anerkennung ist ein rarer Artikel

Ich will es ganz einfach ausdrücken: Tun Sie niemals etwas nur aus dem Grund, daß es »das Richtige« ist, wenn Sie keinen Nutzen daraus ziehen können. Sie sind im elektronischen Gedankenpartikelspiel der große Verlierer, wenn Sie sich irrational »altbewährten« Verhaltensregeln beugen, um dann feststellen zu müssen, daß Sie dafür nicht nur keine Anerkennung ernten, sondern sich vielleicht sogar unbeliebt gemacht haben.

Sie kennen solche Situationen aus eigener Erfahrung: Denken Sie nur daran, wie unwillig Sie einem Kellner, der Sie schlecht bedient hat, ein Trinkgeld geben. Nun ist es aber üblich, im Restaurant Trinkgeld zu geben. Wenn der Kellner Ihnen jedoch ein bereits kalt gewordenes Essen serviert, patzige Bemerkungen macht und Sie zwanzig Minuten auf ein Glas Wasser warten läßt, gehen Ihre Gedankenpartikel auf Kollisionskurs. Sollen Sie ein Trinkgeld geben oder nicht?

Die Angst, sich zu blamieren, schüchtert Sie schließlich doch so ein, daß Sie ein Trinkgeld geben wollen, aber um Ihr Mißfallen zu demonstrieren, beschließen Sie mutig, dem Kellner nur einen ganz kleinen Betrag zuzugestehen. Peng, schon ist's geschehen. Sie haben sich von Gewohnheit und Tradition so einschüchtern lassen, daß Sie eine irrationale Entscheidung getroffen haben, *für die Sie keine Anerkennung ernten.* Das Essen hat Ihnen nicht geschmeckt, der Kellner ist wütend auf Sie, weil Sie ihm weniger gegeben haben, als er es erwartet hatte (vielleicht verachtet er Sie sogar, weil Sie nicht die Courage aufbrachten, ihm gar nichts zu geben), und Sie haben auch noch das Geld vergeudet, das Sie als Trinkgeld auf dem Tisch liegen ließen.

Plastik oder Kristall, das ist hier die Frage

Haben Sie sich jemals den Kopf darüber zerbrochen, wie Sie irgend etwas »richtig« tun sollen,und sich gleichzeitig gefragt, warum es so wichtig ist? Früher ist mir das oft passiert, heute nicht mehr. Das folgende Erlebnis war für mich ausschlaggebend:

Vor Jahren war ich mit einer jungen Dame befreundet, die sehr auf Etikette bedacht war und alle Regeln kannte. Ich erzählte ihr, daß ich in Kürze eine Party geben wollte, und sie erteilte mir eine Rüge, weil ich auf der letzten Party Wegwerf-Gläser aus Kunststoff benutzt hatte. Sie schloß ihre Strafpredigt, indem sie nachsichtig sagte: »Du hast eben keine Klasse.« Ich argumentierte (und bewies dadurch sofort, wie dumm ich war), daß es eine Gartenparty sein würde, für die unzerbrechliche Gläser praktischer wären, und daß der Barmixer sich nicht die Mühe zu machen brauche, sie zu spülen. Falls einer der Gäste mich schief ansehen würde, weil ich Plastik-Gläser verwendete, dann würde ich sowieso keinen Wert darauf legen, ihn jemals wieder einzuladen.

Nachdem wir uns tagelang über diesen kritischen Punkt gestritten hatten, war ich soweit, daß ich mir von einem Partyservice leihweise hübsche Kristallgläser liefern lassen wollte. Meine Party war für Sonntag geplant, und am Freitag war ich immer noch unentschlossen.

Am Freitag abend war ich zu einer Party eingeladen, die auf dem feudalen Besitz eines der reichsten und bekanntesten Männer von Los Angeles stattfand. Seine Partys sind Feste, wie man sie im alten Rom zu feiern pflegte, mit Hunderten von Gästen, köstlichen Speisen und Weinen und Unterhaltungskünstlern. Alles war sehr luxuriös und bis ins letzte Detail geschmackvoll arrangiert – und worauf fiel mein ungläubiger Blick plötzlich? Auf Plastik-Gläser! War der Mann verrückt geworden? Hatte er keine »Klasse«?

Nun, das traf wohl kaum zu. Wahrscheinlich hatte er sich ganz einfach überlegt, daß unzerbrechliche Gläser in jeder Hinsicht praktischer seien, und daß jeder, dem das nicht paßte, gern woanders schlemmen dürfe. Selbstverständlich gab es auch auf meiner Party Gläser aus Kunststoff.

Und wie steht es mit Ihnen? Sind Sie stets auf die Einhaltung der althergebrachten Formen bedacht und benützen Sie irrationales »Kristall« statt rationalem »Plastik«, wenn Gewohnheit und Tradition es verlangen? Sind die Leute, die darauf bestehen, daß Sie sich an die Konventionen halten, bereit, für zerbrochenes Kristall zu bezahlen? Ich sage nein, Sie selbst werden derjenige sein, der bezahlen muß – und zwar in Form von entgangener Freude und negativen Gefühlen, beides unvermeidliche Folgen, wenn man den Fehler begeht, sich von Gewohnheit und Tradition einschüchtern zu lassen.

Es gibt kein Naturgesetz, das Ihnen vorschreibt, von Menschen aufgestellte Regeln zu befolgen, solange Sie niemand anderen stören. Das Nachdenken dient ja nicht dem Zweck, Argumente zu finden, die irgendeine alte Tradition unterstützen, sondern dazu, um mit Hilfe der Logik nach der Wahrheit zu suchen. Es ist eine ebenso aufregende wie lohnende Erfahrung, die Stäbe des Käfigs zu zerbrechen, in dem Sie von Gewohnheit und Tradition gefangen gehalten wurden, und die Freiheit des weiten, offenen Raumes der Welt der Vernunft zu genießen.

Einschüchterung durch Konformität

Die Einschüchterung durch Konformität ist ein Abkömmling der Einschüchterung durch Gewohnheit und Tradition. Wenn Sie sich streng an alte Sitten und Bräuche halten, oder wenn Sie sich einschüchtern lassen, irgendeine neue Mode mitzumachen oder eine neue Idee zu übernehmen, die bereits von breiten Kreisen akzeptiert worden ist, dann sind Sie ein Konformist. Sobald Sie etwas nur deshalb tun, weil alle anderen dasselbe machen, gleichen Sie sich an. Das Motiv für Ihr Verhalten ist die Angst, abseits von der Herde zu stehen.

Es muß nicht unbedingt falsch sein, sich der Mehrheit anzuschließen. Eine Sache oder eine Idee wird ja nicht dadurch gut oder schlecht, daß sie gerade in Mode ist; es bedeutet lediglich, daß viele Menschen es tun oder sagen. Ebensowenig macht es Sie weder zu einem schlechten noch zu einem dummen Menschen oder gar zu einem Verrückten, wenn Sie sich nach reiflicher Überlegung zu einem anderen Aktionskurs entschließen. Es macht Sie einzigartig.

Auf Grund unseres Herdeninstinktes haben wir alle eine natürliche Neigung zur Anpassung. Langfristig gesehen wäre das vielleicht nicht zu Ihrem Vorteil. Es ist möglich, daß man Sie in der Zwischenzeit verspotten würde, aber am Ende wird man Sie doch bewundern, weil Sie den Mut hatten, das zu tun, was für Sie richtig war.

Hüten Sie sich vor der angeborenen Neigung, etwas zu tun, nur weil es gerade in Mode ist. Das mag Ihnen anfangs leichter vorkommen, aber auf lange Sicht kann es sehr kostspielig werden. Die Konformität, als Weg des geringsten Widerstandes, kann einen hohen Preis erfordern, nämlich den Verlust der Selbstachtung.

Die Massenkaninchen

Eines Tages fuhr ich nach Manhattan Beach, um die dortige soziale Situation zu studieren, über die ich schon so viel gehört hatte.

Während ich über den Strand trottete und mein Jo-Jo flotte Loopings drehen ließ, wurde ich zusehends verdutzter. Das Ganze kam mir wie ein unheimlicher Traum vor – als ob ich auf einem fremden Planeten gelandet war.

Dort, in Manhattan Beach, sah ich sie: die Tausendlinge. Es machte den Eindruck, als ob tausend eineiige Zwillinge dort standen, jeder mit einer Bierdose in der rechten Hand. Jeder war groß, hatte eine flache, muskulöse Bauchpartie, braungebrannte Haut und – natürlich – schulterlanges blondes Haar. Und genau im richtigen Winkel thronte vorn in dem blonden Haarschopf – jawohl, Sie haben richtig vermutet! – eine Sonnenbrille, eine von der Sorte, die man nie auf der Nase trägt.

Nein, es handelte sich nicht um Aufnahmen für einen Werbefilm. Und die jungen Männer waren auch nicht aufs Vergnügen aus. Sie konzentrierten sich ernsthaft darauf, eine lässig-elegante Haltung zur Schau zu stellen, und darauf, daß ihre Sonnenbrillen nicht herunterrutschten. Die Mädchen, die um sie herum saßen, waren weder hübsch, noch lächelten sie. Ich war nicht nur verblüfft, sondern deprimiert. Selbst wenn ich fähig gewesen wäre, eine Sonnenbrille über der Stirn zu balancieren, hätte ich nie und nimmer dazugehört. Mein Haar war nicht blond, mein Bauch nicht flach, ich machte mir nichts aus Bier, und so braun würde ich nie werden.

Auf dem Rückweg zum Wagen warf ich noch einmal einen Blick zurück, ließ mein Jo-Jo zwei letzte Loopings vollführen und sagte zu mir: »Erstaunlich – absolut erstaunlich.«

Welch anonymes Leben führte doch so ein Tausendling! Noch immer gehen mir viele unbeantwortete Fragen im Kopf herum. Wie sah wohl die Frau aus, die Tausendlinge gebären konnte? Wie konnten die jungen Männer wissen, daß sie abends in der richtigen Wohnung landeten? Und wenn einem die Sonnenbrille herunterfiel und zerbrach, wurde er dann in einen entfernten Winkel des Strandes verbannt? Oh, welchen Preis hat doch die Konformität!

Die selbstgenügsame Konformitäts-Fabrik

Haben Sie sich jemals gefragt, warum Banken so viel Geld verdienen? Die Antwort lautet: Weil eine Bank eine selbstgenügsame Konformitäts-Fabrik in Vollendung ist. Bevor ich das begriff, hatte ich mich immer wieder gefragt, was Banken eigentlich taten. Ich wußte, daß sie keine Darlehen gaben, also war mir ihre eigentliche Funktion ein Rätsel. Eine Bank ist wie ein riesiger Kernreaktor, der anstelle der Konvertierung von Atomen in Kernmoleküle Menschen in Roboter verwandelt. Sehen Sie sich gut um, wenn Sie das nächste Mal in eine Bank gehen. Da sind sie wieder, die Tausendlinge, ihrer Badehosen beraubt und gezwungen, Geld zu verdienen. Die flachen Bäuche, die Sonnenbräune und das Bier sind verschwunden, aber sie sind immer noch gleich gekleidet, haben das gleiche Benehmen und sagen das Gleiche. Sie fangen hinter der Glasscheibe des Kassierers an, stapeln und zählen das Geld in der präzisen, banküblichen Art und Weise, und wenn sie Glück haben, enden sie schließlich hinter einem Büroschreibtisch mit scharfeckiger Platte und Metallfüßen. Und dort verbringen sie fünf Tage in der Woche mit der Vervollkommnung ihrer wahren Aufgabe – der Kunst, »nein« zu sagen.

Es funktioniert – für die Banken. Aber wie steht es mit den Robotern, die einmal Menschen gewesen sind?

Einschüchterung durch Schlagworte

Mit dem Ausdruck Schlagwort oder Slogan meine ich jede Phrase, jeden Sinnspruch und jedes Sprichwort, ob alt oder neu, das den Zweck hat, beim Zuhörer eine reflexartige Reaktion auszulösen.

Ob dieser Zweck nach Ihrem moralischen Standard nun gut oder schlecht ist – es ist und bleibt eine Tatsache, daß alle Slogans in dem Maße irrational sind, wie man sie als Basis für ein Argument benützt. Die meisten verfolgen die Absicht, dafür zu sorgen, daß Sie in Reih und Glied marschieren.

KRIEG IST FRIEDEN
FREIHEIT IST SKLAVEREI
UNWISSENHEIT IST STÄRKE

Das ist der Slogan des Großen Bruders in George Orwells furchterregendem Roman »1984«. Er ist die Essenz aller irrationalen Schlagworte. Orwell will damit demonstrieren, daß man die Menschen veranlassen kann, alles zu glauben, wenn sie es nur oft genug hören. In seinem Roman bewirken Slogans, die von der traditionellen Regierungsmacht unterstützt werden, daß alle Bürger die vorgeschriebene Ordnung einhalten; der Angleichungsprozeß erreicht den Punkt, an dem alle im wahrsten Sinne des Wortes geistlos sind – bereit, jeden Slogan als Tatsache zu akzeptieren.

Die wahren Meister in der Einschüchterung durch Schlagworte sind natürlich die Regierungen, und zwar aus dem einfachen Grund, weil sie das Geld, die Menschenkraft und, falls erforderlich, die Kanonen haben, die ihnen den Rücken stärken. Mein Kandidat für den einschüchterndsten Regierungsslogan, der je auf die amerikanische Öffentlichkeit abgeschossen wurde, ist John F. Kennedys emotionaler Reißer: »Und so, meine amerikanischen Mitbürger, fragen Sie nicht, was Ihr Land für Sie tun kann; fragen Sie, was Sie für Ihr Land tun können.« Der Sprecher war ein gutaussehender Mann, eine sympathische Persönlichkeit mit einem unwiderstehlichen Lächeln, aber seine Worte entsetzten mich.

Wir wollen diesen brillant formulierten Slogan einmal sorgfältig und logisch analysieren. Da wäre als erstes die Frage: Was ist ein Land oder Staat? Es ist eine geographische Fläche, die – im Fall der Vereinigten Staaten – von über zweihundert Millionen *Einzelpersonen* bewohnt wird. Ich habe noch niemals zweihundert Millionen Menschen gebeten, irgend etwas für mich zu tun, außer daß sie mein Recht auf ein friedliches Dasein nicht schmälern. Was bedeutet also die Frage, was man für sein *Land* tun kann? Daß man jede der zweihundert Millionen Einzelpersonen fragt, was man für sie speziell tun kann?

Nein, an den Einzelnen dachte Kennedy genausowenig wie jeder andere Politiker, als er das Wort *Land* gebrauchte. Ein Land ist eine abstrakte Einheit, aber in die Sprache der Politiker übersetzt, bedeutet es »die Machthaber«. Verwendet man diese Übersetzung, lautet die Frage: »Fragen Sie nicht, was die Machthaber für Sie tun können; fragen Sie, was Sie für die Machthaber tun können.« Sie würden nicht so spontan reagieren, wenn Sie diese Frage in ihrer wahren Bedeutung hören würden, nicht wahr? Im Gegenteil – vielleicht würden Sie ungläubig lachen.

Jahrein, jahraus bedient sich die Regierung solcher Tricks. Mit Hilfe einer steten Berieselung durch verschwommene oder sinnlose Phrasen und Slogans wie das Wohl (?) der »Gesellschaft«, Ihre Pflicht (?) gegenüber Ihrem »Land«, das »Allgemeinwohl« überzeugt sie die Massen langsam, aber sicher, daß die Hölle ein Paradies ist.

»Lieber tot als rot.« Sofort greifen wir nach Mistgabeln und Henkersstricken und machen uns auf die Jagd nach Kommunisten, die wir in jedem Winkel vermuten.

»Alle Menschen wurden gleich erschaffen.« Inwiefern »gleich«? Ich will Ihre Intelligenz nicht durch eine Erklärung der offensichtlichen Absurdität dieser Aussage beleidigen.

»In der Zahl liegt die Stärke.« Vielleicht, aber ich habe festgestellt, daß ich in den meisten Fällen besser über mein Geschick bestimmen kann, wenn ich niemanden frage, bevor ich handle.

»Ein Pfennig gespart, ist ein Pfennig verdient.« Wer hat sich denn das ausgedacht, der Sparkassenverband? Ein gesparter Pfennig ist um einen Pfennig weniger Freude oder ein Pfennig, der nicht gewinnbringend investiert ist. Tatsache ist, daß Sie nichts verdienen, wenn Sie sparen. Wenn Sie Ihr Geld auf die Bank oder auf die Sparkasse tragen, *verlieren* Sie. Der Zinssatz liegt fast immer unter der Inflationsrate (womit ich nicht die von der Regierung genannte Zahl meine, obwohl er meistens auch unter dieser liegt).

»Vergeuden Sie keine Energie.« Sofort senken Sie Ihren Lebensstandard durch Einschränkung des Energieverbrauchs, stimmt's? Aber sind Sie wirklich über die weltweite Lage der Energieversorgung informiert, oder richten Sie sich lediglich nach dem, was Sie in der Zeitung lesen? Sind Sie je auf den Gedanken gekommen, daß die Energielieferanten und/oder die Regierungen verborgene Motive haben könnten, wenn sie Sie mit Slogans überschütten, um Sie zu einem Opfer zu bewegen?

Lassen Sie sich niemals von einem Schlagwort einschüchtern. Es geht nicht darum, ob sein Ziel Ihrer Ansicht nach gut oder schlecht ist; ein Schlagwort als solches und für sich genommen, ist kein gültiger Grund, irgend etwas zu tun oder zu lassen. Ein rationaler Mensch stützt sein Verhalten auf Tatsachen. In den meisten Fällen besteht der wahre Zweck eines Slogans darin, Sie bei der Stange zu halten – Sie daran zu hindern, Nummer Eins zu werden.

Einschüchterung durch die Erweckung von Schuldgefühlen

Haben Sie gemerkt, wie die verschiedenen Arten der Einschüchterung zusammenhängen? Jemand will erreichen, daß Sie sich seinen Gedankengängen anschließen und bedient sich zu diesem Zweck eines Slogans. Durch die Anwendung von Schlagworten und anderen Waffen hofft er, Schuldgefühle in Ihnen zu erwecken und Sie dadurch zu motivieren, das zu tun, was *er* für richtig hält. Das Schuldbewußtsein ist ein geistiger Zustand, mit dem Sie sich keineswegs abfinden müssen. Sie selbst müssen durch vernünftiges Nachdenken entscheiden, was für Sie richtig oder falsch ist. Sobald Sie das getan haben, gibt es keinen Grund für Schuldgefühle, nur weil Ihr Verhalten nicht den Moralprinzipien anderer Menschen entspricht.

Und selbst wenn Sie zu der Einsicht kommen, daß Ihr Verhalten nicht im Einklang mit Ihren eigenen moralischen Grundsätzen steht, sind Schuldgefühle keine Lösung des Problems. Sollten Sie es für richtig halten, dann entschuldigen Sie sich ohne Fisimatenten – und zwar nur einmal. Sie sind ein Mensch und müssen mit der Tatsache leben, daß Sie nicht vollkommen sind. Jeder von uns macht Fehler. Aber so schwerwiegend ein Fehler auch sein mag, Ihr Verstand sollte Ihnen sagen, daß Schuldgefühle die Situation nicht bereinigen können. Die zweckmäßigste Lösung ist, sich die gelernte Lektion zu merken, den begangenen Fehler aus Ihren Gedanken zu verbannen und darauf zu achten, daß Sie ihn nicht wiederholen.

Einschüchterung durch Bedrängung

Die Voraussetzung für die Erweckung von Schuldgefühlen ist, daß andere Menschen sich in Ihr Leben einmischen. Viele Menschen besitzen ein geradezu unheimliches Talent dafür, sich in Ihre Privatsphäre einzudrängen. Eric Hoffer drückt das so aus: »Der Mensch neigt dazu, sich um seine eigenen Angelegenheiten zu kümmern, wenn sie die Mühe wert sind. Sind sie es nicht, lenkt er sich von seinen bedeutungslosen Affären ab, indem er sich mit den Angelegenheiten anderer beschäftigt.« Der Absolute Moralist, den wir ja schon demaskiert haben, ist von einer zähen und unschlagbaren Zudringlichkeit. Gott sei Ihnen gnädig, wenn Sie anfällig für Schuldgefühle sind. Dann werden die Absoluten Moralisten Sie umkreisen wie Geier einen Kadaver in der Wüste.

Das Schlimme am Absoluten Moralisten ist, daß er auf Grund der unerschütterlichen Überzeugung, seine Moralanschauungen seien für alle Menschen gültig, jede Methode rechtfertigen kann, deren er sich bedient, um andere zu seiner Einstellung zu bekehren. Er kennt daher keine Hemmungen, wenn er daran geht, sich in das Leben anderer Menschen einzumischen. Er erreicht es, daß sie sich seinen Ansichten angleichen, indem er durch meisterhafte Einschüchterungsmanöver Schuldgefühle in ihnen erweckt.

Der Absolute Moralist ist überall. Er ist der selbsternannte Hüter des Rechts – der Mann, der Sie eilend und mit drohend erhobener Faust verfolgt, wenn Sie versehentlich bei Gelb über eine Kreuzung gefahren sind. Er hält es für seine moralische Pflicht, Ihnen klarzumachen, daß Sie gegen ein Gesetz verstoßen haben.

Die moralische Einstellung ist eine sehr persönliche Angelegenheit; niemand kann Ihren Moralkodex für Sie festlegen. Sie selbst müssen auf Grund ehrlicher und rationaler Überlegungen entscheiden, welche moralischen Grundsätze für Sie richtig sind. Danach dürfen Sie nie wieder gestatten, daß die Meinung eines anderen Menschen Schuldgefühle in Ihnen erweckt – denn es ist wirklich nichts anderes als das: *seine* Meinung.

Der Ego-Trip der Selbstgerechten

Der selbstgerechte Mensch hat ein schweres Problem mit seinem Ego. Aber wenn jemand des langen und breiten seine eigene Ehrbarkeit preist, können Sie mit ziemlicher Sicherheit annehmen, daß sich hinter dem Lack der Tugendhaftigkeit ein schlechtes Gewissen verbirgt. Wie Thoreau sagte: »Auf einen Tugendhaften kommen 999 Beschützer der Tugend.« Hüten Sie sich vor dem Menschen, der seine tugendhaften Ansichten so darstellt, daß er Schuldgefühle in Ihnen erweckt, weil Sie glauben, »unter« seinem moralischen Standard zu sein.

Das Spiel mit den Schuldgefühlen

Manche Menschen beherrschen unzählige Arten des Spiels mit den Schuldgefühlen. Die Lasten, die andere Leute einem aufbürden wollen, sind ebenso unglaublich wie endlos an der Zahl.

Es gibt Leute, die jederzeit bereit sind, andere zu kritisieren und ihnen die Schuld an allem und jedem zuzuschieben, ob es sich um den Verlust des Arbeitsplatzes oder um eine verpaßte Chance handelt. Nehmen Sie Kritik und Anschuldigungen nicht ohne weiteres hin, gleichgültig, ob sie berechtigt sind oder nicht, und vergeuden Sie keine Zeit mit Schuldgefühlen. Wenn Sie tatsächlich Schuld haben, dann sagen Sie es, entschuldigen Sie sich, und vergessen Sie den Vorfall. Wenn Sie keine Schuld haben, überspringen Sie die Entschuldigung und vergessen Sie das Ganze sofort.

Sie müssen lernen, die Angst zu überwinden, daß man Sie verurteilen könnte, weil Sie sich weigern, das zu tun, was andere von Ihnen wünschen. Übernehmen Sie niemals eine Verantwortung, nur weil irgend jemand es von Ihnen erwartet. Eine wichtige Regel für die Bewältigung der Hürde der menschlichen Beziehungen lautet:

Lernen Sie, wie man nicht nur höflich und freundlich »nein« sagt, sondern auch sofort und mit aller Bestimmtheit.

Vor allem aber ist es wichtig, daß Sie keine Schuldgefühle haben, weil Sie auf Ihren eigenen Vorteil bedacht sind. Im Gegenteil, Sie sollten darauf achten, daß alles, was Sie tun, Ihrem Ziel, Nummer Eins zu werden, dienlich ist. In dem Maße, wie Sie es zulassen, daß andere Menschen Ihre Kraft aushöhlen, indem sie Schuldgefühle in Ihnen erwecken, vermindern Sie Ihre Chance, Ihren Anteil an den Freuden des Lebens zu bekommen.

Ach ja, noch etwas: Versuchen Sie nicht, das Schuldgefühlspiel mit anderen zu treiben, denn auch für Sie gilt, daß niemand Ihnen gegenüber in irgendeiner Form verpflichtet ist.

Einschüchterung durch Verleumdung

Wenn Sie die Neurosen Ihres Anklägers nicht begreifen, kann die Verleumdung eine sehr einschüchternde Waffe sein. Da Eifersucht, Haß, Sadismus und Grausamkeit Eigenschaften sind, die jeder Mensch mehr oder minder ausgeprägt besitzt, wird die Verleumdung oft als Ventil für das Ablassen eines emotionalen Überdrucks verwendet.

Wenn jemand versucht, Ihre Worte zu verdrehen, ihren Sinn zu entstellen oder ihre Absicht zu verfälschen, verspüren Sie instinktiv den Wunsch, zuzuschlagen und sich zu verteidigen. Sie haben das natürliche Bedürfnis, der Welt zu beweisen, daß das, was man über Sie sagt, falsch ist. Im Vergleich zu der Bereinigung des schrecklichen Unrechts, das Ihnen angetan wurde, ist alles andere von zweitrangiger Bedeutung. Wenn Ihre Emotionen dieses Stadium erreicht haben, hat der Verleumder gesiegt.

Warum sollte jemand den Wunsch haben, Sie zu verletzen? Es gibt viele Gründe. Vielleicht beneidet der Gegner Sie, weil Sie Erfolg haben; vielleicht ist er wegen seiner eigenen niedrigen Stellung im Leben frustriert; oder aber er ist einer der Bedauernswerten, die an einem Übermaß von Haß, Sadismus und Grausamkeit leiden. Was immer der Grund ist, die Wirkung auf Sie ist dieselbe, falls man Sie durch böse Worte verletzen kann. In dem Augenblick, in dem Sie anfangen, die Absichten Ihres Peinigers zu analysieren, haben Sie schon einen Schritt in die falsche Richtung getan.

Haß kann manchmal furchterregend sein. Besonders auf Menschen, die sich nur um ihre eigenen Angelegenheiten kümmern und nichts weiter wollen, als glücklich zu sein, kann er wie ein Schock wirken. Pascal hat gesagt, daß alle Menschen von Natur aus einander hassen. Ich bin zwar nicht dieser Meinung, kann aber verstehen, wie er zu dieser Schlußfolgerung gelangte. Es ist erstaunlich, wieviel Haß die irrationalen Menschen, denen man im Laufe des Lebens begegnet, ausströmen. Die aufgestaute Verbitterung, die durch Minderwertigkeitskomplexe, Schuldgefühle, Versagen und nicht zuletzt durch »Selbstaufopferung« verursacht wird, ist manchmal so stark, daß der Neurotiker das Gefühl hat, er könne seine Frustration nur durch Haß abreagieren.

Während einer Talkshow in Miami rief mich eine Frau über das Telefon für Zuhörer an. Mit haßerfüllter Stimme erzählte sie fast fünf Minuten lang, wie glücklich sie darüber sei, daß sie ihr ganzes Leben lang anderen geholfen und nie an ihr eigenes Wohlbefinden gedacht habe. Sie warf mir vor, ein Egoist zu sein, und äußerte die Überzeugung, daß ich unmöglich ein glücklicher Mensch sein könne.

Als ihre bissige Tirade zu Ende war, erklärte ich ihr höflich, daß ich mit ihr über nichts, was sie gesagt hatte, diskutieren könne, weil sie so offensichtlich eine sehr glückliche Frau sei. Der Interviewer unterbrach die Verbindung, und damit war das Gespräch beendet. Aber ich denke noch heute an den teuflischen Haß in der Stimme jener Frau. Sie hat meine Befürchtungen bestätigt, daß viele Menschen irrationale Haßgefühle hegen, die durch den Erfolg anderer noch aufgeheizt werden.

Die ärgste Art der Verleumdung ist die ausgesprochene Lüge. Sie geht einem wie ein Messerstich durch Mark und Bein und wirft einen aus dem Gleichgewicht, so daß man nicht mehr beurteilen kann, wie man sich am besten verhalten sollte.

Das Schlimmste an einer hundertprozentigen Lüge ist die schreckliche Tatsache, daß es immer ein paar Leute gibt, die sie glauben und andere, die sie zumindest teilweise glauben (kein Rauch ohne Feuer). Und genau darin liegt ihre Wirksamkeit als Waffe. Die Kraft der Lüge wird jedoch erheblich geschwächt, wenn Sie sich weigern, den Köder anzunehmen. Eine Lüge hat nur eine vorübergehende Wirkung, selbst auf irrationale Menschen, es sei denn, Sie kooperieren, indem Sie ständig darüber reden. Auf rationale Menschen hat eine Lüge nicht mehr Wirkung als irgendeine andere Aussage, die nicht von Tatsachen untermauert ist.

Finden Sie sich damit ab, daß Sie gelegentlich verleumdet werden. Wenn Sie es für erforderlich halten, sich gegen eine Lüge zu wehren, sollten Sie sich zuerst einmal beruhigen und abkühlen. Dann analysieren Sie alle Begleitfaktoren. Nachdem Sie alles rational durchdacht haben, bringen Sie Ihre Verteidigung in klarer, einfacher und bestimmter Form zum Ausdruck – aber nur denjenigen Menschen gegenüber, auf deren Meinung Sie Wert legen. Vermeiden Sie bissige Adjektive und Verallgemeinerungen, die oft die gegenteilige Wirkung haben und Ihnen schaden. Unterlassen Sie Übertreibungen und Wiederholungen. Es kommt weitgehend auf Ihr eigenes Verhalten an, ob es Ihnen gelingt, die Leute, auf die es Ihnen ankommt, davon zu überzeugen, daß es eine Lüge war.

Wenn Sie jedem, der Ihnen begegnet, erzählen, daß es eine Lüge gewesen ist, rücken Sie sie unnötig in den Mittelpunkt der Aufmerksamkeit. Eine zu vehemente Verteidigung erweckt Mißtrauen.

Die Selbstbeschuldigung

Da die Menschen aus eigener Kraft Beachtliches in puncto Verleumdung leisten, hüten Sie sich davor, ihnen zusätzlichen Brennstoff zu liefern. Posaunen Sie Ihre Probleme nicht in die Welt hinaus. Machen Sie einem potentiellen Verleumder kein Geschenk. Lassen Sie ihn ruhig seine Lügen verbreiten und emsig nach negativen Informationen über Sie wühlen, aber machen Sie es ihm nicht leicht. Kleben Sie sich notfalls ein Pflaster auf den Mund, aber geben Sie niemals freiwillig Auskünfte über sich selbst, die ein neurotischer Verleumder gegen Sie verwenden könnte.

Bleiben Sie auf dem Weg nach oben

Wenn Sie es eines Tages geschafft haben und die meisten Ihrer Pläne erfolgreich verwirklichen können, dürfen Sie sich durch Verleumdungen und falsche Anschuldigungen nicht aus der Bahn werfen lassen. Und wenn Sie total k. o. sind, können Sie es sich erst recht nicht leisten, gegenüber Verleumdungen verwundbar zu sein. Die sicherste Methode, um auf dem Weg nach oben zu versagen, besteht darin, daß Sie ständig auf den verbalen Unrat lauschen, der schließlich auf den Grund des Haufens hinuntersickert. Derartiger Unrat sinkt immer nach unten, denn Leute, denen es gelingt, oben zu bleiben, besitzen die Fähigkeit, ihn schnell fallen zu lassen.

Gottes Mühlen ...

Ein altes Sprichwort sagt, daß man das ernten wird, was man gesät hat. Jeder bekommt genau das, was er verdient hat, nicht mehr und nicht weniger. Ich habe so oft gesehen, wie andere Leute den angemessenen Lohn für ihre Taten erhielten, daß ich es gelernt habe, geduldig zu sein. Das Leben sorgt dafür, daß jeder von uns dort endet, wo er hingehört. Wenn Sie mit Ihrer gegenwärtigen Position unzufrieden sind, sollten Sie alles tun, um sie zu verbessern, bevor das Leben Ihnen Ihren endgültigen Platz zuweist.

Erziehen Sie sich dazu, den Schmutz zu ignorieren, den andere Menschen gedankenlos verstreuen. Sie werden ebenso sicher auf dem Platz landen, der ihnen gebührt, wie Sie auf dem Ihren. Und bis dahin geben Sie sich alle Mühe, Nummer Eins zu werden.

Einschüchterung durch Einordnung und Abstempelung

Der Mensch hat die Gewohnheit, aus vielen Einzelwesen eine fiktive Einheit zu erschaffen. »Die Regierung«, »das Volk«, »die Gesellschaft« sind typische Beispiele. Es sind abstrakte Bezeichnungen, die keine spezifischen Charakteristika haben. Aber jedes Einzelwesen innerhalb einer Gruppe hat persönliche Merkmale, und es ist wichtig, zu begreifen, daß kein Mensch einem anderen vollkommen gleicht. Andernfalls wäre das Leben ziemlich langweilig.

Hüten Sie sich vor dem Fehler, die Menschen in Kategorien einzuordnen oder abzustempeln, und lassen Sie sich nicht von Leuten einschüchtern, die das tun. Wenn jemand sagt, daß er »die Menschen liebt«, so hat diese Aussage keinen echten Sinn. Er mag einige Menschen lieber haben als andere, und dann gibt es noch diejenigen, die er nicht ausstehen kann. Zeigen Sie mir den Heiligen, der alle Menschen liebt, und ich werde ihn gern mit ein paar Leuten bekannt machen, die seine Heiligmäßigkeit auf eine schwere Probe stellen werden.

Gruppen haben keine Eigenschaften, aber Menschen haben welche.

Wenn Sie einen Menschen in eine Gruppe einordnen oder ihn abstempeln, handeln Sie nicht nur gegen ihn, sondern auch gegen sich selbst unfair. Sie betrügen sich selbst um das, was er in seiner Eigenschaft als einzigartiges Wesen zu bieten hat.

Die Irrationalität der Einordnung in Gruppen

Das Verlockende an der Abstempelung anderer Menschen ist, daß es einem dadurch erleichtert wird, irrationalen Abneigungen zu frönen. Die Kombination aus Voreingenommenheit und Verleumdung ist die irrationalste und gefährlichste aller Waffen. Menschen, die nicht genug Selbstachtung haben, brauchen Prügelknaben. Wenn Sie ihre Unzufriedenheit an anderen auslassen können, brauchen sie nicht bei sich selbst nach Gründen zu suchen.

Vorurteile hat es schon immer gegeben. Man konnte z. B. nachweisen, daß das Wort »Barbar« aus dem Sanskrit stammt; ursprünglich bedeutet es »Stammler«. Mit anderen Worten: Wenn jemand nicht die gebräuchliche Sprache beherrschte und andere Gewohnheiten hatte, war er ein Stammler – ein Unwissender.

Da es früher nicht viel Kontakt zwischen den einzelnen Rassen gab, basierten die meisten Vorurteile auf der Religion. Man war kein Mann, sondern ein Jude, ein Christ oder ein Heide; und wenn es sich um eine Frau handelte, wurden ihr automatisch eine Reihe von Merkmalen zugeschrieben, die sie sehr wahrscheinlich gar nicht besaß. Obwohl Aristoteles ein großer Gelehrter war, behauptete er, daß Frauen (eine Bezeichnung, die Millionen von einzigartigen Wesen umfaßt) nicht logisch denken könnten, und daß ihre Natur minderwertig sei. Sein Urteil lautete: »Einen Mann, der nicht mehr Mut hätte als eine mutige Frau, würde man für einen Feigling halten.«

Der Fortschritt der Zivilisation

In dem Maße, wie im Lauf der Jahrhunderte die Entfernungen zusammenschmolzen, stieg die Möglichkeit, auf Menschen mit anderen physischen Charakteristika zu stoßen. Zwar sind auch heute noch andere Methoden der Einordnung und Abstempelung sehr beliebt, aber das Phänomen der verschiedenen Hautfarben vereinfacht die Suche nach Prügelknaben. Ein verbitterter, mit Minderwertigkeitskomplexen behafteter Mensch fand es viel leichter, *en masse* zu hassen.

Schon 1758 erhob der schwedische Arzt und Naturforscher Carl von Linné die Charaktereigenschaften der schwarzen Rasse zu einer »wissenschaftlichen Tatsache«. Linné arbeitete ein System für die Klassifizierung aller Lebewesen und Pflanzen aus – das die Grundlage der modernen Biologie wurde – und beschrieb den Schwarzafrikaner als »verschlagen, träge, nachlässig und von Launen regiert.« Mit der Wissenschaft als Verbündeten erwarb der Rassismus einen Anstrich von Respektabilität.

Das Komische an all diesen irrationalen Methoden der Einordnung und Abstempelung ist, daß einige Wissenschaftler der Ansicht sind, der Homo sapiens habe sich irgendwo in Afrika entwickelt und sei ursprünglich schwarz gewesen. Rassische Unterschiede hätten sich erst entwickelt, als einige Gruppen die Tropen verließen. Wenn das stimmt, dann war auch Linné von Natur aus verschlagen, träge, nachlässig und von Launen regiert. Und Sie und ich sind es auch. Ist es also nicht absurd, wenn man Gruppen von Menschen mit spezifischen Etiketts versehen will? (Politiker ausgenommen.)

Stempeln Sie sich nicht selbst ab

Gewohnheit und Tradition haben uns eingeimpft, »stolz auf unser Erbe« zu sein. Aber warum nur? Sie haben nichts mit den Taten Ihrer Vorfahren zu tun, Sie kennen sie nicht einmal. Was Ihre Vorfahren vollbrachten, ist nicht Ihr persönlicher Verdienst. Sie sollten stolz auf das sein, was *Sie* sind. Wenn Ihr Urgroßvater ein Kindsverderber oder ein Pferdedieb war, hat das nicht den geringsten Einfluß auf meine Meinung über Sie als Mensch.

In dem Film »Rat' mal, wer zum Essen kommt« gibt es eine Szene, in der Sidney Poitier versucht, seinem Vater die Irrationalität der Selbstabstempelung klarzumachen. Er sagt: »Du denkst an dich selbst als einen Farbigen, und ich denke an mich selbst als einen Menschen.«

Denken auch Sie an sich selbst als einen Menschen, nicht als einen Schwarzen, Juden, Republikaner oder Amerikaner. Möchten Sie denn mit den Charakteristika aller Mitglieder einer Gruppe abgestempelt werden?

Lassen Sie sich nicht durch Voreingenommenheit einschüchtern. Stellen Sie sich niemals aus irrationalen Motiven gegen einen anderen Menschen, sei es aus rassischen, religiösen oder irgendwelchen anderen unwichtigen Gründen, nur weil Sie Angst haben, von Leuten, die Ihnen gleichgestellt sind, nicht akzeptiert zu werden. Wenn diese Menschen gegen jemanden sind, weil er sich weigert, das Einordnungs- und Abstempelungsspiel mitzuspielen, dann wäre eine Besänftigungspolitik fehl am Platze; statt dessen sollte man sich neue Gleichgestellte suchen.

Einschüchterung durch Gewalt

Die Einschüchterung durch Gewalt ist noch wirkungsvoller als diejenige durch Verleumdung oder Abstempelung. Sie motiviert das Verhalten eines Menschen durch die Angst vor körperlichen Schäden. Wie es bei allen Formen der Einschüchterung der Fall ist, kann auch eine solche Angst begründet oder unbegründet sein. Sie müssen lernen, diese beiden Arten voneinander zu unterscheiden.

Vielleicht halten Sie ein bestimmtes Gesetz für unmoralisch, aber es wäre klüger, es zu befolgen, weil Sie eine rationale Angst davor haben, was Ihnen geschehen könnte, wenn Sie es nicht tun. Die Gesetze an sich können einen Menschen nicht bei der Stange halten (ausgenommen durch einschüchternde Slogans wie »deine Pflicht«, »gesetzestreuer Bürger« usw.); es ist die Angst vor der Gewalt – vor den Kanonen hinter den Gesetzen, die das vollbringt. Es ist daher vollkommen rational, sich einem unmoralischen Gesetz zu beugen, wenn Sie glauben, daß Sie erwischt und streng bestraft werden könnten.

Es gibt viele Grade der Gewalt, daher müssen Sie lernen, das wirkliche Ausmaß der Bedrohung zu bestimmen. Als Sechsjähriger wurde ich einmal auf dem Schulweg von einem Hund verfolgt, der die Frühstücksbrote in meinem Ranzen roch. Da meine Eltern mich davon überzeugt hatten, daß alle Hunde die Tollwut haben, lief ich immer schneller, konnte jedoch den Hund nicht abschütteln. Kein Zweifel – er war der Einschüchterer und ich der Eingeschüchterte. Ich ließ meinen Ranzen fallen, der dem Hund einen wunderschönen Tag bescherte, und rannte die letzte Strecke bis zur Schule. Heute würde ich den Hund mit strenger Stimme anreden, und er würde davonlaufen. Aber damals war ich durch eine irrationale Angst eingeschüchtert.

Der Muskelprotz

Jedem von uns kann es passieren, daß er eines Tages auf einen Muskelprotz trifft. Dieser Typ Mensch leidet entweder an Wahnvorstellungen über die Herrlichkeit seines Körpers oder an der irrigen Einstellung, daß er Respekt und Bewunderung erntet, wenn er »Härte« zeigt. Das ist eine gefährliche Neurose, auf die Sie sofort reagieren müssen, und zwar mit Ihrem Verstand. Machen Sie sich klar, daß es drei Möglichkeiten gibt, falls der Muskelprotz Sie in einen Kampf hineinziehen sollte: Sie werden verletzt (was entschieden schlecht wäre), er wird verletzt (was Ihnen, so hoffe ich, kein Vergnügen bereiten würde), oder Sie werden beide verletzt (das heißt, beide Seiten verlieren). Das kann man wohl kaum attraktive Alternativen nennen. Überdies würden Sie sich in den Augen vernünftiger Leute beide zum Narren machen.

Wenn Muskelkraft wichtig wäre, würde die Welt heute von Dinosauriern regiert werden, die außerdem alle reich wären. Es dürfte also klar sein, daß es sich für Sie nicht lohnen würde, der Frage der körperlichen Stärke einen Teil Ihrer Zeit zu widmen, da sie nichts mit Ihrem Ziel, ein glückliches Leben zu führen, zu tun hat. Bedrohen Sie niemals andere mit Ihrer Muskelkraft, gehen Sie den Menschen aus dem Weg, die Ihrer Meinung nach neurotisch genug sind, ihre körperliche Überlegenheit gegen Sie auszuspielen, und lassen Sie sich nicht von Leuten einschüchtern, die offensichtlich nicht in der Lage sind, es zu tun. Wenn Sie sich durch ein Einschüchterungsmanöver in eine physische Konfrontation hineinreißen lassen, könnte das all Ihre bisherigen Bemühungen, Nummer Eins zu werden, zunichte machen. Das ist weder rational, noch lohnt es sich.

Ich denke, daß wir jetzt die negativen Eigenschaften, die in stärkerem oder schwächerem Maße beim Menschen zu finden sind, so ausreichend diskutiert haben, daß Sie verstehen werden, warum es so wichtig ist, die Hürde der menschlichen Beziehungen zu bewältigen, wenn Sie Nummer Eins werden wollen. Natürlich ist die Liste bei weitem nicht vollständig, aber das ist für unsere Zwecke nicht erforderlich. Wenn das bisher Gesagte Ihr Verständnis für die menschliche Natur erweitert hat, sind Sie jetzt in der Lage, praktische Richtlinien aufzustellen, die Ihnen helfen, so gut wie alle Versuche, Sie zu beeinflussen oder einzuwickeln, abzuwehren.

Vielleicht sind Sie sich dessen gar nicht bewußt, aber Sie haben eine Waffe, mit der Sie das ganze Arsenal eines irrationalen Gegners unwirksam machen können: Ignorieren Sie ihn.

Eine Waffe gegen die Irrationalität

Ignorieren Sie alle neurotischen Aussagen und Taten normaler Menschen und *alle* Aussagen und Taten von Neurotikern. Wenn ein Neurotiker Sie trotz Ihres Mangels an Aufmerksamkeit nicht in Ruhe läßt, dann schließen Sie ihn rasch und endgültig aus Ihrem Leben aus.

Sie sind nicht dazu verpflichtet, sich mit irrationalen Leuten abzugeben. Sie brauchen keine Nörgeleien und keinen Zwang zu akzeptieren, nur um den Frieden zu bewahren. Sie haben das Recht, so zu leben, wie es Ihnen gefällt, solange sie dadurch niemanden belästigen. In dem Maße, wie Sie es anderen gestatten, Sie zu belästigen, wird Ihr Leben von Frustrationen und Ärger erfüllt sein.

Gutes Zureden, Argumente und Bitten sind sinnlos, wenn Ihr Gesprächspartner irrational ist. Versuche, ihn durch logische Argumente zu überzeugen, werden Sie nur zermürben. Im Umgang mit einem irrationalen Menschen können Sie niemals gewinnen. Wenn er geschickt ist, manövriert er Sie in eine Lage, in der alles, was Sie tun oder lassen, falsch ist. Gehen Sie solchen Schwierigkeiten aus dem Weg.

Lassen Sie es sich nicht gefallen, wenn jemand Sie mit irrationalen Aussagen überschüttet. Verschwinden Sie, notfalls mit deutlichen Worten, aber machen Sie, daß Sie wegkommen. Wenn jeder Schritt, den Sie machen, nur zu Schwierigkeiten führen kann, ist es unmöglich, daß Sie gewinnen.

Ironischerweise besteht die sicherste Methode, sich Feinde zu schaffen, darin, daß Sie es Neurotikern gestatten, in Ihrem Leben zu verbleiben. Wenn Sie mit einem irrationalen Menschen argumentieren, laden Sie einen Feind als Gesprächspartner ein. Wenn Sie ihn ignorieren, wird er ein Weilchen schmollen, aber die Aussichten, daß er Sie schließlich in Ruhe läßt, sind gut. Er wird es vorziehen, seine Aufmerksamkeit einem Menschen zuzuwenden, der bereitwilliger seine Zeit mit sinnlosem Argumentieren vergeudet.

Wenn ignorieren, dann total

Ignorieren heißt nicht nur, daß Sie sich weigern, den Menschen zur Kenntnis zu nehmen, der Sie bedrängt. Es bedeutet, ihn total zu ignorieren – also seine Worte und Taten sowie ihn selbst nicht zu beachten.

Haben Sie je erlebt, daß jemand etwas so Unglaubliches getan hat, daß Sie den dringenden Wunsch verspürten, zum Telefon zu greifen, und es all Ihren Bekannten zu erzählen? Waren Sie jemals durch das neurotische Verhalten eines Menschen so frustriert, daß Sie am liebsten hinausgelaufen wären und es jedem Straßenpassanten berichtet hätten?

Wenn jener Vorfall Ihnen so unglaublich erschien, dann ist das Grund genug, es nicht jedem zu erzählen. Es würde Sie nur noch mehr verbittern. Ein kurzes Nachdenken wird Sie erkennen lassen, daß es für andere Menschen schwierig sein würde, das Geschehene zu begreifen, wenn es wirklich so außergewöhnlich war.

In einem solchen Fall ist es am vernünftigsten, das Ganze zu ignorieren. Es ist schwer, den Mund zu halten und die Angelegenheit aus Ihren Gedanken zu streichen, wenn Ihr Instinkt Sie drängt, zu toben, zu schimpfen und sich in eine Rage hineinzusteigern. Wenn Sie es aber schaffen, dann garantiere ich Ihnen, daß Sie sich am nächsten Morgen gratulieren werden.

Wie ignoriert man einen Hartnäckigen? Zwei Alternativen

Wenn ein Störenfried sich nicht ignorieren lassen will, wäre es dann am besten, wenn Sie nichts tun? Oder wäre ein Kompromiß ratsam? Oder sollte man darüber diskutieren, bis beide Seiten sich darüber einig sind, wer im Recht ist?

Sie wissen genau, daß es falsch wäre, nichts zu tun, weil Sie nur durch aktive Bemühungen Nummer Eins werden können. Inaktivität macht aus Ihnen eine lahme Ente, die darauf wartet, von anderen kontrolliert zu werden. Untersuchen wir also die beiden anderen Möglichkeiten.

Der Kompromiß

Wenn Sie erreichen wollen, daß ein Neurotiker sich weiterhin irrational verhält, brauchen Sie ihn nur zu ermutigen, indem Sie nachgeben. Und ein Kompromiß bedeutet immer ein Nachgeben. Um auf ein früher erwähntes Beispiel zurückzukommen: Wenn Sie einen Kompromiß schließen, indem Sie eine Frage beantworten, die auf einer falschen Voraussetzung beruht, dann geben Sie nach – Sie haben am Köder angebissen. Sie erwecken in der Gegenseite Hoffnung, weil Sie die falsche Voraussetzung anerkennen.

Das Problem dabei ist, daß Sie dadurch nur den unausweichlichen Moment hinausschieben, in dem Sie gezwungen sind, dem Ganzen ein Ende zu machen. Ein solcher Aufschub bedeutet, daß es für Sie noch schwieriger sein wird, Ihren Standpunkt unmißverständlich klarzumachen, weil die inzwischen vergangene Zeit in dem Neurotiker die Illusion erweckt hat, daß sein Argument schlagkräftig ist.

Die Debatte

Die zweite Alternative – nämlich über die Sache zu reden – wäre akzeptabel, wenn Sie es mit jemandem zu tun hätten, der vernünftig denken kann. Gegen eine Diskussion wäre nichts einzuwenden, solange sie eine Diskussion bleibt. Aber wenn eine Diskussion in eine Sackgasse gerät oder der Gesprächspartner sich weigert, logisch zu denken, dann betreten Sie das gefährliche Gebiet der Debatte, und das wäre nichts weiter als eine Übung in Sinnlosigkeit. Der Beginn der Debatte ist das Stichwort für Sie, zu verschwinden.

Unter dem Begriff »Diskussion« verstehe ich eine ruhige, vernünftige und gemeinsame Prüfung der Tatsachen. Unter dem Begriff »Debatte« verstehe ich einen irrationalen Wortwechsel, in dem zumindest ein Gesprächspartner auf einer falschen Voraussetzung beharrt, Slogans, Verallgemeinerungen oder Verleumdungen als eine Art »Beweis« verwendet, oder mit lauter, grober Stimme spricht, als ob er glaubt, daß er dadurch die Tatsachen übertönen könne. Einschüchterer lieben es zu debattieren, weil dadurch alles möglich wird. Es gibt dem verletzten Neurotiker neue Hoffnung; es ist ein wunderbares Instrument, mit dessen Hilfe die Illusion hervorgerufen werden kann, daß Logik und Vernunft nicht existieren.

Der professionelle Debattenredner kann Ihnen einen unwiderstehlichen Köder anbieten. Er macht vielleicht eine so unlogische Aussage, daß es Ihnen schwerfällt, der Versuchung zu widerstehen, ihm zu beweisen, daß er unrecht hat. Aber warten Sie: Es war nur ein Trick von ihm. Da er keine Logik anwenden oder die Wirklichkeit anerkennen will, wird er der Falle Ihrer Logik dadurch entfliehen, daß er einfach von einer unbegründeten Voraussetzung zur nächsten springt.

Es erfordert Selbstdisziplin, Leute zu ignorieren, die versuchen, Sie durch Einschüchterung zum Debattieren zu verleiten. Aber wenn Sie zum ersten Mal einer absurden Situation den Rücken gekehrt haben und weggegangen sind, werden Sie ein wohltuendes Gefühl der Selbstachtung empfinden – eine Selbstachtung, die Sie nur dem Bewußtsein zu verdanken haben, daß Sie sich weigerten, eine irrationale Aussage anzuerkennen.

Die endgültige Lösung

Wenn es Ihnen nicht gelingt, einen irrationalen Nerventöter dadurch zu verscheuchen, daß Sie ihn ignorieren, einen Kompromiß oder eine Debatte ablehnen, bleibt Ihnen nur eine Möglichkeit: den Betreffenden aus Ihrem Leben zu streichen.

Das bedeutet, daß Sie es wagen müssen, eine Krise hervorzurufen. Sie müssen den Mut zu einer Konfrontation mit dem Neurotiker haben und ihm Ihren Wunsch höflich, aber bestimmt und mit aller Deutlichkeit klarmachen. Sollte er Sie beschimpfen, so zahlen Sie es ihm nicht mit gleicher Münze heim; wenn er so beleidigt ist, daß er eine Schlägerei anfangen will, halten Sie sich zurück – auch wenn er zwei Köpfe kleiner ist als Sie. Legen Sie Ihren Standpunkt in einer ruhigen, offenen, zivilisierten und bestimmten Art und Weise dar, und seien Sie so freundlich, wie es die Umstände gestatten. Dann verabschieden Sie sich und gehen.

Bin ich verrückt oder bist du es?

Wenn Sie eine Beziehung zu einem irrationalen Menschen lange genug aufrechterhalten, ist es nur eine Frage der Zeit, bis Sie anfangen sich zu fragen, ob Sie nicht den Tag mit der Nacht verwechseln, und ob 2 + 2 nicht in Wirklichkeit 5 ist. Vorausgesetzt, daß Sie ihm genug Zeit lassen, kann ein irrationaler Mensch Sie glauben machen, daß Sie derjenige sind, der neurotisch ist. Das müssen Sie verhindern. Können Sie sich einen schrecklicheren Alptraum vorstellen als den, daß Sie an den Stäben Ihres Käfigs rütteln, während der Neurotiker, dem Sie unvorsichtigerweise gestatteten, in Ihrem Leben zu bleiben, Ihnen Erdnüsse zuwirft?

Wenn Sie eine lästige Person aus Ihrer eigenen Welt verbannen, haben Sie eine langfristige Lösung des Problems verwirklicht. Ein Kompromiß kann nur Flickwerk auf kurze Sicht sein. Wenn Sie dabei richtig vorgehen, wird der Neurotiker Sie nicht nur in Ruhe lassen, sondern Sie wahrscheinlich vergessen. Sollten Sie ihm jedoch gestatten zu bleiben, und dann versuchen, ihn mit Hilfe von Logik und Tatsachen zur Einsicht zu bringen, dann hat er gar nicht die Möglichkeit, Sie zu vergessen.

Denken Sie daran: Ein Mensch kann Sie nur so lange belästigen, wie Sie es ihm erlauben.

Man kann weder mit ihnen noch ohne sie leben

Alles wäre viel einfacher, wenn Sie alle Menschen aus Ihrem Leben entfernen könnten, aber das ist keine wünschenswerte Alternative. Der Mensch wurde nicht zum Einsiedler erschaffen. Viele Menschen haben wundervolle Eigenschaften zu bieten und können viel zu Ihrem Glück beitragen. Das heißt aber nicht, daß Sie *jeden* in das eine, kostbare Leben, das Sie besitzen, hineinlassen sollen. Diejenigen Menschen, deren negative Eigenschaften so beständig sind, daß sie Ihnen Schwierigkeiten bereiten können, sollten aus Ihrem Leben verbannt werden; und diejenigen Menschen, die sich durch beständige positive, rationale Eigenschaften auszeichnen, sollten als willkommener Zuwachs betrachtet werden.

Vor allen Dingen sollten Sie nie versuchen, einen Neurotiker zu ändern. Er hat das gleiche Recht wie Sie, so zu leben, wie es ihm gefällt und ohne fremde Einmischung. Er muß ja nicht unbedingt ein hoffnungsloser Fall sein. Vielleicht wird er von selbst gesund und könnte – wer kann das wissen – später sogar einmal eine erfreuliche Zugabe in Ihrem Leben sein. Aber bis dahin ersparen Sie sich die Strapaze und tun Sie nichts, was seinen Zustand verändern könnte. Gehen Sie ihm aus dem Weg. Die beste Methode, wie man mit einem irrationalen Menschen umgeht, ist, ihn zu meiden, und diesen Luxus können Sie sich erlauben, wenn Sie sich ganz und gar darauf konzentrieren, Nummer Eins zu werden.

Entscheiden Sie, wie Sie Ihr Leben gestalten wollen, und gehen Sie vorwärts, als ob es keine irrationalen Menschen gäbe, die Sie stören könnten. Wenn Sie es Neurotikern gestatten, Ihre Entscheidungen zu beeinflussen, verlieren Sie die Kontrolle über sich selbst – ein Zustand, der sich nicht mit Ihrem Hauptziel verträgt. Sie haben die Hürde der menschlichen Beziehungen bewältigt, wenn der Einfluß anderer Menschen auf Ihr Bestreben, Nummer Eins zu werden, minimal ist.

5. Kapitel
Die Hürde des Kreuzfahrertums

Unter »Kreuzfahrern« verstehe ich jegliche Gruppe – gleichgültig, welches Ziel sie verfolgt –, deren Grundsatzprogramm besagt, daß die Durchsetzung einer neuen Idee oder die Abschaffung einer existierenden Idee oder Bedingung nur durch aggressives Handeln erreicht werden kann. Vielleicht sind auch Sie in diesem Augenblick mit einer Gruppe liiert, deren Aktivität Sie bisher nicht als »Kreuzzug« betrachtet haben, die jedoch ein Hindernis auf Ihrem Weg zu einem besseren Leben sein kann.

Da ich mir keinen rationalen Grund für die Teilnahme an einer Gruppenaktion vorstellen konnte, habe ich viele Organisationen und Kreuzzüge sorgfältig studiert, um herauszufinden, ob mir vielleicht entgangen war, welche Vorzüge sie zu bieten haben. Ich habe mich mit vielen überzeugten Kreuzfahrern unterhalten und auch Versammlungen besucht, um die Methoden der Anführer von Gruppen zu beobachten.

Müssen Sie Ihr Leben komplizieren?

All diese Untersuchungen und Beobachtungen haben mir wertvolle Erkenntnisse vermittelt; insbesondere haben sie meine Ansicht bestätigt, daß der Mensch eine ausgesprochene Neigung besitzt, sein Leben zu komplizieren. Wenn man ihm die Möglichkeit gibt, für die Erledigung einer bestimmten Aufgabe einen leichten oder einen komplizierten Weg zu wählen, wird er sich in vielen Fällen für die schwierigere Route entscheiden. Warum das so ist, weiß ich nicht; vielleicht liegt der Grund ganz einfach darin, daß es irrational ist und die meisten Menschen kein rationales Leben führen. Jedenfalls ist es immer wieder erstaunlich, wie weit ein Mensch gehen kann, um entweder neue Verwicklungen zu finden, oder um raffinierte Methoden auszuklügeln, wie er die Beseitigung von Komplikationen aus seinem Leben vermeiden kann.

Ein Kreuzzug, eine Bewegung, eine Sache oder eine Gruppenaktion ist eine Hürde, die Ihr Leben komplizieren kann. Das können Sie sich ersparen, wenn Sie sich klarmachen, daß die Grundidee der Gruppenaktion unrealistisch ist, und wenn Sie über so viel Selbstdisziplin verfügen, daß Sie die Einschüchterungen, mit denen man Sie zur Teilnahme veranlassen will, abwehren können. Zu diesem Zweck wollen wir das Kreuzfahrertum einer sorgfältigen Untersuchung unterziehen.

Das Einordnungs- und Abstempelungsspiel mit offiziellem Siegel

Die Abstempelung von Menschen gehört zum automatischen Beiwerk eines jeden Kreuzzugs; allein das ist Grund genug, sich davon fernzuhalten. Aber im Gegensatz zu der allgemein üblichen Praxis des Einordnens und Abstempelns sind Kreuzzüge organisierte Unternehmungen, deren Bedeutung durch den Gebrauch offizieller Bezeichnungen aufgeplustert wird. Eine gemeinsame Sache – ob rational oder irrational – vereint die Beteiligten. Das Problem dabei ist, daß viele von ihnen einer irrigen Ansicht huldigen: Nur weil sie irgendeine Sache unterstützen, glauben sie, daß der Anführer dieser Sache auch für sie spricht. Sie verlieren daher in dem Augenblick, in dem sie sich einer Gruppenaktion anschließen, unfreiwillig einen Teil ihrer Individualität.

An sich wäre jede Organisation für Nichtmitglieder unschädlich, aber nur allzu oft verwandelt sie sich in eine hitzige Kampagne. Ein Beispiel: Ein Skat-Club ist eine vollkommen harmlose Gruppe, solange die Mitglieder nichts anderes tun als miteinander Skat zu spielen. Aber wenn sie plötzlich wild werden und entscheiden, es sei ihre Pflicht, aus allen Menschen Skatspieler zu machen, und eine Kampagne starten, um durch Druckmittel neue Mitglieder anzuwerben, dann ist daraus plötzlich ein Kreuzzug geworden.

So also kann eine scheinbar harmlose Gruppe sich in einen Kreuzzug verwandeln; wenn ihre Angehörigen sich in das Leben anderer Menschen einmischen und sie bedrängen, Mitglieder zu werden, oder wenn sie versuchen, andere Menschen zu zwingen, irgend etwas zu tun oder zu lassen. Das ist der Punkt, an dem das Spiel zu einer gefährlichen Hürde für Sie zu werden droht.

Wer die Wahl hat, hat die Qual

Das Gebiet des Kreuzfahrertums bietet so viele Möglichkeiten für eine irrationale Wahl, daß man nicht weiß, wo man anfangen soll. Wie kann man wissen, welcher Sache man sich anschließen sollte?

Es gibt Kreuzzüge für und gegen so gut wie alles: Abtreibung, Kapitalismus, Spionage, Kommunismus, Rauschgift, Energiewirtschaft, Waffenbesitz, Homosexualität, Umweltschutz, Pornografie, Rassentrennung, Rauchen und Wahlen, um nur einige wenige Themen zu nennen. Manche Bewegungen haben scheinbar vernünftige Ziele, andere setzen sich für die verrücktesten Projekte ein, die man sich vorstellen kann. Es gibt sogar Kampagnen für die Verfolgung bestimmter Einzelpersonen.

Viele der wirklich abwegigen Kreuzzüge sind das Werk der Windel-Brigade (sie besteht aus Jugendlichen oder aus Erwachsenen, die noch mit Babyrasseln spielen). Wenn die Presse ihnen nicht so viel Publicity geben würde, um mehr Zeitungen und Zeitschriften verkaufen zu können, würden die meisten Themen, die sie propagieren, sehr schnell in Vergessenheit geraten. Jugendliche begeistern sich heute für den Zen-Buddhismus, morgen für den Sozialismus und übermorgen – wer kann es vorhersagen? – vielleicht für die Vorzüge des Federballspiels oder der Paarung von Menschen mit Giraffen.

Ob ein Kreuzzug von der Windel-Brigade oder von irrationalen Erwachsenen gestartet wird, sein Wert sollte nur auf der Basis von Logik, Realität und Tatsachen beurteilt werden. Und selbst wenn das genannte Ziel vernünftig ist, so ist die Bewegung (das ist jedenfalls meine Meinung) trotzdem unmoralisch, wenn sie sich auf das Leben von Nichtmitgliedern störend auswirkt.

Es ist immer das gleiche Spiel

Gleichgültig, welchen Zweck sie verfolgen, alle Kreuzzüge sind sich in ihrer Struktur bemerkenswert ähnlich.

Was man bei praktisch jeder Bewegung findet, ist die Verzerrung oder Nichtbeachtung wichtiger Tatsachen. Der Anführer eines Kreuzzugs zeigt natürlich nur eine Seite der Medaille, also lassen Sie sich von den scheinbaren Verdiensten einer Sache oder von einleuchtend klingenden Argumenten nicht allzu sehr beeindrucken. Denken Sie daran, daß man Sie nur einseitig informiert.

Seit jeher ist die Zukunft ein ebenso häufiges wie wichtiges Werkzeug der Kreuzfahrer. Solange die Belohnung irgendwo in der Ferne wartet, kann der Einsatz für eine Sache gerechtfertigt werden. Je weniger eine Bewegung für das Heute bietet und je mehr sie für das Morgen verspricht, desto besser sind ihre Erfolgschancen. Die meisten Kreuzzüge würden schnell im Sande verlaufen, wenn sie sofortige Ergebnisse versprechen würden. Falls Sie also beabsichtigen, selbst eine Bewegung zu starten (was der Himmel verhüten möge), so gestatte ich mir den Vorschlag, daß Sie Ihren Anhängern einen genauen Erfüllungstermin nennen. Das Jahr 2138 wäre doch ganz passend. Aber um sicherzugehen, könnten Sie ihnen noch mitteilen, daß sich das Endresultat durch besonders widrige Umstände möglicherweise bis zum Jahr 2143 verzögert. Auf dieser Basis haben Sie eine ganz hervorragende Chance, Ihre Anhänger bei der Stange zu halten.

Ein anderer Faktor, von dem der Erfolg eines Kreuzzuges abhängt, ist seine körperschaftliche Organisation. Der Grund liegt auf der Hand: Je besser eine Gruppe geplant und strukturiert ist, desto stärker vermittelt sie die Illusion, eine lebende Einheit zu sein. Das wiederum macht es leichter, die Anhänger ihrer Identität zu berauben. Individuelle Merkmale sind immer eine Gefahr für das »Gruppenziel« (das in Wirklichkeit nichts anderes ist als das Ziel des Anführers). Also, je besser eine Bewegung organisiert ist, desto einfacher ist es, ihre Mitglieder gleichzuschalten. Mit Hilfe einer guten Organisation ist es auch leichter, die Rechte anderer zu verletzen, weil ein solcher Übergriff nicht durch einen einzelnen Menschen geschieht, sondern durch eine Gruppe, und zwar meistens im Namen des »Allgemeinwohls«.

Ein weiterer gemeinsamer Nenner der meisten Bewegungen ist die uns bereits bekannte Einschüchterung durch Schlagworte. Hier gilt die folgende Faustregel: Je weniger ein Slogan tatsächlich aussagt, desto beliebter ist die »Philosophie«, die ihm zugrunde liegt, und desto größer ist die Zahl der Menschen, auf die er wirkt. Für Menschen, die nicht weiter darüber nachdenken, scheint ein Slogan, oberflächlich betrachtet, mit einer Tatsache austauschbar zu sein. »Vergeude keine Energie« macht es zur *Tatsache,* daß eine Energieknappheit existiert. »Liebe dein Land oder verlasse es« macht es zu einer *Tatsache*, daß das Land den Leuten gehört, die diese Aussage machen, und daß man verpflichtet ist, entweder mit ihren moralischen und politischen Ansichten übereinzustimmen, oder ins Ausland zu gehen. Je cleverer ein Slogan ist, desto weniger braucht der Kreuzfahrer sich um Tatsachen zu kümmern.

Neben dem Slogan ist die öffentliche Zurschaustellung das beste Mittel, um die Emotionen für Gruppenaktionen anzuheizen. Vom kleinsten Protestmarsch bis zur größten Parade oder Zeremonie sind Veranstaltungen ein wichtiges Element des Kreuzzugs; oft sind sie der Kleister, der eine irrationale Struktur zusammenhält, die andernfalls zerbröckeln würde. Wenn die Wirklichkeit den Glauben eines Gruppenmitglieds zu zerbrechen droht, kann ein spektakuläres Ritual, auch wenn es noch so nichtssagend ist, die Droge sein, die seinen Rauschzustand aufrechterhält. Je größer das Spektakel ist, desto wirksamer ist es.

Ein guter Bekannter von mir widmete einen Großteil seiner Zeit einer Gruppe, deren Ziel der »Weltfrieden« war. Ich beobachtete die Sache eine Weile, hörte mir an, was er über die Gruppe erzählte, und kam zu dem Schluß, daß er in Wirklichkeit nichts anderes tat, als umsonst für die Vorbereitung einer gigantischen Jahresveranstaltung zu arbeiten. Die Vorfreude auf die alljährliche Feier genügte schon, um die Gruppenmitglieder in Ekstase zu versetzen. Soviel ich weiß, haben diese Leute keinen einzigen Krieg verhindert, aber sie haben ein paar prächtige Shows abgezogen. Das Spektakel ist ein Hilfsmittel für die Flucht vor der Wirklichkeit.

Die meisten Massenbewegungen halten es für erforderlich, einen »Teufel« zu erschaffen. Wenn eine Gruppe z. B. für die Unversehrtheit der Küsten kämpft, wird diejenige Person zum Teufel, die sich weigert, ihr Strandgrundstück »für das öffentliche Wohl« konfiszieren zu lassen. Wenn der Kreuzzug darauf abzielt, das Rauchen in der Öffentlichkeit zu unterbinden, dann ist der Raucher der Teufel. Die äußere Form der Kreuzzüge hat sich im Laufe der Jahrhunderte verändert, aber die grundlegenden Charakteristika sind die gleichen geblieben. Der Teufel der Inquisition waren die Ketzer, bei Hitler waren es die Juden; falls eine moderne Gruppe keinen passenden Teufel zur Hand hat, muß der Anführer sich eben mit den Leuten begnügen, die der Bewegung nicht angehören. Die Guten sind die Mitmacher, die Bösen sind alle diejenigen, die sich nicht »erleuchten« lassen.

Bedenklich ist ferner, daß viele Kreuzzüge im Laufe der Zeit zum Selbstzweck werden. Die ständige Umgruppierung der Tatsachen, die Konzentration auf die Zukunft, die schwerfällige Bürokratie der körperschaftlichen Struktur, die Versessenheit auf Slogans, die spektakulären Zurschaustellungen und die pausenlose Verteufelung der Gegner sorgen dafür, daß das offizielle Ziel der Gruppe verlorengeht. Irgendwie kommt der Kreuzzug nicht dazu, seine eigentliche Absicht zu verfolgen. Deshalb wird für gewöhnlich nach der Methode »alles oder nichts« verfahren; man muß die Dogmen der Gruppe im Ganzen akzeptieren. Die Anführer von Massenbewegungen haben schon immer gewußt, daß außerhalb liegende Interessen die Energien schwächen, die erforderlich sind, um eine Gruppe unter Volldampf zu halten.

Eine Gruppe kann noch so ausführlich darüber reden, wie sie Ihnen helfen wird, ein glücklicherer Mensch zu werden — Behauptungen dieser Art sind sinnlos, weil gerade die Voraussetzung, auf der eine Gruppenaktion beruht, diese Möglichkeit zunichte macht. Wenn Sie einer Organisation Zeit widmen und Ihre Interessen ihren Zielen unterordnen, verlieren Sie nicht nur Ihre Individualität, sondern auch unwiederbringliche Stunden, in denen Sie sich mit Ihren persönlichen Problemen hätten befassen können. Dies ist einer der Hauptgründe dafür, daß man so viel Betonung auf die Zukunft legt. Je weiter die versprochenen Resultate in der Zukunft liegen, desto offensichtlicher ist es, daß das eigentliche Ziel des Anführers einzig und allein der Fortbestand der Gruppe ist.

Abschließend noch ein Wort über das gefährlichste gemeinsame Merkmal: Die meisten Kreuzzüge versuchen, ihre Ziele durch die Anwendung von Gewalt zu erreichen. Die Ausnahmen von dieser Regel sind möglicherweise Gruppen, deren Ziel die Selbstverbesserung ist (z. B. transzendentale Meditation), und Wohltätigkeitsorganisationen (obwohl auch diese oft dem Übereifer frönen).

Ich meine hier nicht nur religiöse oder ideologische Bewegungen wie z. B. den Kommunismus, sondern jede Sache, die mit einer gewaltsamen Einmischung in das Leben anderer verbunden ist. Unter Gewaltanwendung verstehe ich auch die Bemühungen, die auf die Schaffung neuer Gesetze abzielen (Gesetze sind in Wirklichkeit autoritative Entscheidungen, die einer bestimmten Anzahl von Einzelpersonen aufgezwungen und von der Staatsgewalt gestützt werden). Wenn eine Gruppe das Ziel hat, die Regierung zur Schaffung eines bestimmten Gesetzes zu veranlassen, so bedeutet das – wenn man die schönen Reden und die Scheingründe wegräumt – nichts anderes, als daß bestimmte Leute von der Regierung verlangen, anderen Menschen ihre persönlichen Wünsche als Pflicht aufzuerlegen.

Profil des Anführers eines Kreuzzugs

Der Anführer einer Bewegung ist ein ganz besonderer Typ Mensch. Im großen und ganzen unterscheidet er sich nicht wesentlich von den Leuten, die Sie als unerwünschte Elemente aus Ihrem Leben verbannen, doch hat er meistens eine zusätzliche Eigenschaft: ein unersättliches Ego. Er hegt den irrationalen Glauben, daß seine Selbstachtung steigt, wenn er anderen Menschen »hilft«. Seien Sie versichert, daß das Feuer seiner Hingabe für die Sache ziemlich schnell erlöschen würde, wenn er fähig wäre, seine persönlichen Probleme zu lösen.

Insbesondere die Anführer von sogenannten Massenbewegungen haben ein enormes Bedürfnis, ihr Ego zu befriedigen. Eine Untersuchung der Persönlichkeit von Leuten dieses Schlages enthüllt ein deutliches Muster: Sie haben auf anderen Gebieten keine Anerkennung gefunden und sind abgewiesen worden, was in den meisten Fällen zu Frustration und Selbstverachtung führt, die sich in Haßgefühlen, Lust zum Märtyrertum, extremer Eitelkeit und vor allem in absoluter Moralitis manifestieren.

Die geistige Verworrenheit des Anführers einer Reformbewegung bedingt, daß seine wahren Motive unter einem Dickicht aus Schlagworten und Riten verborgen sind. Nur allzu oft stärkt der Anführer sein Ansehen und seine Macht auf Kosten seiner Anhänger. Er bedient sich dabei künstlich erschaffener »Bedürfnisse«, wenn der Fortbestand der Organisation eine solche Taktik erfordert. Napoleon hatte ganz richtig erkannt, daß »Eitelkeit die Triebfeder der Revolution war; die Freiheit war nur ein Vorwand«. Wenn ein Anführer schlau genug ist, kann er die Wahrheit so maskieren, daß er als Kämpfer für das Volk erscheint und glauben macht, daß seine Aktionen das Ziel haben, »das Wohl der Gesellschaft« zu fördern.

Die meisten Oberbonzen von Reformbewegungen befleißigen sich eines barschen Umgangstons und sind gegenüber Leuten, die eine andere Meinung haben, intolerant und brutal. Der Möchtegern-Reformierer ist ein eitler Mensch, der eingebildet genug ist zu glauben, daß alle anderen Menschen mit seinen Ansichten übereinstimmen müssen.

Ganz sachlich und nüchtern betrachtet ist der Anführer eines Kreuzzugs nichts weiter als ein Absoluter Moralist mit einem Banner.

Profil des gewohnheitsmäßigen Mitmachers

Der Initiator eines Kreuzzugs braucht natürlich Anhänger. Um eine Gefolgschaft anzulocken, muß er mit all den anderen Häuptlingen von

Kreuzzügen um das zur Verfügung stehende Reservoir wetteifern, denn ein echter Mitmacher macht überall mit. Die Sache, um die es geht, ist für ihn von zweitrangiger Bedeutung, ohne daß er sich dieser Einstufung bewußt ist.

Der Mitmacher hat ein übermäßiges Bedürfnis danach, gebraucht zu werden. Er ist ein zutiefst frustrierter Mensch. Meistens empfindet er eine anomale Selbstverachtung, und deshalb fällt es ihm leicht, es seinem Anführer nachzumachen und andere Menschen zu verachten. Seine Erfahrungen als Versager erwecken in ihm den Wunsch, die Last der persönlichen Verantwortung loszuwerden (durch die Eingliederung in eine Gruppe entfällt der Zwang zum persönlichen Erfolg); und er ist natürlich die ideale Besetzung für die Rolle des Absoluten Moralisten.

Die Gründe, aus denen frustrierte Menschen erstklassige Kandidaten für Gruppenaktionen sind, klingen paradox: Einerseits haben sie den Wunsch nach einer Veränderung der bestehenden Bedingungen, andererseits richten sie all ihre Anstrengungen bereitwillig auf die Zukunft. Der Anhänger lebt mit diesem scheinbaren Widerspruch, weil die verheißene goldene Zukunft genau das ist, was ihn von seiner mißlichen Lage in der Gegenwart ablenkt. Die Gruppe ist für ihn ein Betäubungsmittel: Sie lindert vorübergehend seine Schmerzen.

Der professionelle Kreuzfahrer findet es auch sicherer, seine feindseligen Gefühle unter dem Banner einer Gruppe zu lüften. Wenn er in der Anonymität einer Bewegung untergetaucht ist, dann ist es nicht er, sondern die Gruppe, die in das Leben anderer eingreift. Damit erhalten Grausamkeit und Haß eine Rechtfertigung. Auf Grund der »Opfer«, die er bringt, kann er mit seinen Mitmenschen härter umgehen. Der Anhänger eines Kreuzzuges gewinnt viele Freiheiten – die Freiheit, hart und intolerant zu sein, die Freiheit, andere unter Druck zu setzen, und die Freiheit, ohne Schuldgefühle störend in das Leben anderer Menschen einzugreifen.

Vor allem aber muß der gewohnheitsmäßige Mitmacher die Fähigkeit haben, jedes rationale Argument zu ignorieren, das »die Sache« unterminieren könnte. Dieses Verhalten gibt ihm die Kraft, mit den Hindernissen und Widersprüchen fertig zu werden, mit denen er ständig konfrontiert wird. Seine Weigerung, sie zur Kenntnis zu nehmen, macht diese Probleme einfach nicht existent. Daher sind die erfolgreichsten Kreuzzüge jene, denen es am besten gelingt, ihre Anhänger von der Wirklichkeit fernzuhalten.

Da alle Kreuzzüge so viel miteinander gemein haben, ist es für den Mitmacher leicht, von einer Bewegung zur anderen überzuwechseln. Die meisten Gruppen haben die gleichen grundlegenden Merkmale, und dasselbe gilt auch für die Eigenschaften der Mitglieder, und so ist es nicht schwer, für einen Wechsel eine Rechtfertigung zu finden. Bestimmt kennen auch Sie mindestens einen Menschen, der eine übertriebene Neigung zur Bindung an eine Gruppe hat. Wie oft ist er schon von einer Gruppe zur anderen umgeschwenkt und hat dabei jedesmal verkündet, daß er endlich »das Richtige« gefunden hat?

Sie sollten sich jedoch nur um das kümmern was für *Sie* das Richtige ist. Sie können sehr leicht feststellen, ob die Hürde des Kreuzfahrertums für Sie ein echtes Hindernis ist, indem Sie prüfen, wie oft Sie schon von einer Sache zur anderen umgeschwenkt sind, und wie schnell und radikal Sie einen solchen Wechsel vollzogen haben.

Die Theorie des verworrenen Denkens

Diese Theorie besagt, daß an der Denkfähigkeit eines Menschen, dessen Philosophie sich plötzlich und dramatisch umkehrt, Zweifel bestehen, und zwar aus folgenden Gründen:

1. Wenn seine frühere Einstellung ganz anders war als seine heutige, müssen seine Gedankengänge in Bezug auf seine ehemalige Ideologie verworren gewesen sein; wie kann er also seiner Fähigkeit, klar zu denken, im Hinblick auf die neue Ideologie vertrauen?
2. Wenn seine ursprüngliche Denkstruktur vernünftig war, muß seine frühere Philosophie richtig gewesen sein; folglich müssen die Gründe, aus denen er sich einem neuen Kreuzzug anschließt, falsch sein.

Die Theorie des verworrenen Denkens paßt mehr oder minder auf die meisten Änderungen in der Grundeinstellung, aber am deutlichsten wird sie in den Fällen demonstriert, in denen ein Wechsel von einem Extrem ins andere vorliegt.

Zwar haben alle Bewegungen sehr ähnliche äußere Merkmale, doch können ihre erklärten Ziele durchaus gegensätzlicher Natur sein. Wenn Sie merken, daß es in Ihrer Grundeinstellung radikale Veränderungen gibt, dann haben Sie die Hürde des Kreuzfahrertums noch nicht überwunden. Wenn Sie auf dem richtigen Weg sind und rational denken, werden Sie zwar mit dem Wachstum Ihrer Persönlichkeit neue Gedanken entwikkeln und neue Erkenntnisse gewinnen, aber die allgemeine Richtung bleibt unverändert. Hüten Sie sich vor Ihren eigenen Emotionen, wenn Sie auf eine Gruppe oder Bewegung stoßen, die Ihre Begeisterung erweckt — besonders aber dann, wenn Sie das Gefühl haben, endlich die richtige Antwort gefunden zu haben.

Gesucht werden:
Gewohnheitsmäßige Mitmacher und andere verworrene Denker

Bei ihren Bemühungen, auf das Reservoir der zur Verfügung stehenden Mitmacher den bestmöglichen Eindruck zu machen, wenden die Verfechter einer Sache eine ganze Reihe von Motivierungstechniken an, deren Wirkungsspektrum eine Vielzahl von Bedürfnissen und emotionalen Eigenarten einschließt. Wichtig ist, daß sie die Motive kennen, die einen potentiellen Anhänger zum Eintritt in eine Gruppe bewegen. Dazu gehören die Sehnsucht nach Gemeinschaft, Langeweile, der Wunsch nach Konformität, die Befriedigung des Egos, die Flucht vor der persönlichen Verantwortung für Erfolg und Glück oder sogar die ehrliche Überzeugung, daß der Kreuzzug verdienstvoll ist (oder zumindest der Glaube, daß man davon überzeugt ist).

Aber noch ausschlaggebender als all diese Motive sind Unwissenheit und irrationales Denken. Wenn jeder Mensch, der sich jemals einem Kreuzzug oder einer Bewegung angeschlossen hat, die Tatsachen sorgfältig analysiert hätte, ist es durchaus möglich, daß aus jeder geplanten Gruppenaktion ein Ein-Personen-Kreuzzug geworden wäre. Es gibt viele Gründe, warum eine Gruppenaktion aus der Sicht des Einzelnen irrational ist; dazu gehören:

1. Möglicherweise wird die Gruppe niemals ihr Ziel erreichen; in diesem Fall könnte ein Mitglied eines Tages vielleicht mit Groll an die vergeudete Zeit und Energie denken – Zeit und Energie, die es gebraucht hätte, um sein eigenes Leben zu verbessern. Mit anderen Worten: Der Mitmacher darf keine Ahnung von den Realitäten haben, die Murphys Gesetz enthält. Dies erklärt, warum die überzeugtesten Anhänger vieler Kreuzzüge junge Leute sind. Sobald man den Dschungel eines Kreuzzugs am eigenen Leibe erlebt hat, beginnt man, an Murphys Gesetz zu glauben, und ist nicht mehr so schnell bereit, die so rasch vergehenden Stunden des eigenen Lebens irgendeiner Sache zu widmen, die andere Menschen zufällig für verdienstvoll halten.

2. In mancherlei Hinsicht bedeutet die Zahl Schwäche und nicht Stärke. Und damit gibt abermals ein altes Sprichtwort den Geist auf. Nehmen wir an, ich will »den Armen« helfen. Statt daß ich Zeit vergeude, indem ich mich mit der schwerfälligen Bürokratie einer Organisation einlasse, wo ich mit anderen darüber beraten müßte, wer als arm zu betrachten ist und was für ihn getan werden sollte, würde es nicht viel leichter, schneller und wirksamer sein, die notwendigen Entscheidungen allein zu treffen und sofort zu handeln? Ich müßte dann nur entscheiden, wen ich für arm halte und welche Art von Hilfe am zweckmäßigsten wäre, und könnte sofort die entsprechenden Maßnahmen ergreifen, ohne mich durch Besprechungen mit anderen aufhalten zu lassen.

Da es so einfach ist, anderen zu helfen, wenn man den ehrlichen Willen dazu hat, betrachte ich die Motive der Guttuer, die zur Durchführung von wohltätigen Aktionen und Projekten zum Besten des »öffentlichen Wohls« Organisationen gründen, mit großer Skepsis. Das erste, wonach ich bei diesen Leuten Ausschau halte, ist ein aufgeblasenes Ego; das zweite ist das persönliche Motiv, das hinter dem angeblichen Ziel der Gruppe steht.

3. Selbst wenn das Projekt »Erfolg« hat, kann man nie wissen, ob man lange genug lebt, um sich an den Ergebnissen zu erfreuen. Das ganze Leben lang für einen Kreuzzug zu arbeiten und dann nicht mehr erleben zu können, wie er Früchte trägt, wäre zu enttäuschend. Aus dieser Perspektive betrachtet, kann man leicht erkennen, daß die Betonung, die auf die Zukunft gelegt wird, ein negativer Wert ist.

4. Aber es könnte noch schlimmer kommen. Was wäre, wenn die Gruppe noch zu Ihren Lebzeiten ihr Ziel erreicht, das Resultat aber ganz anders aussieht als das, was Sie sich in all den Jahren der Schufterei für die Gruppe vorgestellt haben? Zwar kommen die meisten Gruppen nicht einmal in die Nähe des angestrebten Zieles, aber in den Fällen, in denen sie es erreichen, führt das eher zu einer Enttäuschung. Der Grund dafür ist sehr einfach. Da jedes Mitglied einer Organisation ein einzigartiges Einzelwesen ist, weicht das Bild, das es sich von dem Ziel der Gruppe machte, ganz erheblich davon ab, wie der Anführer es sieht, ganz zu schweigen von den Ansichten der anderen Mitglieder. Sie dürfen sicher sein, daß in den ersten Jahren der russischen Revolution die große Masse bestimmt nicht das gleiche Ergebnis im Auge hatte wie die Führer, die dem Volk versprochen hatten, daß der Kommunismus ihm die Freiheit bringen würde. Das Volk hatte keine Ahnung, daß die Freiheit in Wirklichkeit Sklaverei sein würde.

5. Sie müssen noch eine andere Realität – die für die Windel-Brigade am schwersten zu begreifen ist – berücksichtigen. Im Laufe der Zeit nehmen Sie an Wissen und Verstand zu, und diese Entwicklung könnte eine Sache, von der Sie einmal überzeugt waren, in einem ganz neuen Licht erscheinen lassen. Hier kommt die Theorie des verworrenen Denkens ins Bild, und der begeisterungsfähige, leicht zu beeindruckende Jugendliche schlägt bald eine ganz andere Richtung ein. Denken Sie immer daran, daß immer wieder neue Tatsachen auftauchen, die eine scheinbar verdienstvolle Sache ihres Glanzes berauben können.

6. Und dann ist da noch die brutalste Realität von allen (weil sie unser empfindliches Ego verletzt): Ihre Beteiligung hat vermutlich nicht die geringste Wirkung. Wahrscheinlich ist sie für die Sache sogar ein Hemmnis, da jedes zusätzliche Mitglied nur zu den Meinungsverschiedenheiten, dem bürokratischen Gemurkse und all den anderen zeitvergeudenden Merkmalen einer Gruppenaktion beiträgt.

Meiner Meinung nach ist es daher irrational, sich einer Gruppe anzuschließen, um auf diese Weise ein Ziel zu erreichen. In Wirklichkeit wird dadurch nur Ihr Bemühen, ein Projekt in die Tat umzusetzen, verlangsamt. Sollten Sie für Ihren Beitritt andere Gründe haben, werden Sie vermutlich eine Enttäuschung erleben.

Wenn Sie nur aus Gründen der Konformität mitmachen, handeln Sie nicht rational; wenn Sie die Gemeinschaft suchen, sind Sie gegenüber den anderen Mitgliedern der Gruppe unaufrichtig (es sei denn, daß dies das einzige Ziel der Gruppe ist); wenn Sie lediglich Ihr Ego befriedigen wollen, begeben Sie sich auf gefährliches Gebiet (je mehr Sie Ihr Ego füttern, desto mehr verlangt es, und so geraten Sie von dem geplanten Kurs immer weiter ab); und wenn Sie sich nur auf Grund Ihrer frustrierten Gefühle einer Gruppe anschließen, dann gehen Sie einer echten Lösung Ihrer Probleme aus dem Weg. Außerdem bürden Sie sich weitere Frustrationen auf, weil Sie nicht verstehen können, warum die anderen die Dinge nicht durch Ihre Brille sehen.

Wie man auf einschüchternde Slogans reagiert

Wenn man Ihnen vorwirft, Sie seien »unpatriotisch«, »unmoralisch« oder »egoistisch«, weil Sie sich nicht an sozialen Projekten beteiligen, zuviel Energie verbrauchen oder nicht »Ihren Teil beitragen«, dann lassen Sie sich dadurch nicht einschüchtern.

Überlegen Sie einmal: Wenn Sie sich einem Kreuzzug anschließen, weil man Sie so lange unter Druck gesetzt hat, bis Sie glauben, daß es »das Richtige« oder Ihre »Pflicht« ist, wann wollen Sie dann noch genug Zeit zum Schlafen haben, geschweige denn für die Suche nach dem Glück? Falls Sie sich durch solche Schlagworte einschüchtern lassen und ihnen Glauben schenken, würde das nicht bedeuten, daß Sie alles tun sollten, was irgendein anderer Mensch Ihnen als »das Richtige« anpreist? Wie können Sie aber beurteilen, wer recht hat und wer nicht, wenn Sie sich nicht mehr unter Kontrolle haben und die Entscheidungen anderer als Richtlinien für Ihr Verhalten akzeptieren? Mit einem derartigen verbalen Unsinn sollten Sie kurzen Prozeß machen, andernfalls wird Ihnen nicht viel Zeit für Ihr Privatleben bleiben.

Ferner sollten Sie stets daran denken, daß die Aussage des Slogan-Austeilers auf einer Vermutung beruht. Falls es sich um eine falsche Voraussetzung handelt, brauche ich wohl nichts weiter zu sagen. Und wenn sie glaubwürdig ist, müssen Sie sich fragen, wessen Voraussetzungen Sie glauben sollten. Ein Beispiel: Wenn jemand Sie der Energieverschwendung beschuldigt, so liegt diesem Vorwurf die Annahme zugrunde, daß tatsächlich eine Energieknappheit existiert. Vielleicht ist das richtig, vielleicht nicht. Besitzen Sie Kenntnisse aus erster Hand über diese Energieknappheit oder über ihr Ausmaß?

Kenntnisse aus erster Hand kann man nicht aus Zeitungsartikeln oder aus von der Regierung veröffentlichten Berichten erwerben. Ich jedenfalls habe keine Kenntnisse aus erster Hand, und Sie wahrscheinlich auch nicht, und ich bezweifle, daß es überhaupt einen Menschen gibt, dem all die Daten zur Verfügung stehen, die für eine so entschiedene Aussage erforderlich sind.

Ich habe in solchen Fällen eine ganz andere Einstellung und bediene mich der sogenannten wissenschaftlichen Methode. Ich gehe von der Annahme aus, daß nichts von dem, was ich höre, der Wahrheit entspricht und bemühe mich, diesen Zustand der geistigen Integrität beizubehalten, bis ich mit meinen eigenen Augen Beweise gesehen habe. Ich habe keine Beweise für die Existenz einer Energieknappheit; ich habe keinen Beweis dafür, daß es einen Gott gibt; ich habe keinen Beweis dafür, daß jeder, der im Gefängnis sitzt, ein Verbrechen begangen hat; ich habe keinen Beweis dafür, daß die Ozonschicht unserer Atmosphäre durch Aerosolsprays oder Überschallflugzeuge geschädigt wird.

Ich muß mich immer wieder darüber wundern, daß so viele Leute sich so vieler Dinge absolut sicher sind, über die sie keinerlei Kenntnisse aus erster Hand und sehr oft nur ein geringes Allgemeinwissen haben. Wahrlich, viele sogenannte Experten haben sich schon so oft geirrt, daß es töricht wäre, nur auf der Basis dessen, was andere sagen, unüberlegte Entscheidungen zu treffen, die letzten Endes eine Zeitvergeudung sind. Wenn irgend jemand Sie bedrängt, sich einer Sache anzuschließen, dann vergessen Sie die Slogans und das schmückende Beiwerk und prüfen Sie die Voraussetzungen, die dieser Sache zugrunde liegen. Dadurch können Sie vermeiden, daß Sie sich blindlings von der den Tatsachen nicht entsprechenden (und oft auf die Erweckung von Schuldgefühlen abzielenden) Rhetorik der Gruppe mitreißen lassen.

Zeit ist kostbar

Für mich gehören Kreuzzüge, Bewegungen und Sachen, also Gruppenaktionen aller Art, zur Familie der Energievergeuder. Ich betrachte alle Mitglieder dieser Familie als Bedrohungen, weil sie potentiell in der Lage sind, mir eine kostbare, begrenzte Kommodität zu rauben: meine Zeit. Kreuzzüge erfordern Zeit und Energie und komplizieren Aktionen, die ganz einfach wären, wenn man sie allein durchführen würde. Und was noch schlimmer ist: Sie erfordern oft, daß man seine Energie für das Unmögliche einsetzt – für den Versuch, die Natur der Dinge so zu verwandeln, daß sie den Vorstellungen bestimmter Leute entspricht. Und das ist eine Hürde, die wir – so hoffe ich – bereits überwunden haben. Denken Sie auch daran, daß bei der Zeitvergeudung auch das Problem des geometrischen Wachstums mit im Spiel ist. Es handelt sich ja nicht nur um die Stunden oder Tage, die Sie der betreffenden Sache widmen, sondern auch um die Zeit, die Sie verlieren, wenn Sie Ihre eigenen konstruktiven Projekte auf »Langsamgang« schalten, und um die Zeit, die Sie benötigen, um wieder in Fahrt zu kommen. Die Zeit ist eine feste Dimension; sie ist die Unveränderliche in der Gleichung Ihres Lebens. Sie können sie nicht kaufen, Sie müssen das nehmen, was Ihnen zugeteilt wird. Und Sie wissen nicht, wieviel Sie bekommen haben – das erfahren Sie erst dann, wenn es zu spät ist, wenn Ihre Zeit abgelaufen ist. Können Sie genau sagen, wieviel

Zeit Sie noch haben, um die Freuden zu genießen, die das Leben einem rational denkenden Menschen bieten kann? Warum gehen Sie dann mit Ihrem unbekannten und begrenzten Vorrat Risiken ein? Das bringt Ihnen weder Nutzen noch Vorteile. Sie können die abgelaufenen Sekunden, Minuten oder Stunden nicht gegen neue eintauschen. Wenn Sie sie vergeudet haben, sind sie verloren.

Der Mensch ist nicht zum Einsiedler erschaffen, aber ...

Selbst wenn Sie an das Ziel einer Gruppe glauben und relevante Informationen aus erster Hand hätten, wäre es immer noch weniger kompliziert und viel wirksamer, wenn Sie allein und nicht gemeinsam mit anderen handelten. Tatsächlich ist die Gruppe eine Gefahr, weil ein kollektives Handeln Sie dazu verleitet, der persönlichen Verantwortung aus dem Weg zu gehen.

Wenn Ihnen eine Sache sehr am Herzen liegt, können Sie durch selbständiges Handeln sofort etwas dafür oder dagegen tun. Falls Sie jedoch zuerst eine durchorganisierte Gruppe aufstellen wollen, ist es durchaus möglich, daß Sie Ihre erklärte Absicht niemals verwirklichen können. Die erforderlichen Vorarbeiten – endlose Debatten über die Verfahrenspolitik, Meinungsverschiedenheiten, die Finanzierung und andere bürokratische Hindernisse – können leicht all Ihre Zeit und Energie in Anspruch nehmen. Sehr oft wird die organisatorische Arbeit dann zum Selbstzweck.

Sollten Sie sich zum Organisator berufen fühlen, warum erfinden Sie dann nicht eine neue Art von Golfclub? Oder ein wohlschmeckendes Nahrungsmittel, das nicht dick macht? Konzentrieren Sie Ihre Bemühungen auf etwas, das Ihnen das Gefühl einer persönlichen Leistung gibt, und dann werden Sie im Alleingang mehr Menschen helfen, als eine Gruppe es jemals könnte. Ihr Produkt oder Ihre Dienstleistung wird für andere Menschen nützlich oder wertvoll sein. Sie schaffen Arbeitsplätze und, was das Beste vom Ganzen ist, Sie würden nicht andere Leute mit irgendwelchen erhabenen Anliegen bedrängen; Sie wären nämlich zu sehr damit beschäftigt, Nummer Eins zu werden.

Die Bedrängung anderer Menschen ist ein sehr wichtiger Punkt. Wenn Sie unbedingt etwas für oder gegen eine Sache unternehmen wollen, dann vergeuden Sie keine Zeit mit Versuchen, andere zu Ihrer Denkungsweise zu bekehren, und sei es nur aus dem Grund, daß Sie kein Recht dazu haben. Wenn Sie an eine bestimmte Philosophie glauben, dann sollten Sie so damit beschäftigt sein, danach zu leben, daß Sie keine Zeit für Bekehrungsversuche haben. Und wenn Sie den dringenden Wunsch verspüren, Ihre Ideen anderen Menschen nahezubringen, dann schreiben Sie ein Buch darüber oder erklären Sie sich bereit, gegen eine angemessene Bezahlung über das betreffende Thema Vorträge zu halten.

Ich versuche mit diesem Buch nicht, Sie zu meiner Denkungsweise zu bekehren; es ist eine an nichts gebundene Transaktion, in der ich Ideen gegen Geld eintausche. Es geht mich nichts an, in welchem Ausmaß Sie meine Philosophie praktizieren wollen. Ich bin mehr als zufrieden, wenn Ihnen die Lektüre gefällt und Ihnen soviel bietet, daß Sie auch an meinem nächsten Buch interessiert sein werden. Was Sie mit dem Material machen, nachdem Sie es gekauft haben, ist nicht meine Sache.

Fühlen Sie sich ja nicht moralisch verpflichtet, andere Menschen zu »erleuchten«. Konzentrieren Sie sich darauf, Nummer Eins zu werden. Bestimmt haben Sie genügend Probleme, auch ohne daß Sie sich Gedanken machen, wie Sie anderen »helfen« könnten.

Kreuzzüge für die Selbstverbesserung

Zu dieser Kategorie rechne ich diejenigen Gruppen, die das Ziel haben, den einzelnen Menschen über den Wert der Meditation, den Weg zum finanziellen Erfolg und Methoden zur Verbesserung der Persönlichkeit zu unterrichten. Sie dienen also keiner »Sache«, weil ihre Kriterien von denen der üblichen Kreuzzüge abweichen. Eine solche Gruppe wird nur dann zum Kreuzzug, wenn ihre Mitglieder so viel Enthusiasmus entwikkeln, daß sie ihre Überzeugungen mit dem Fanatismus verbreiten, der für Massenbewegungen charakteristisch ist.

Meditationsgruppen finden immer mehr Anhänger, ein Zeichen dafür, daß die Menschen nach Hilfe suchen. Die Meditation ist seit Jahrtausenden bekannt – vielleicht schon seit Beginn der Menschheitsgeschichte –, und die meisten Leiter von Meditationsgruppen geben zu, daß sie am wirksamsten ist, wenn man sie allein praktiziert. Warum also gibt es dann Meditationsgruppen? Auch sie dienen als Krücke – als eine Möglichkeit, wie man es vermeiden kann, selbständig zu handeln. Da viele oder sogar die meisten Meditationsgruppen sich am Gewinn orientieren, kann man unschwer erraten, daß ihr eigentliches Ziel der Fortbestand der Organisation ist.

Jeder vernünftige Mensch weiß, daß es keiner besonderen Worte oder Slogans bedarf, um den Zustand der Meditation zu erreichen. Ein Bekannter von mir gehörte einmal einer Gruppe an, in der es üblich war, jeden Tag mehrere Stunden knieend zu »psalmodieren«, wobei die Mitglieder vor einem seltsamen Gebilde hockten, das ihr »wahres Selbst« darstellen sollte. Abgesehen von der Irrationalität dieser Prozedur war ich am meisten darüber entsetzt, daß der Gegenstand des Sprechgesangs aus einem Text bestand, der in einer den Mitgliedern unbekannten Sprache geschrieben war. Es handelte sich um eine rein phonetische Wiedergabe (also um keine Übersetzung), so daß sie die Worte zwar korrekt aussprechen konnten, aber keinerlei Ahnung hatten, was sie bedeuteten. Trotzdem behauptete mein Bekannter steif und fest, daß er durch das Psalmodieren dieses Textes zu wundersamen Erkenntnissen gelange.

Es dauerte kein Jahr, bis der junge Mann trotz dieser wundersamen Erkenntnisse das Psalmodieren aufgab und sich der transzententalen Meditation zuwandte. Ich halte es nicht für ausgeschlossen, daß er inzwischen wiederum zu einer anderen Methode übergewechselt ist.

Die echte Meditation, allein praktiziert, kann sehr wirksam sein. Aus wissenschaftlichen Untersuchungen geht hervor, daß sie tatsächlich der Gesundheit förderlich ist. Ich selbst praktiziere häufig eine Form der Meditation, die das Ziel hat, irrationale Gedanken auszufiltern. Wie jede andere wirksame Meditation wird sie in einer ruhigen, entspannten Atmosphäre ausgeübt. Zuerst muß ein völlig neutraler Geisteszustand erreicht werden. Allmählich beginnen Gedanken durch das Bewußtsein zu wandern, und nun kommt es darauf an, die rationalen im Gedächtnis festzuhalten und die irrationalen auszusondern. Auf diese Art und Weise erkenne ich, was »machbar« ist und was nicht.

Ich kann Ihnen diese Methode wärmstens empfehlen. Sie hat mir zu einigen der besten Entscheidungen in meinem Leben verholfen. Sie kann und soll allein praktiziert werden; sie ist nicht schwer zu erlernen; sie wirkt beruhigend; sie ist rational; sie lohnt sich, und erfreulicherweise kostet sie nichts.

Gruppen, die sich mit der Verbesserung der Persönlichkeit befassen, sind nicht mehr so beliebt, wie sie es früher waren. Es gibt über sie nicht viel zu sagen. Auch sie liefern keine echte Stütze, sondern vermitteln lediglich ein falsches Gefühl der Sicherheit. Man kann die Leute, die zu einer derartigen Gruppe gehören, sehr leicht erkennen. Wann immer jemand Ihnen die Hand drückt, als ob er sie zerquetschen wollte, und dazu zähnefletschend lächelt, können Sie sicher sein, daß Sie ein Mitglied vor sich haben.

Auch Gruppen, deren Ziel der finanzielle Erfolg ist, sind keiner Rede wert. In meinen jungen Jahren habe ich zwei ausprobiert. Wie zu erwarten war, bewirkten sie das Gegenteil ihres erklärten Ziels. Diese Art von Gruppen liefert Illusionen von geradezu hypnotischer Wirkung. Ihre Mitglieder sind Leute ohne Selbstvertrauen, die vor den harten Realitäten der Geschäftswelt eine panische Angst haben und oft eine enthusiastische Loyalität zur Gruppe und zu der Vatergestalt ihres Leiters entwickeln. Auch hier ist der Fortbestand der Gruppe das Hauptziel. Statt daß die Mitglieder sich aktiv mit der Herausforderung des Erfolgs auseinandersetzen, reden sie nur darüber. Wenn Sie den Wunsch nach finanziellem Erfolg haben, dann versuchen Sie, ihn zu erringen. Weichen Sie der Mühe, die das Vorwärtskommen im Leben erfordert, nicht dadurch aus, daß Sie sich in einer enthusiastischen Gruppe von »erfolgsorientierten« Leuten verstekken.

Wo beginnt die Barmherzigkeit?

Barmherzigkeit ist eine gute Sache, vorausgesetzt, daß Sie sich den erforderlichen Aufwand an Zeit und/oder Geld leisten können. Ich möchte jedoch deutlich sagen, daß die beste Art und Weise, den Armen zu helfen, nicht darin besteht, daß man selbst einer von ihnen wird. Wenn es Sie glücklich macht und Ihre eigenen Verhältnisse es gestatten, daß Sie sich mit Werken der Barmherzigkeit befassen, dann tun Sie es. Es geht niemanden etwas an, wie Sie Ihr Bedürfnis nach Glück befriedigen, und wenn Sie überzeugt davon sind, daß es rational ist, für wohltätige Zwecke zu arbeiten, dann lassen Sie sich nicht davon abbringen.

Was immer der Grund für Ihr Engagement ist – ob Sie sich als großzügigen Menschen sehen wollen, oder ob Sie erwarten, daß es Ihr eigenes Wohlbefinden steigert, wenn Sie die Leiden anderer Menschen lindern –, vergewissern Sie sich genau, daß es *Ihr* Grund ist. Ferner müssen Sie Ihre Motive ehrlich beurteilen. Jedes rationale Motiv ist akzeptabel, die Hauptsache ist, daß Sie verstehen, was Sie tun und warum.

Hüten Sie sich davor, andere Menschen anzugreifen, weil sie nicht an die gleiche Sache glauben oder sich nicht dafür einsetzen wollen. Es geht Sie nichts an, wie andere Menschen ihre Zeit verbringen oder woran sie glauben. Sobald Sie sich anmaßen, andere Leute zu Ihrer Einstellung zu bekehren, werden Sie zum Kreuzfahrer.

Wenn Sie sich versucht fühlen, für eine wohltätige Sache zu arbeiten oder Geld zu spenden, sollten Sie sich die folgenden Fragen stellen: Besitze ich genaue Informationen darüber, wie das Geld, das ich sammle oder spende, verwendet wird? Kann ich sicher sein, daß es die Leute erreicht, denen die Gruppe ursprünglich helfen wollte? Weiß ich wirklich, wieviel von dem Geld nach Abzug der Verwaltungskosten tatsächlich an die vorgesehenen Empfänger geht?

Ich will Ihnen verraten, wie Sie die richtigen Antworten auf diese Fragen finden können. Sie haben also den Wunsch, den »Armen« zu helfen. Wählen Sie eine Familie aus, die *Ihrer* Meinung nach arm ist. Entscheiden Sie, wieviel Geld *Sie* ihr geben würden, und dann lassen *Sie selbst* ihr diese Summe zukommen. Nachdem Sie auf diese Weise Ihre Absicht verwirklicht haben, können Sie sich wieder anderen Dingen widmen, ohne irgendeinen anderen Menschen mit Ihrer Einstellung zu bedrängen. Das ist einfach, wirksam und bringt ein sofortiges Ergebnis – also all das, was durch eine Gruppenaktion niemals erreicht werden kann.

Wenn Sie so handeln, wie ich es eben beschrieben habe, wäre ich geneigt, Ihnen zu glauben, daß Sie den Wunsch haben, den Armen zu helfen. Sollten Sie jedoch versuchen, mich für eine Wohltätigkeitsorganisation anzuwerben, würde ich Sie mir sehr genau ansehen und Ihnen viele Fragen stellen, auf die Sie nicht antworten könnten oder wollten.

Die gewaltsame Einmischung

Gruppen, die sich der Methode der gewaltsamen Einmischung bedienen, sind gefährlich. Ihre Mitglieder sind Gesinnungsgenossen, die durch die Anwendung von Gewalt Veränderungen herbeiführen wollen. (Das heißt, daß sie die jeweiligen Machthaber bedrängen, neue »Gesetze« zu erlassen, die ihnen helfen, ihre eigenen Ziele zu erreichen in dem Bewußtsein, daß die Regierung die Macht hat, diese Gesetze durchzuführen.) Wenn eine Gruppe anderen Menschen etwas wegnehmen oder sie zwingen will, gegen ihren Willen zu handeln, ist es für sie viel sicherer, dies unter Androhung der Regierungsgewalt zu tun, als direkt vorzugehen. Auf diese Weise geht die Gruppe der Gefahr, in schwere Zusammenstöße verwickelt zu werden, aus dem Weg.

Es gibt zwei Banner, um die sich die Anhänger der gewaltsamen Einmischung scharen. Das eine propagiert die Methode der Einordnung und Abstempelung, also z. B. Schwarze, Frauen, alte Leute, Homosexuelle, Arbeiter oder jedes andere Etikett, das die Individualität mißachtet; das zweite propagiert die »verdienstvolle Sache« und fordert die Allgemeinheit auf, sich ihr anzuschließen.

Sie sollten sich standhaft weigern, Ihre Individualität an irgendeine Gruppe abzutreten, nur weil deren Mitglieder ein bestimmtes Charakteristikum mit Ihnen gemein haben, sei es das Geschlecht, die Hautfarbe, die religiöse Überzeugung oder den Beruf. Machen Sie sich klar, was in Wirklichkeit dahinter steckt, wenn diese Leute sich an Sie wenden, weil Sie »einer von ihnen« sind. In den Bewegungen zur »Befreiung der Frau« findet man z. B. nur Frauen, die in Wirklichkeit gar nicht befreit werden wollen. Sie wechseln lediglich von einer Form der Unterdrückung zur anderen über – von der angeblichen Ausbeutung durch den Mann zur Ausbeutung durch körperschaftlich organisierte Frauenvereine.

Widerstehen Sie der Einschüchterung durch Gruppen, welche die gewaltsame Einmischung praktizieren. Bestehen Sie darauf, Ihre Individualität zu bewahren und zeigen Sie der Welt, was Sie in Ihrer Eigenschaft als einzigartige Einheit zu bieten haben. Ihre Selbstachtung sollte Sie daran hindern, die Einheitscharakteristika einer Gruppe zu akzeptieren. Kein Mensch gleicht dem anderen, und deshalb ist jeder Mensch einzigartig. Lassen Sie es nicht zu, daß Sie an der Hürde des Kreuzfahrertums scheitern und diesen Besitz verlieren.

Selbst wenn eine Gruppe Ihren Wunsch nach sozialen Veränderungen teilt, darf Sie das nicht veranlassen, Ihre Individualität aufzugeben. Auch in diesem Fall gilt, daß die Methoden, mit denen die Gruppe ihr Ziel erreichen will, so gut wie immer die Anwendung von Gewalt erfordert und daher, mit dem Maßstab der Rationalität gemessen, unmoralisch.

»Verdienstvolle Sachen« können von relativ unwichtigen Unternehmungen, wie z. B. Kampagnen gegen das Rauchen oder gegen die Verherrlichung der Sexualität bis zu Kreuzzügen gegen potentielle weltweite Katastrophen, wie z. B. Umweltverschmutzung, Energiemangel und Überbevölkerung, reichen.

Wir wollen uns zuerst mit einem Beispiel für eine unbedeutende »Sache« befassen. Nehmen wir an, Sie wollen andere Leute zwingen, das Rauchen einzustellen, weil es Sie stört; in diesem Fall können Sie sofort und aus eigener Initiative etwas unternehmen. Natürlich müssen Sie von einer rationalen Voraussetzung ausgehen. Sie haben nämlich kein Recht, andere Leute zu zwingen, das Rauchen aufzugeben. Viele Nikotingegner argumentieren, daß es ihnen egal ist, wenn andere Leute rauchen, Hauptsache, sie tun es nicht »in der Öffentlichkeit«. Damit haben wir von Anfang an das Problem der Definition.

Für viele Antiraucher ist auch ein Restaurant ein öffentlicher Platz. Aber das stimmt nicht. Es ist ein Privatunternehmen, und nur der Inhaber sollte das Recht haben zu entscheiden, ob es den Gästen gestattet sein soll, in seinem Lokal zu rauchen. Falls er es erlaubt und ich mich durch den Qualm belästigt fühle, kann ich sofort und im Alleingang dagegen etwas unternehmen, indem ich dieses Restaurant nicht mehr betrete. Falls der Inhaber das Rauchen verbietet und ich ein starker Raucher bin, kann ich ebenfalls sofort etwas unternehmen, indem ich woanders hingehe.

Das eben zitierte Beispiel ist als das System des – lassen Sie mich nachdenken – ja, als das System des freien Unternehmertums bekannt. Wenn die Absoluten Moralisten es in Ruhe ließen, würde es ausgezeichnet funktionieren und sich automatisch den Wünschen der Kunden anpassen. Sollte ein Inhaber für seinen Betrieb eine Vorschrift erlassen, die auf eine zu breite Ablehnung stößt, dann wird das System des freien Unternehmertums ihm zu geschäftlichen Mißerfolg verhelfen. Wenn jemand Pleite machen will, benötigt er dazu keine von anderen aufgestellte Vorschrift – das kann er aus eigenem Entschluß tun.

Die wirklich lästigen Kreuzzüge sind diejenigen, bei denen es um sogenannte weltweite Katastrophen geht. Die Ironie der Sache ist, daß es wahrscheinlich viel weniger »Weltprobleme« geben würde, wenn jeder Mensch sich hauptsächlich damit beschäftigen würde, Nummer Eins zu werden. Wer sich darauf konzentriert, schafft für andere keine Probleme. Leider sieht die Wirklichkeit so aus, daß Millionen Menschen, die glücklich sein könnten, wenn man sie in Ruhe ließe, viel Zeit und Energie aufwenden müssen, um die Leute abzuwehren, die ständig versuchen, als Vertreter irgendeiner »Sache« in ihr Leben einzugreifen.

Natürlich sollten Sie das Gefahrenpotential der Probleme anerkennen, die von weltweiter Bedeutung sind, weil ein vernünftiger Mensch sich niemals vor den Tatsachen abschirmt. Aber bedenken Sie, daß es sich um ein Potential handelt und nicht um eine bekannte Größe. Und was noch wichtiger ist: Auch in diesen Fällen ist die Gruppenaktion nur ein Mittel, um Problemen aus dem Weg zu gehen, nicht aber um sie zu lösen.

Die Existenz von potentiellen Gefahren für die ganze Menschheit kann in zweierlei Hinsicht einen positiven Einfluß auf Ihr Denken haben. Einmal hilft sie Ihnen, Ihre Alltagsprobleme in der richtigen Größenordnung zu sehen, und zweitens ist sie ein ausgezeichneter Grund dafür, daß Sie stets bestrebt sind, auf Ihren eigenen Vorteil bedacht zu sein. Wenn ich genau wüßte, daß die Welt morgen untergehen wird, dann würde ich bestimmt den heutigen Tag nach Kräften genießen wollen.

Die Energiekrise: Realität, Einbildung oder künstlich erschaffen?

Ich habe mich sehr eingehend mit der angeblichen Energiekrise befaßt, weil sie die rationalen Bemühungen, zu seinem eigenen Besten zu handeln, sehr leicht beeinträchtigen kann. Man kann dieses Thema nicht ignorieren, weil man jeden Tag mit neuen Daten und Schlagworten überschüttet wird.

Ich habe den Eindruck gewonnen, daß es zwei sehr wichtige Unbekannte gibt, die von den Kreuzzügen für die Konservierung von Energie nicht berücksichtigt werden.

1. Die meisten Informationen, die man uns vorsetzt, sind einseitig; sie stammen aus Quellen (Industrie und Regierung), die fast immer irgendwelche Hintergedanken haben. Wie können wir wissen, ob eine Information verzerrt oder aus dem Zusammenhang gerissen ist? Ich bin ein unheilbarer, eingefleischter Realist – ich will immer Beweise haben. Für mich erhebt sich also die Frage: Bin ich bereit, zusätzliche Unannehmlichkeiten zu akzeptieren, deren Grundlage eine Krise ist, für die ich keine Beweise habe? Ich halte das für eine faire und vernünftige Frage.

2. Selbst wenn es tatsächlich eine Energiekrise gibt, so doch nur nach dem Maßstab unseres heutigen Wissensstandes. Aber alte »Beweise« werden laufend durch neue Ideen und neu entdeckte Quellen überholt. Es würde mir gar nicht gefallen, die nächsten dreißig Jahre in meinem eigenen Haus vor Kälte zu zittern, um mich als ein »verantwortungsvoller Bürger« zu erweisen, und meine Heizung auf eine Temperatur herunterzuschalten, die vom Energielieferanten als angemessen bezeichnet wird, nur um dann auf meinem Totenbett die freudige Nachricht zu erfahren, daß man neue Energiequellen entdeckt hat, die für die kommenden fünfhundert Jahre ausreichen. Ich glaube, ich würde mich noch in meinem letzten Stündlein über mich selbst ärgern.

Vor ungefähr zehn Jahren wurde z. B. in Brasilien ein Erzlager entdeckt, das schätzungsweise ergiebig genug ist, um den Weltbedarf für mindestens dreihundert Jahre zu decken. Viele Leute, die mit dem Projekt zu tun haben, sind sogar der Meinung, daß diese Schätzung weit unter der Wirklichkeit liegt. Und was kommt als nächstes? Öl in Omaha? Kohle in Yonkers? Wer kann das wissen?

Damit sind wir wieder bei der Frage gelandet, welchen Experten man Glauben schenken kann. Die einen prophezeihen alle möglichen Arten von Energiemangel, die anderen behaupten das Gegenteil. Vielleicht haben die Pessimisten recht, vielleicht ihre Kritiker. Das erinnert mich an die Gruppe von Wirtschaftswissenschaftlern unter der Leitung des Nobelpreisträgers Wassili Leontiew, die zu dem Schluß kam, daß die Weltvorräte bis weit in das 21. Jahrhundert hinein ausreichen würden. An diesem Punkt wird das Ganze für mich zu einer rein akademischen Frage; ich glaube kaum, daß ich dann noch in der Gegend bin!

Als rationaler Mensch, der sich bemüht, zu seinem eigenen Besten zu handeln, müssen Sie unbedingt begreifen, daß keine schlüssigen Beweise vorliegen, daß es laufend neue Erkenntnisse und Entdeckungen gibt, und daß die Experten nach wie vor einander widersprechen. Lassen wir sie ruhig weiter ihre akademischen und intellektuellen Schlachten über die Frage austragen, ob die Erdölreserven bis zum Ende dieses Jahrhunderts oder für weitere fünfhundert Jahre ausreichen. Sie sollten nur darauf achten, daß Sie Ihr Leben nicht unüberlegt und unnötig komplizieren, indem Sie sich auf Grund der Prophezeihungen von »Experten« in einen Kreuzzug für die Konservierung von Energie einspannen lassen.

Das Problem der Überbevölkerung

Auch ich mache mir über dieses Problem Sorgen, aber nicht so sehr, daß ich mich deswegen einer Organisation von Absoluten Moralisten anschließen würde, die von der Regierung erwartet, daß sie den Bürgern verbietet, Kinder zu zeugen. Da Sie jedoch Ihr Leben lang Reden über dieses Thema hören werden und sogar Ihre Entscheidung, ob Sie Kinder haben wollen oder nicht, dadurch beeinflußt werden könnte, ist eine nähere Untersuchung angebracht.

Wenn man höhere Gewalt ausschließt, gilt für das Wachstum der Bevölkerung das Gesetz der geometrischen Reihe. Experten behaupten, daß die

Erdbevölkerung in den ersten ein bis drei Millionen Jahren ihrer Geschichte auf ca. zehn Millionen anstieg und sich dann innerhalb von nur zehntausend Jahren auf vier Milliarden vermehrte. Das heißt, daß pro Sekunde zwei Babys geboren werden. Falls diese Zahlen stimmen, könnte einem etwas unheimlich zumute werden.

Die Aussichten für die Zukunft sind geeignet, ein Gefühl der Klaustrophobie zu erwecken. Alle Berechnungen sprechen dafür, daß es im Jahr 2000 sieben Milliarden Menschen geben wird. Falls die Erdbevölkerung weiterhin um zwei Prozent pro Jahr wächst, steht sie in ungefähr 650 Jahren vor der Tatsache, daß jeder Mensch nur einen Lebensraum von rund 26 cm^2 hat — eine Vorstellung, die mich mit Unbehagen erfüllt.

Man benötigt kein Gutachten von einem Experten, um voraussagen zu können, daß irgendwelche Faktoren sicherlich diese chaotische Entwicklung verhindern werden. Ganz bestimmt würde es aber nicht der Einfluß eines Kreuzzuges sein, der das zuwege brächte. Es gibt ja schon seit vielen Jahren Gruppenaktionen, die darauf abzielen, aber es ist eine Tatsache, daß gerade in den Ländern, in denen dieses Problem am dringlichsten ist, die Bevölkerung so gut wie ungebremst weiter zunimmt.

Alle Grübeleien über die Folgen dieser Entwicklung müssen Spekulationen bleiben, und die Umstände und Bedingungen werden sich so schnell verändern, daß keine Spekulation mit ihnen Schritt halten kann. Außerdem werden die Meinungsverschiedenheiten der Experten weiterhin dafür sorgen, daß man nichts Gewisses weiß. Ein interessantes Beispiel hierfür ist die Möglichkeit, andere Planeten zu kolonisieren. Ich habe einmal mit angehört, wie ein Wissenschaftler über dieses Thema sprach, als ob es sich um die Versetzung der Angestellten einer Firma in einen anderen Landesteil handelte. Er war »sicher«, daß es eines Tages dazu kommen würde. Ein anderer Physiker stellte jedoch die Hypothese auf, daß ein Raumschiff, das für eine solche Reise geeignet wäre, verdammt groß sein müsse. Er hatte ausgerechnet, daß die Zahl der Passagiere zu dem Zeitpunkt, in dem das Raumschiff den nächsten Planeten mit erdähnlichen Bedingungen erreichen würde, der Zahl der auf der Erde zurückgebliebenen Bevölkerung entsprechen würde.

Aber wer kann das wissen? Wollen Sie Ihr Leben lang darüber debattieren oder, schlimmer noch, einen Kreuzzug starten? Wie könnten Sie das tun, wenn Sie nicht einmal wissen, welche Maßnahmen Sie vorschlagen sollten? Warum geben Sie sich nicht lieber selbst eine Chance und genießen Ihr Leben? Wenn Sie meinen, daß es für Ihren Seelenfrieden besser wäre, dann verzichten Sie auf Kinder, aber seien Sie ja nicht so naiv, zu glauben, daß Ihre Entscheidung den leisesten Einfluß auf das Problem der Überbevölkerung hat.

Das Problem der Umweltverschmutzung

Ist die Umweltverschmutzung auch eine potentielle weltweite Katastrophe? Ja, doch gelten hier die gleichen kritischen Argumente: die Meinungsverschiedenheiten der Experten, die Nachteile von Gruppenaktionen, das Bestreben, andere Menschen zu zwingen, noch mehr Freiheiten aufzugeben und so weiter. Akzeptieren Sie die Tatsache, daß Sie zur Lösung des weltweiten Problems der Umweltvergiftung sehr wenig beitragen können, und daß die Schwierigkeiten durch Gruppenaktionen nur verschlimmert werden. Nachdem Sie zu dieser rationalen Schlußfolgerung gelangt sind, können Sie sich ungehindert wieder mit einer Aufgabe beschäftigen, die Sie kontrollieren können: mit dem Ziel, Nummer Eins zu werden.

Es gibt überzeugende Beweise dafür, daß das ökologische Gleichgewicht der Natur bereits gestört ist, und in dem Maße wie die Weltbevölkerung wächst, werden Land, Luft und Wasser immer mehr verseucht werden. Anscheinend ist unser Planet nicht fähig, die Giftstoffe, mit denen wir ihn beschicken, wieder in den Kreislauf der Natur einzugliedern.

Vielleicht besteht eine akute Gefahr, vielleicht auch nicht. Wie in den anderen Fällen gibt es auch hier keinen einzigen Menschen, der auch nur einen kleinen Prozentsatz der Tatsachen aus erster Hand kennt, und diese Tatsachen ändern sich mit jeder neuen Entdeckung. Vergeuden Sie keine Zeit mit Spekulationen über die Folgen oder gar damit, daß Sie an den stümperhaften Aktionen irgendwelcher Gruppen teilnehmen, die angeblich »wissen«, daß sie recht haben.

Kreuzzüge, die sich der Definition entziehen

Als Abschluß der Diskussion über die Bewältigung der Hürde des Kreuzfahrertums möchte ich auf die Kreuzzüge zu sprechen kommen, bei denen Ihre Teilnahme nicht nur bedeutungslos, sondern total sinnlos ist. Und wenn Sie Ihr ganzes Leben lang für die zwei Arten von Kreuzzügen, die wir jetzt untersuchen wollen, arbeiten würden, hätte das die gleiche Wirkung, als wenn Sie versuchen wollten, den Mount Everest zu versetzen.

Weltfriedensbewegungen

Ich habe den sogenannten Kreuzzügen für den Weltfrieden nie viel Aufmerksamkeit geschenkt. Das liegt wahrscheinlich daran, daß ich mitansehen muß, wie sich trotz der gesteigerten Bemühungen dieser Bewegungen die Feindschaft und der Krieg zwischen den Völkern immer mehr ausbreiten. Ich habe früher jedoch nie nachgedacht, warum es immer wieder Kriege gegeben hat und noch gibt, und warum der Weltfrieden anscheinend ein unerreichbares Ziel ist.

Das Problem liegt darin, daß viele Menschen das Definitionsspiel und den absoluten Moralismus miteinander vermischen. Für den einen Mann bedeutet der Begriff des Weltfriedens, daß er in Ruhe auf seiner Ranch leben will, für den anderen Mann bedeutet er die zwangsweise Aufteilung des Besitzes des ersten Mannes in viele Parzellen, die er dann denjenigen gibt, die seiner Meinung nach ein kleines Grundstück brauchen. Solange die beiden Männer so unvereinbare Standpunkte vertreten, sind die Aussichten für einen Frieden ungefähr so groß wie die Chance, daß die Regierung das System der Besteuerung abschafft.

Weltfriedensbewegungen erreichen aus dem gleichen Grund nichts, der für Gesetze, die Emotionen regulieren sollen, gilt. Man kann nicht einseitig entscheiden, wie der Weltfrieden beschaffen sein muß, und dann diese Entscheidung allen anderen Menschen aufzwingen. Was der Möchtegern-Kreuzfahrer in Wirklichkeit durchsetzen will, ist, daß vier Milliarden Menschen *seine* Vorstellungen über den Weltfrieden akzeptieren. Ich mag es gar nicht, wenn andere Leute entscheiden, was richtig ist, und mich dann zwingen wollen, ihre Ansicht zu teilen. Meine Vorstellung vom Weltfrieden sieht so aus, daß jeder jeden in Ruhe läßt – daß jeder Mensch die Freiheit hat, so zu leben, wie es ihm gefällt, solange er die Rechte anderer nicht verletzt. Eric Hoffer hat meine Gefühle über die Kreuzfahrer für den Frieden so ausgedrückt: ›. . . Wenn sich Menschen in großer Zahl vereinen, um die Toleranz und den Frieden auf Erden zu fördern, dann sind sie sehr wahrscheinlich im höchsten Grade intolerant gegen alle, die ihre Meinung nicht teilen.‹

Lassen Sie sich nicht von idealistischen abstrakten Begriffen wie ›Weltfrieden‹ einschüchtern. Jeder Mensch hat eine andere Vorstellung davon, und es ist unmöglich, daß es irgendeiner Gruppe gelingen könnte, vier Millionen Menschen dazu zu bringen, daß sie übereinstimmen, es sei denn durch Gewalt. Und wenn man Menschen zwingt, gegen ihren eigenen Willen zu handeln, dann ist das kein Frieden, sondern das, was wir Krieg nennen.

Die Atombombe

Der zweite Kreuzzug, der zu dieser Kategorie gehört, arbeitet mit dem Slogan ›Ächtet die Bombe‹ – ein vollkommen unrealistisches Ziel.

In der Welt, in der wir leben, ist die Bombe die bedrohlichste Realität. Sie ist die Unbekannte in der Gleichung unseres Lebens. Keine Generation vor uns hat sich mit einem ähnlichen Problem befassen müssen. Die Bombe ist die ultimate Waffe, nicht etwa, weil zukünftige Generationen nicht fähig sein würden, noch schrecklichere Kernwaffen zu entwickeln, sondern weil die Vernichtung der Menschheit einer solchen Entwicklung Grenzen setzen würde. Die erste Erfindung, die uns alle auszulöschen vermochte, war gleichzeitig das Äußerste, das auf diesem Gebiet möglich war. Verbesserte Waffen sind schiere Theorie, sobald sich alle gegenseitig umgebracht haben. Die einzige Bedeutung des Wettlaufs bei der Entwicklung von Waffen ist, daß er Möglichkeiten liefert, noch mehr Menschen noch schneller zu töten, aber ist das wirklich so wichtig? Schließlich kann man nur einmal in Stücke zerfetzt werden.

Als ein Wissenschaftler zu ersten Mal entdeckte, wie man die Bausteine eines Atomkerns umgruppieren kann, wurde die Bombe eine Realität, die alles veränderte. Von jenem Tag an konnte die Welt niemals wieder so sein, wie sie einmal gewesen war. Die Bombe gab der Zukunft der Menschheit eine neue Dimension. Der Mensch mußte sehr bald entdekken, daß er ebensowenig mit der Bombe wie ohne sie leben konnte. Sobald die erste Regierung ihre Hand auf diese Erfindung gelegt hatte, mußten alle anderen Regierungen ebenfalls die Bombe haben, um sich zu »schützen«.

Heute ist die Bombe »in«. Wer sie nicht hat, ist rückständig. Man schätzt, daß es in weniger als zehn Jahren mindestens vierzig Länder geben wird, in denen die Bombe hergestellt werden kann. Wir haben schon lange den Schock verwunden, daß China und Indien sie haben. Und sogar Taiwan hat für den geringfügigen Betrag von 35 Millionen Dollar einen Forschungsreaktor von Kanada gekauft — eine Summe, die viele Einzelpersonen und Hunderte von Firmen mit Leichtigkeit aufbringen können. Sie machen sich selbst etwas vor, wenn Sie glauben, daß man in Taiwan die Hände in den Schoß legt, während China wie eine Katze, die ein Mäuslein anvisiert, auf der Lauer liegt. Ich wage die Vorhersage, daß der große rote Bruder beim ersten Versuch, das kleine Taiwan zu verschlucken, eine ganze Menge Plutonium ins Gesicht geschleudert bekommt.

Die Liste der Konflikte wird immer länger: Israel und die arabischen Staaten, Indien und Pakistan und dazu so viele afrikanische Staaten, die einander bekriegen, daß man kaum auseinanderhalten kann, wer gegen wen ist. Und inzwischen teilt Peking geniale politische Ratschläge aus und rät den Nationen der Dritten Welt, sich gegen die beiden ›Supermächte‹ mit Kernwaffen auszurüsten.

Und die Supermächte? Haben Sie jemals eine Entwicklung in Gang gesetzt, nur um dann zu wünschen, daß Sie die Finger davon gelassen hätten? Moskau und Washington würden liebend gern die ganze Sache abblasen und ein anderes Spielchen beginnen, aber dazu ist es zu spät. Sie können jetzt nur noch ihre Waffenarsenale vergrößern.

Aber keine Angst – alles ist bestens unter Kontrolle. Die *Saturday Review* berichtete in einem Artikel, ein junger Luftwaffenoffizier habe gesagt, die Tatsache, daß er und drei andere Offiziere nach eigenem Ermessen und ohne offiziellen Befehl fünfzig atomare Sprengkörper abschießen dürften, versetze ihn in Todesangst. Diese Angst ist die Frucht der logischen Annahme, daß es auch auf der anderen Seite nervöse junge Offiziere gibt, die mit den gleichen Vollmachten ausgestattet sind.

Auch wenn Sie eine Seefahrt machen, brauchen Sie nicht zu befürchten, daß Sie etwas versäumen. Die Vereinigten Staaten haben ein widerliches kleines Ungeheuer entwickelt, das sie liebevoll »Captor« (Fänger) getauft haben. Wie ein Gebilde aus einem utopischen Film »schläft« Captor auf dem Meeresgrund, bis sich ein feindliches Schiff nähert. Jäh aus dem Nikkerchen gerissen, macht sich der Torpedo – mit einem kleinen atomaren Sprengkopf im Bauch – auf die Jagd nach dem Unvorsichtigen. Flucht? Unmöglich; niemand kann Captor entkommen. Oder glauben Sie etwa, die Regierung würde das Geld des Steuerzahlers auf wertlosen Ramsch vergeuden? Nein, auch wenn Captor sich beim ersten Anlauf irrt, ist nichts verloren; er ist so programmiert, daß er den Feind verfolgt, bis er Kontakt hat und ihn vernichtet.

Sie fragen sich, wie der kleine Kerl zwischen »uns« und »den anderen« unterscheiden kann, nicht wahr? Kein Problem; sein Computer ist so konstruiert, daß er die Maschinengeräusche identifizieren kann. Ich will ja nicht behaupen, daß ich kein Vertrauen in Computer setze; aber wenn auf dem Grund des Ozeans fünfhundert atomare Sprengköpfe herumliegen, wie kann man dann am Sonntagnachmittag ohne Angst mit seinem Boot hinausfahren? Was ist, wenn ein Computer falsch funktioniert und glaubt, daß Ihr Boot ein feindliches Schiff ist?

Jede Ware hat ihre Abnehmer

Sobald eine Ware auf dem Weltmarkt als wertvoll betrachtet wird, ist es nur eine Frage der Zeit, bis auch nicht-politische Gangster daraus Profit schlagen wollen. Die politischen Missetäter – die darauf bedacht sind, die nicht-politischen Verbrecher als unpatriotisch hinzustellen – nennen solche Transaktionen den »Schwarzen Markt«. Ein Kilogramm Plutonium ist zur Zeit fünfmal teurer als ein Kilogramm Heroin und zehnmal teurer als ein Kilogramm Gold.

Niemand weiß, wieviel Plutonium bisher gestohlen worden ist, aber seit vielen Jahren gibt es immer wieder offizielle Mitteilungen über Diebstähle in Kernreaktoren und »verlorengegangene« Inventurlisten. In einigen Fällen wurden Betriebsangehörige in flagranti erwischt. In wessen Händen sich der Rest des verschwundenen Plutoniums befindet, ist unbekannt.

Aber irgendwo muß es ja sein, und das läßt nur eine Schlußfolgerung zu: Es wird in die Bombe umgewandelt. Die genauen Herstellungsvorschriften kann man vielen Büchern und diversen Veröffentlichungen der Regierung entnehmen, die jedermann zur Verfügung stehen.

Die harte Wirklichkeit und Ihr eigenes Leben

Sie fragen sich jetzt wahrscheinlich: »Warum versucht dieser Kerl, mich mit seiner Prophezeiung, daß ich früher oder später vermutlich in Stücke zerfetzt werden, in panische Angst zu versetzen?« Das ist keineswegs meine Absicht. Ich versuche nur, den Tatsachen ins Auge zu sehen, und das ist eine unabdingbare Voraussetzung, wenn man Nummer Eins werden will.

Da es so leicht ist, an Plutonium und an das andere für die Produktion der Bombe erforderliche Material sowie an die Herstellungsvorschriften heranzukommen, wäre es nicht sehr realistisch zu glauben, daß die Bombe nicht eines Tages irgendwo herunterfallen wird. Angesichts der pathologischen Egoisten, die in den Hauptstädten dieser unserer Welt die Kontrolle über die Bombe haben, der zügellosen Terroristengruppen, der Studenten, die die Bombe im Eigenbau herstellen können, und der nervösen jungen Offiziere, die an dem Auslöseknopf herumfingern, untertreibe ich wohl eher, wenn ich sage, nur ein blinder Optimist könne glauben, daß sich alles schon irgendwie regeln wird.

Nun ja, das wird es auch, aber vielleicht nicht so, wie Sie und ich es wünschen. Was ich Ihnen mit dieser kleinen Dissertation über die Bombe klarmachen wollte, ist, daß keine Gruppe — ob mit oder ohne unsere Beteiligung — irgendeinen Einfluß darauf haben kann, *wie* es sich regeln wird (ausgenommen die Möglichkeit, daß auf Grund der Einmischung und des Geschreis von ›Friedensorganisationen‹ und Kreuzzügen für die Ächtung der Bombe irgend jemand den Auslöseknopf zu früh hinunterdrückt).

Sie müssen versuchen, diese Tatsachen in die richtige Beziehung zu ihrem eigenen Leben zu bringen. Welchen Einfluß können Sie auf Ihr Leben haben? Können sie verhindern, daß Sie in der Zeit, die Sie noch vor sich haben, überwiegend glücklich sind? Nur dazusitzen und sich wegen der Bombe Sorgen zu machen, bringt Ihnen keinen Nutzen. Und sich einem Kreuzzug anzuschließen, um vier Milliarden Menschen davon zu überzeugen, daß die Bombe niemals angewendet werden darf, ist absurd. Mit dieser Aufgabe befassen sich bereits Tausende von Menschen, deren intellektuelle und verbale Fähigkeiten sowohl den Ihren als auch den meinen weit überlegen sind. Aber sie vergeuden ihre Zeit, weil der Mann, der eines Tages auf den Knopf drücken wird, nicht an dem, was sie sagen, interessiert ist. Und sie wiederum kennen weder ihn noch die Motive, die ihn zu dieser Tat treiben werden.

Es ist ein enormer Unterschied, ob man sich der Realität der Bombe bewußt ist, oder ob man von dieser Realität verfolgt wird. Ersteres hilft Ihnen, Ihr eigenes Leben in der richtigen Perspektive zu halten und läßt die Einstellung, alles zu genießen, was die Gegenwart zu bieten hat, als sehr vernünftig erscheinen; letzteres macht Sie den Freuden des Lebens gegenüber blind und beraubt Sie des Glücks, das Sie erringen könnten. Sie leben im Zeitalter der Bombe. Setzen Sie sich mit dieser Realität auseinander, aber konzentrieren Sie Ihre Gedanken nicht zu lange darauf.

Natürlich gibt es auch in diesem Punkt die übliche Zahl von selbstgerechten Rettern der Menschheit, denen diese Einstellung nicht behagt, weil sie entweder durch eigene Mißerfolge frustriert oder durch die Worte und Aktionen anderer Absoluter Moralisten eingeschüchtert worden sind. Sie müssen folgendes begreifen: Wenn Sie die Realität der Bombe anerkennen und sich dann entscheiden, ihr einen Platz im Hintergrund zuzuweisen und lieber nach den Freuden des Lebens zu suchen, so heißt das nicht, daß Sie den potentiellen Schrecken dieser Realität gleichgültig gegenüberstehen. Es ist vielmehr ein Beweis dafür, daß Sie sowohl intelligent als auch fähig sind, vernünftig zu handeln. Sie erweisen sich als realistisch und ehrlich genug, um zuzugeben, daß weder Ihre Bemühungen noch die einer Gruppe die Entwicklung beeinflussen können. Außerdem belästigen Sie mit dieser Einstellung niemanden, nicht einmal die Anhänger von Kreuzzügen für die Ächtung der Bombe.

Es ist immer gut, die Wirklichkeit nüchtern zu betrachten. Wenn Sie sich weigern, die Bombe als Realität zu akzeptieren – nicht zu erwähnen die möglichen katastrophalen Folgen der Überbevölkerung, der Umweltverschmutzung und des Energiemangels – dann planen Sie Ihr Leben vielleicht nach Richtlinien, die inflexibel sind. Aber wenn Sie die Tatsachen berücksichtigen, können Sie sich so darauf einstellen, wie es Ihr Ziel, Nummer Eins zu werden, erfordert.

Ihre Werte ändern sich dadurch nicht, nur Ihre Pläne. Das, was Ihnen Freude macht, ohne die Rechte anderer zu verletzen, ist nach wie vor gut; das, was Ihnen Kummer bereitet, ist nach wie vor schlecht. Und genau deshalb, weil Ihre Werte die gleichen bleiben, müssen Sie den Plan für die Gestaltung Ihres Lebens so aufstellen, daß er jede Veränderung der gegebenen Bedingungen bewältigen kann. Sie müssen lernen, mit dem Strom zu schwimmen, damit Sie Ihre Werte bewahren und Ihre Ziele erreichen können.

Es gibt eine Realität, die alle potentiellen weltweiten Katastrophen und Krisen an Bedeutung übertrifft: Die Realität, daß Sie trotz allem ein interessantes, erfülltes und genußreiches Leben führen können – und zwar ab sofort. Kein Unheil, ob Sie es nun selbst erleben, oder ob es eine Gefahr ist, die in der Zukunft liegt, kann Ihnen diese Chance nehmen, und auch diejenigen Leute, die solche Katastrophen heraufbeschwören oder sie verhindern wollen, können es nicht.

6. Kapitel
Die finanzielle Hürde

Fast war ich versucht, es mir leichtzumachen und Ihnen zu empfehlen, die ersten fünf Kapitel noch einmal durchzulesen, den Kapiteln über die Hürde der Wirklichkeit und die Hürde der menschlichen Beziehungen besondere Aufmerksamkeit zu widmen und die gleichen Grundsätze auch auf Ihre finanziellen Angelegenheiten anzuwenden. Die Finanzen – sowohl die privaten als auch die geschäftlichen – sind ja nur ein Aspekt des Lebens, während die Realität und die menschlichen Beziehungen zu seinen wesentlichen Bestandteilen gehören.

Ich werde mich in diesem Kapitel sehr deutlich ausdrücken, auf Beschönigungen verzichten und die finanzielle Hürde so zeigen, wie sie wirklich ist.

Wer legt Wert darauf, Geld zu verdienen?

Anscheinend jeder Mensch. Kürzlich versuchte man mit Hilfe einer weltweiten Umfrage zu ermitteln, ob es irgendwo ein Land gibt, dessen Bevölkerung arm, aber glücklich ist. Ich zitiere den Meinungsforscher George Gallup: »Wir haben kein solches Land gefunden.« Was man feststellen konnte, war, daß fast die Hälfte der Menschheit um das bloße Überleben kämpfen muß.

Aber im Leben ist alles relativ. Vielleicht sind Sie nicht am Rande des Hungertodes, müssen jedoch auf Ihrer eigenen Ebene um das finanzielle Überleben kämpfen. Die Ausgaben pflegen mit der Höhe des Einkommens zu steigen, was zur Folge hat, daß nur wenige Menschen jemals die »finanzielle Seelenruhe« erringen.

Viele Leute sind der Meinung, daß das Geldverdienen heute keine so große Rolle spielen sollte, daß es andere Dinge im Leben gibt, die viel lohnender sind als Geld. In gewisser Weise haben sie recht, aber sie übersehen einen Teil des Ganzen. Ich bin besser daran als die meisten Leute, weil ich alle Ebenen aus eigener Erfahrung kenne: die oberste, die mittlere und die unterste. Nachdem ich diese Tour mehrmals absolviert habe, kann ich bestätigen, daß an dem so oft gehörten Gerücht tatsächlich viel Wahres ist: Mit Geld kann man kein Glück kaufen.

Da ich mit beiden Extremen des finanziellen Spektrums vertraut bin, muß ich gestehen, daß eine der überraschendsten Entdeckungen, die ich machte, die Tatsache ist, daß man einige der besten Dinge im Leben umsonst bekommen kann. Aber die Sache hat einen Haken: Geld *ist* ein Mittel zum Zweck – ein Instrument, das es einem erleichtert, ein angenehmes Leben zu führen.

Die harte Wirklichkeit sieht so aus, daß es schwierig ist, die schönen Dinge, die das Leben kostenlos anbietet, zu genießen, wenn man ständig unter finanziellem Druck steht. Wenn die Gedanken immer wieder um die unsichere finanzielle Lage, um unbezahlte Rechnungen und um den Mangel an Erfolg kreisen, übersieht man so manchen Leckerbissen, den man umsonst haben könnte. In unserer von Spannungen erfüllten Welt kann wohl niemand die Hoffnung hegen, ohne ein bestimmtes Maß an finanziellem Erfolg das große Glück zu finden.

Das wichtigste Gut, das man mit Geld kaufen kann, ist die Freiheit. Ich bin nicht so unrealistisch, zu glauben, daß man mit Geld die totale Freiheit kaufen kann, denn das ist natürlich unmöglich, solange es Regierungen gibt. Aber wenn man Geld hat, kann man mehr Freiheit genießen, als wenn man keines hat. Der Zustand des Seelenfriedens allein ist schon eine große Befreiung – man kann an erfreuliche Dinge denken, statt sich mit finanziellen Problemen herumzuschlagen.

Nur Sie selbst können beurteilen, wieviel finanziellen Erfolg Sie brauchen, um die Freiheit zu erringen, die Sie sich wünschen. Die Bewältigung der finanziellen Hürde bedeutet also, daß Ihre bewußten, rationalen Bemühungen um den finanziellen Erfolg, den Sie benötigen, um das tun zu können, was Sie tun möchten, ein positives Ergebnis haben; sie bedeutet aber auch, daß Sie sich Ihr Leben nicht zur Hölle machen sollen, nur um dieses Ziel zu erreichen. Sie gibt Ihnen ferner die Freiheit, sich darauf zu konzentrieren, daß Sie Nummer Eins werden, und die Freiheit, nach Ihrer eigenen Entscheidung zu handeln, statt es dem Zufall oder den Entscheidungen anderer Menschen zu überlassen. Wieviel Geld Sie brauchen, um sich die Art von Freiheit »kaufen« zu können, die Sie glücklich macht, können nur Sie selbst bestimmen.

Allerdings müssen Sie sich von Anfang an davor hüten, sich der Gefahr einer großen Enttäuschung auszusetzen. Wenn Sie schon Großverdiener sind, dann wissen Sie bereits, daß man mit Geld kein Glück kaufen kann; wenn Sie noch nicht viel Geld haben, hoffe ich in Ihrem Interesse, daß Sie mir glauben. Leute, die kein Geld haben, aber von dem Tag träumen, an dem sie endlich reich sein werden, setzen nur allzu oft in den finanziellen Erfolg Erwartungen, die sich nicht erfüllen.

Diesen Fehler beging auch ich, als ich das erste Mal auf dem Weg nach oben war. Es war eine strapaziöse Kletterpartie, die mit Hindernissen aller Art gespickt war, aber endlich hatte ich es geschafft. Und was mußte ich sehen, als ich oben war? Statt des erwarteten Paradieses lag die wirkliche Welt vor mir, nur auf einer höheren finanziellen Ebene. Ich war enttäuscht und versuchte auf alle mögliche Art und Weise, dieses Gefühl zu kompensieren, aber das machte die Sache nur noch schlimmer. Damals erkannte ich noch nicht, daß ich in Wirklichkeit nach dem Glück suchte, und daß das Geld nur ein *Hilfsmittel* ist, um es zu finden.

Als ich das letzte Mal nach oben kletterte, begriff ich es endlich. Ich erkannte, daß der Siegespokal am jenseitigen Ende des Regenbogens nicht mit Geld gefüllt war, das sich auf magische Art und Weise in Glück verwandeln konnte, sondern mit Freiheit. Ich erkannte ferner, daß die Zeit der Faktor war, der mir Grenzen setzte, daß es also nicht mehr genügte, nur auf den Tag hinzuarbeiten, an dem ich ausreichend Geld haben würde, um mir die Freiheit kaufen zu können, die ich mir wünschte. Ich mußte schon *während* des Aufstiegs darauf bedacht sein, so viel Glück wie nur möglich zu erringen. Der Tag, an dem sich die Mühsal des Aufstiegs in eine Freude verwandelte, war ein wichtiger Wendepunkt in meinem Leben.

Wenn Sie dic Tatsache, daß Geld nur ein Mittel zum Zweck ist, aus den Augen verlieren, werden Sie vermutlich niemals wirklich frei sein, um das Leben genießen zu können. Sie konzentrieren sich immer mehr auf den Erfolg, ohne darüber nachzudenken, was Sie in Wirklichkeit erreichen wollen. Dadurch sind Sie praktisch Ihr eigener Gefangener und hindern sich selbst daran, die unbegrenzten Freuden zu erleben, die das Leben zu bieten hat. In einer Zusammenfassung von Buddhas Lehren heißt es:

> . . . übermäßige Begierde macht uns zu Sklaven dessen, was wir ersehnen. Jeder von uns hat dieses Prinzip in Funktion erlebt – die Gier nach Nahrung, die Gier nach Beliebtheit, die Gier nach Erfolg. All das bewirkt, daß wir die Freiheit, eine kluge Wahl zu treffen, verlieren.

O ja, Geldverdienen ist wichtig. Ich hoffe jedoch, daß Sie es jetzt in der richtigen Perspektive sehen. Geld ist wunderbar, weil es Ihnen viele Belastungen abnimmt, die Ihren begrenzten Vorrat an Zeit und Energie aufzehren würden, und weil es Ihnen die Freiheit gibt, sich den angenehmen Dingen des Lebens zu widmen.

Im finanziellen Abgrund

Wir wollen ganz unten anfangen und uns allmählich nach oben arbeiten. Vielleicht waren Sie schon einmal ganz unten – oder sind es gerade jetzt. Wenn Sie das unselige Gefühl des Versagens nicht kennen, dann haben Sie sich wahrscheinlich noch nie mit aller Kraft um den Erfolg bemüht. Falls Sie auf dem Gipfel angekommen sind, ohne jemals die Bitterkeit der Niederlage erlebt zu haben, dann ziehe ich meinen Hut vor Ihnen; ich kenne keinen Menschen, dem das geglückt ist (und der auch oben geblieben ist).

Das Ausmaß einer Niederlage ist ein guter Indikator (wenn auch nicht der einzige) für die Kraft, die Sie aufgewendet haben, und für Ihre Bereitschaft, den Preis für den finanziellen Erfolg zu bezahlen. Disraeli sagte ganz richtig: »Kein Lehrmeister ist besser als die Not.« Ich habe aus meinen Erfolgen – die zweifellos wesentlich angenehmer waren als die Niederlagen – einiges gelernt, aber nicht annähernd so viel wie aus meinen ebenso zahlreichen wie katastrophalen Rückschlägen.

Ist Armut eine Schande?

Falls Sie die finanzielle Hürde noch nicht bewältigt haben, würde es Ihnen vielleicht nützen, wenn ich Ihnen etwas über meine eigenen Erfahrungen im finanziellen Abgrund erzähle.

Die Beschreibung meiner damaligen Lage sollte Ihnen helfen, Ihre eigene Situation richtiger einzuschätzen. Was ich Ihnen jetzt über die Zeit berichten werde, in der ich buchstäblich am Boden vernichtet war, wird Sie hoffentlich zu der Erkenntnis bringen, daß auch Sie durch rationales Denken, Selbstdisziplin und die Anwendung einiger Prinzipien, auf die ich noch näher eingehen werde, die finanzielle Hürde bewältigen können.

Nachdem ich eine Weile im Schallplatten- und Filmgeschäft und in ein paar anderen masochistischen Unternehmungen, die nur das Ziel haben, das Ego zu mästen und die Brieftasche abmagern zu lassen, herumgepfuscht hatte, fand ich mich eines Tages vor folgende, recht peinliche Tatsachen gestellt:

1. Allgemeine Unkosten in Höhe von $ 30 000 pro Monat; 2. ein Einkommen in Höhe von null Dollar; 3. ein Bankguthaben in Höhe von $ 11.37; 4. Schulden in Höhe von ungefähr $ 500 000.

Der Selbstmord erschien mir plötzlich als ein verlockender Ausweg. Ich wollte mich aufhängen, aber der Strick riß; ich versuchte es mit der Selbstverbrennung, aber ich schwitzte so sehr, daß das Feuer immer wieder ausging; erschießen kam nicht in Frage – ich hatte zwar eine Waffe, aber kein Geld für Patronen.

Nach diesen mißglückten Versuchen beschloß ich, mich auf einer Liege am Rand meines Swimmingpools zu entspannen und zu meditieren. Schon nach kurzer Zeit kam ich zu der brillanten Schlußfolgerung, daß ich vor einem ernsten Problem stand. Nach einer Weile hatte ich es soweit gebracht, daß ich die Tatsachen klar erkannte und alle Spekulationen über Bord warf. Die Wirklichkeit hatte wieder die Oberhand; wie üblich hatte sie meine Wünsche und inexakten Wahrnehmungen ignoriert und war eine feststehende Größe geblieben.

Das Schlimmste war, daß ich nicht nur die sündteure Büroetage, sondern auch mein Haus aufgeben mußte. Während ich durch das Haus ging, erinnerte ich mich an die Köder, die der Makler mir servierte, als er merkte, daß ich an einem Kauf interessiert war. Damals klang das alles so aufregend – z. B. daß Marilyn Monroe einmal hier gewohnt hatte, oder daß Mickey Rooney auf dem Höhepunkt einer rauschenden Hollywood-Party alten Stils aus dem Schlafzimmerfenster in den Swimmingpool zu springen pflegte; all der Glanz einer vergangenen Epoche wurde wach. Als ich den Kaufvertrag unterschrieb, muß Mutter Natur mir über die Schulter gesehen und gesagt haben: »Mach dich auf was gefaßt, mein Junge. Niemand, aber auch wirklich niemand, der gegen meine Gesetze verstößt, kommt ungeschoren davon.«

Und genauso kam es auch. Das Spiel war aus. Der Anfang vom Ende war, daß meine vier Autos wieder in den Besitz der Händler übergingen. Können Sie sich vorstellen, in Los Angeles zu leben und kein Auto zu haben? Ich konnte mir nicht einmal mehr Lebensmittel kaufen. Allmählich geriet ich in Panik. Ich verkaufte nach und nach meine Möbel, aber der Erlös wurde sofort von den wachsamen Gläubigern kassiert, die Tag und Nacht hinter mir her waren. Das Telefon war schon gesperrt, Strom und Gas konnten jeden Tag folgen.

Was sollte ich tun? Wo sollte ich hingehen? Und eines Tages klingelten die Vollstreckungsbeamten an meiner Tür. Ich hatte ja schon ein paar Mal Schiffbruch erlitten, aber so weit war es noch nie gekommen. Ich wußte nicht, daß die Beamten bei Räumungsbeschlüssen paarweise auftreten. Als ich die Tür aufmachte, erblickte ich zwei Sheriffsterne, die auf zwei gigantischen Brustkörben glänzten. Ich grüßte freundlich und machte ein Witzchen. Kein Lächeln – nur kalt starrende Augen.

Sie drückten mir die Papiere in die Hand, leierten eine Rechtsbelehrung herunter und gingen wieder. Das einzige, das sie mir in aller Deutlichkeit klargemacht hatten, war, daß sie in fünf Tagen zurückkommen würden. Sollte ich dann noch da sein, würden sie mich in hohem Bogen an die Luft setzen. Ich glaubte ihnen aufs Wort. Ich pflege Leuten, die Schußwaffen tragen, immer zu glauben.

Ich verkaufte meine letzten Möbel und kratzte genug Geld zusammen, um einen Lastwagen mieten zu können. In den nächsten fünf Tagen war ich pausenlos damit beschäftigt, meine irdischen Besitztümer auf dem Lastwagen zu verstauen. Ich war total erschöpft und sehnte mich nach Schlaf, aber die Gnadenfrist schrumpfte immer schneller zusammen.

Es gelang mir nicht, alle meine Sachen rechtzeitig aus dem Haus zu schaffen. Die Zeit war abgelaufen, und ich mußte Kleidung und andere Dinge im Wert von mehreren Tausend Dollars zurücklassen. Ich erinnere mich noch sehr gut daran, wie ich zum letzten Mal die Treppe vom Obergeschoß hinunterging, bepackt mit Mänteln und Anzügen. Als ich einen letzten Blick auf den Innenhof, den Swimmingpool und die wunderschöne Umgebung warf, gingen mir zwei Gedanken durch den Kopf, die in dem langen Kampf, der jetzt auf mich zukam, wahrscheinlich meine Rettung waren.

Der erste Gedanke war, daß ich gegen niemanden Haßgefühle hegte, weder gegen die Leute, die zu meinem Ruin beigetragen hatten, noch gegen meine Gläubiger oder gegen die Henkersknechte der Regierung, die jeden Augenblick vor meiner Tür erscheinen würden. Ich empfand jedoch eine heftige Abneigung gegen *mich selbst.*

Was war ich doch für ein Narr gewesen. Wenn jemals ein Mensch die Weisheit von Santayanas Ausspruch bewiesen hatte, wonach »diejenigen, die sich nicht an die Vergangenheit erinnern können, dazu verdammt sind, sie noch einmal zu leben«, dann war ich das. Ich hatte gegen jedes Prinzip verstoßen, das ich mir mit so viel Mühe erarbeitet hatte – Prinzipien, die erwiesenermaßen Resultate brachten, wenn man sie befolgte –, indem ich mich geweigert hatte, die Tatsache zur Kenntnis zu nehmen, daß Mutter Natur mir früher oder später die Rechnung präsentieren würde. Und jetzt war sie gekommen und forderte einen so hohen Preis, daß ich nicht wußte, wie ich ihn bezahlen sollte.

Der zweite Gedanke war, daß ich zu mir selbst sagte: »Eines Tages komme ich zurück, größer und besser als je zuvor. Ich werde den Preis bezahlen, der von mir verlangt wird, aber ich komme bestimmt zurück. Und das nächste Mal werde ich dafür sorgen, daß ich nicht wieder in eine Situation gerate, in der man mir alles wegnehmen kann.« Dann warf ich die letzten Sachen auf den Lastwagen und fuhr davon. Während ich die Straße entlangratterte, empfand ich mit schmerzhafter Deutlichkeit den Gegensatz zwischen meinem Lastwagen und den feudalen Villen, den gepflegten Rasenflächen und den prachtvollen Palmen, an denen ich vorbeifuhr. Die Kluft wurde noch tiefer, als mir der Wagen des Sheriffs entgegenkam. Vielleicht waren die Beamten enttäuscht darüber, ein leeres Haus vorzufinden. Alle, die jemals dort gewohnt hatten, waren gegangen: Marilyn Monroe war tot; Mickey Rooney war schon seit vielen Jahren nicht mehr in den Swimmingpool gesprungen; und ich war in ein neues Zuhause umgezogen: in einen Ryder-Lastwagen.

Als Aussätziger in Beverly Hills

Wenn man in Omaha oder in Des Moines oder in Memphis pleitegeht, liefert man ein Gesprächsthema für Cocktailparties. Natürlich möchten sich die alten Bekannten lieber nicht mit einem sehen lassen, und man trifft auch auf die übliche Ablehnung, aber man wird nicht angespuckt. In Beverly Hills ist es ganz anders: Dort spucken die Leute wirklich.

Gott beschütze Sie davor, in Beverly Hills Pleite zu machen. Im Goldenen Getto ist ein Bankrotteur ein Aussätziger. Sein Name wird nie wieder erwähnt; er ist so gut wie tot. Wenn er sich verkriechen würde, dann würde niemand von ihm Notiz nehmen. Die Einwohner von Beverly Hills betrachten Krankheiten nicht als Verbrechen, sie mögen es nur nicht, wenn Aussätzige den Blick auf die eleganten Geschäfte und Boutiquen verschandeln.

Es ist mir unmöglich, die degradierenden und demütigenden Erfahrungen zu beschreiben, die ich durchmachen mußte. Ich will nur sagen, daß nichts einsamer, erniedrigender und entwürdigender sein kann, als in Beverly Hills in der Gasse der Verlierer zu leben.

Der Mensch neigt dazu, vielen Dingen aus dem Weg zu gehen, die im Grunde genommen sehr gesund für ihn sind. Dazu gehört auch das Ertragen von Kummer und Leid. In Wirklichkeit ist dieser Zustand ein Stimulans, weil er den Menschen zwingt, seinen Verstand zu gebrauchen. Diese Erkenntnis verdanke ich einem Freund von mir, einem sehr bekannten Unterhaltungskünstler. Er war auch schon einmal ganz unten gewesen und versicherte mir, daß nichts die schöpferische Kraft des Menschen mehr herausfordert als Not und Unglück. Auf diese Weise hätten viele der Großen in der Welt der Musik ihr besonderes Charisma erlangt, jene »Seele«, die ihr Publikum fühlen konnte. Damals war das ein schwacher Trost für mich, aber später erkannte ich, daß er recht gehabt hatte. Es war wirklich das Beste, das mir jemals passiert war.

Wenn man ganz unten ist, dann streckt man entweder alle Viere von sich und gibt auf, oder man beginnt zu kämpfen. Eines weiß man bestimmt: Man kann seine Probleme nicht dadurch bewältigen, daß man vor ihnen wegläuft. Jetzt ist der Zeitpunkt für die entscheidende Kraftprobe gekommen.

Als meine Gläubiger begannen, jeden Busch nach mir abzusuchen, wurde meine Lage wirklich verzweifelt. Am deutlichsten ist mir der sadistische Eifer im Gedächtnis geblieben, mit dem viele Gläubiger und praktisch alle professionellen Geldeintreiber (von denen viele als Rechtsanwälte getarnt waren) ans Werk gingen. Für manche von ihnen wurde die Jagd auf mich zu einem wahren Kreuzzug.

Ab und zu gelang es einem Anwalt, mir eine gerichtliche Vorladung in die Hand zu drücken, was meistens zu einem Versäumnisurteil führte. Und dann war er in einer Sackgasse. Ob man mich zur Sache vernahm oder ob ein Versäumnisurteil erging, der Mann des Rechts war zu seiner größten Enttäuschung gezwungen, sich mit der harten Realität abzufinden, daß die Gebeine einer Finanzleiche nicht auf seinen Befehl in Dollars umgewandelt werden konnten. Daraufhin pflegte sein sadistischer Eifer sehr schnell einem Zustand der totalen Verwirrung zu weichen. Um Ihnen ein Beispiel dafür zu geben, wie frustriert diese Herrschaften waren, zitiere ich die folgende Passage aus einem Vernehmungsprotokoll:

ANWALT:	Mr. Ringer, wo wohnen Sie jetzt?
ICH:	Im Moment wohne ich in einem Lastwagen.
ANWALT:	Könnten Sie das etwas genauer erklären?
ICH:	Es ist ein Ryder-Lastwagen, R-y-d-e-r.
ANWALT:	Wem gehört der Lastwagen?
ICH:	Der Firma Ryder, nehme ich an. Ich habe ihn von ihr gemietet.
ANWALT:	Wann?
ICH:	Ich glaube , vor ungefähr zwei Tagen, als der Sheriff mich aus meinem Haus wies.

Wenn es mir überhaupt möglich war, mich in meiner Lage über etwas zu freuen, dann geschah das in solchen Augenblicken — wenn der Mann des Rechts sich hinterm Ohr kratzte und seinem Mandanten über den Rand der Brille hinweg einen Blick zuwarf, der eine totale Hoffnungslosigkeit ausdrückte. Und damit hatte er recht: Es war hoffnungslos. Er glaubte, daß ich mit teuflischer Raffinesse eine Methode entwickelt hatte, wie ich Berge von Geld vor ihm verstecken konnte. Zu unserem beiderseitigen Pech stimmte das nicht. Bei mir gab es nichts zu holen, und wenn es nicht nach Geld riecht, verliert der Mann des Rechts sehr schnell das Interesse an einem Fall. Diese Tatsache trug viel dazu bei, daß ich aus einigen sehr prekären Situationen mit heiler Haut herauskam.

Und noch einmal: Anerkennung ist selten

In meiner schwierigen Lage war es geradezu selbstmörderisch, die Theorie, daß eine Leistung nur selten anerkannt wird, zu mißachten. Ich war völlig durcheinander und nicht fähig, rational zu denken. Die Folge davon war, daß ich ein Opfer der Einschüchterung durch Gewohnheit und Tradition wurde. Man hatte mir eingeimpft, daß »ein ehrenwerter Mensch seine Schulden bezahlt«, und deshalb war ich entschlossen, nicht den Konkurs anzumelden - ein Schritt, der ein für allemal reinen Tisch gemacht und mir die Chance für einen neuen Start gegeben hätte. Die Folgen dieser selbstauferlegten Einschüchterung sahen so aus:

1. Ich schlug mich jahrelang mit Gläubigern herum und schwächte meine schöpferische Kraft, weil ich in ständiger Angst vor Geldeintreibern, raubgierigen Anwälten und dem allgegenwärtigen Sheriff lebte. Ich brachte

mich selbst um kostbare Zeit, die ich für konstruktive Projekte zur Verbesserung meines Lebens gebraucht hätte.
2. Ich zahlte Tausende von Dollars an meine Gläubiger, wodurch mein Lebensstandard jahrelang hart am Rand des Existenzminimums blieb. Auf diese Weise erschwerte ich es mir, irgend etwas zu unternehmen, das mich aus meiner mißlichen Lage befreit hätte.
3. Statt daß die Unterlagen über meine Kreditwürdigkeit eine einzige negative Auskunft enthalten hätten — Konkurs —, wuchs die Liste der Zahlungsbefehle, Prozesse und Gerichtsurteile, bis ich den Eindruck erweckte, ein Parasit der menschlichen Gesellschaft zu sein. In Wirklichkeit war ich nichts weiter als ein Mann, der ein paar finanzielle Fehler begangen hatte und dem die Spielmarken ausgegangen waren.
4. Was mich dann so richtig erledigte, war die Tatsache, daß mir niemand wohlwollend auf die Schulter klopfte, weil ich mich wie ein braver Bürger benahm und es verschmähte, es mir »leichtzumachen«. Im Gegenteil, wenn ich einen Vergleich schloß, brachten die Gläubiger mir eine furchterregende, fast sadistische Verachtung entgegen. Noch erstaunlicher war, daß sie mir bestenfalls gleichgültig und schlimmstenfalls feindselig gegenüberstanden, als ich nach Jahren der Mühe und Plage viele Schulden voll bezahlte. Sie waren überzeugt, daß ich irgendeinen faulen Trick angewendet hatte – daß ihre Rechnungen unbezahlt geblieben waren, obwohl ich irgendwo viel Geld versteckt hatte. Aber auch das entsprach leider nicht den Tatsachen.

Es war eine Hölle, in der ich lebte. Ich hatte seelische Qualen erduldet, Tausende von hartverdienten Dollars ausgezahlt, mein kaufmännischer Ruf war ruiniert, und doch war ich zu einem Objekt der Verachtung geworden. Aber hätte ich nicht in meinem Innern ein gutes Gefühl haben sollen, weil ich ohne Rücksicht auf Verluste »das Richtige« getan hatte? Blödsinn! Ich hatte keineswegs ein gutes Gefühl. Ich hatte nur das Gefühl, ein Dummkopf zu sein, und zwar aus folgenden Gründen: Ich hatte mich durch Gewohnheit und Tradition einschüchtern lassen und war meinem Instinkt und nicht meinem Verstand gefolgt. In der Theorie mag es schön klingen, wenn man »das Richtige« tut, aber in der Praxis — nun, versuchen Sie es einmal selbst und ziehen Sie dann Ihre eigenen Schlußfolgerungen.

Aber ich hatte Glück. Ich lernte meine Lektion wirklich gründlich. Um die gleiche Zeit, als meine finanziellen Probleme begannen, meldete ein Bekannter von mir Konkurs an. Sobald er diesen Schritt getan hatte – also den »leichten Ausweg« gewählt hatte —, war die Sache erledigt. Er hatte Zeit, sich mit neuen Projekten zu befassen, die ihn nicht nur reich machten, sondern auch für andere Menschen Arbeitsplätze schufen. Seine Kreditauskunft enthielt eine einzige negative Eintragung: Konkurs. Was mich aber am meisten schmerzte, war die Tatsache, daß die meisten Leute ihm Mitgefühl entgegenbrachten. Statt daß die Gläubiger wütend waren, taten sie seinen Konkurs mit einem Schulterzucken als Pechsträhne ab.

Tun Sie nichts, das Ihnen keine Anerkennung einbringt. Zwischen dem althergebrachten Mythos des »schicklichen Verhaltens« und der Realität, die den Menschen erwartet, der sich blindlings nach einer solchen Phrase richtet, besteht ein sehr großer Unterschied. Ich bekam meinen gerechten Lohn dafür, daß ich mich von Gewohnheit und Tradition hatte einschüchtern lassen; ich hatte das getan, was *andere* für richtig hielten – aber die Konsequenzen mußte ich allein tragen.

Der neue Anfang

Mit dieser Beschreibung meiner schlimmsten Zeit wollte ich Ihnen helfen, Ihre eigene finanzielle Lage richtiger zu beurteilen. Falls es Ihnen jemals noch übler ging als mir, dann haben Sie bereits die Hölle auf Erden erlebt. Ich hoffe aber, daß Ihnen eine derartige Katastrophe bisher erspart geblieben ist, und daß Sie auf eine weniger drastische Art gelernt haben, Ihre finanzielle Situation in der richtigen Perspektive zu sehen.

Ich weiß natürlich nicht, in welcher Lage Sie sich in diesem Augenblick befinden. Vielleicht haben Sie soeben Ihr Studium abgeschlossen; vielleicht sind Sie ein Mann um die Vierzig, der für ein niedriges Gehalt eine Arbeit tut, die ihm verhaßt ist; vielleicht sind Sie eine Frau, die es satt hat, die Sklavin ihres Haushalts und ihrer Familie zu sein und gern wieder in das Berufsleben zurückkehren würde; vielleicht sind Sie ein erfolgreicher Geschäftsmann, der viel verdient und sich jeden Luxus leisten kann, aber nicht genug Zeit hat, um ihn richtig genießen zu können.

Aber es ist gar nicht so wichtig, wer und was Sie sind. Falls Sie zu den Menschen gehören, die nicht die Freiheit haben, all das zu tun, was ihnen das unersetzliche Gefühl der Freude und Befriedigung vermittelt (entweder aus Zeit- oder aus Geldmangel), dann möchte ich Ihnen einen Ausweg zeigen. Es gibt eine Methode, mit deren Hilfe Sie das Ziel Ihrer Wünsche erreichen können. Mir ist das trotz widrigster Umstände gelungen, und viele andere Menschen haben es ebenfalls geschafft. Auch Sie können es schaffen, vorausgesetzt, daß Sie es wirklich wollen.

Rationales Denken und Mut sind die Schlüssel, die das Gefängnis öffnen

Ob es sich um echte Armut oder um die übliche »Angestellten- Armut« (gutes Einkommen, hohe Unkosten) handelt — die Verfahrensregel ist die gleiche. Als erstes müssen Sie sich selbst überzeugen, daß Sie reinen Tisch machen und eine andere Richtung einschlagen können. Bis Sie das wirklich begriffen haben, sind alle anderen Schritte sinnlos.

Ein bekannter Schauspieler, der verbittert war, weil er fast ausschließlich beim Film arbeitete statt beim Theater, dem sein Herz gehörte, sagte einmal, beim Film verdiene er so viel, daß sein Lebensstil erheblich gestiegen sei. Deswegen sei er »gezwungen«, weiter in einem Medium zu arbeiten, das er verabscheue; es sei ihm unmöglich, aufzuhören.

Ich habe zwar für solche Situationen Verständnis, bin jedoch anderer Meinung. Die Aussage, daß es *schwierig* sein würde aufzuhören, wäre zutreffender. Zwischen *schwierig* und *unmöglich* ist aber ein großer Unterschied. Nur durch rationales Denken können Sie auf Ihrer inneren Waage das Gleichgewicht zwischen Belastung und Wohlbefinden herstellen und die richtigen Antworten finden — Antworten, die zu Ihrem Besten sind. Eine logische Schlußfolgerung, die sich daraus ergibt, ist, daß Sie nur ein einziges Leben haben, und daß es unsinnig wäre, es mit einer Arbeit zu vergeuden, die Ihnen keine Freude macht. Ihre innere Waage soll Sie stets daran erinnern, daß letzten Endes Sie selbst der einzige Mensch sind, der die unbegrenzte Macht hat, Sie an der Verwirklichung Ihrer Wünsche zu hindern. Und schließlich sollte Ihre innere Waage klar und deutlich den Preis anzeigen, den Sie für einen befriedigenderen Lebensstil bezahlen müssen, so daß Sie eine intelligente Entscheidung darüber treffen können, ob es sich für Sie lohnt.

Der Weg zur Freiheit

Die grundlegende Voraussetzung ist, daß Sie einen klaren Kopf bewahren, in Ruhe überlegen und sich vergewissern, daß Sie Ihre finanzielle Lage in der richtigen Perspektive sehen. So unerfreulich die Situation an der

Oberfläche auch aussehen mag, betrachten Sie das Ganze als das, was es ist: ein Spiel. Sicher, es macht Spaß, ein Spiel zu gewinnen, aber vergessen Sie niemals: Wenn das Spiel vorbei ist, können Sie nichts mit ins Grab nehmen, gleichgültig wie hoch der Gewinn war.

Als nächstes müssen Sie sich von selbstzerstörerischem Wunschdenken befreien und die Tatsachen analysieren. Hängen Sie nicht Träumen und Illusionen nach, sondern bemühen Sie sich, Ihre Lage richtig zu begreifen, und dann gehen Sie daran, sie zu ändern. Aber schätzen Sie ehrlich ab, ob Sie mit der gegenwärtigen Situation zufrieden sind. Falls ja, dann geben Sie Ruhe, hören Sie auf zu meckern und tun Sie Ihre Arbeit mit Freude.

Aber wenn Sie mit den gegebenen finanziellen Bedingungen wirklich unzufrieden sind, dann geben Sie sich einen Ruck und ändern Sie die Situation, ob Sie nun Angestellter oder Geistesarbeiter, selbständiger Geschäftsmann oder arbeitslos sind. Verbringen Sie den Rest Ihres Lebens nicht mit Nörgeleien und Ausflüchten. Es mag schwierig sein aufzuhören — aber es ist keineswegs unmöglich. Wenn Sie auf Ihren Vorteil bedacht sind, müssen Sie bewußte und rationale Entscheidungen treffen, und es ist einfach nicht rational, Ihr Leben lang eine Arbeit zu tun, die Sie langweilt oder anwidert.

Die Rettung: Die gesunde Wut auf sich selbst

Wie bereits gesagt, war einer meiner letzten Gedanken, als ich auf der Flucht vor den Vollstreckungsbeamten mein Haus verließ, daß ich auf niemanden wütend war, außer auf mich selbst. Diese Erkenntnis war ganz bestimmt meine Rettung. Ich selbst war der Bösewicht, der meine Chance, Nummer Eins zu werden, ruiniert hatte; ich allein hatte die Entscheidungen getroffen, die mein Verderben waren.

Verbitterung gegen diejenigen, die es einem »eingebrockt« haben, ist nicht nur eine Vergeudung von Zeit und Energie, sondern auch für die Umwelt langweilig. Bedenken Sie auch, daß die Person, der Sie die Schuld an Ihrem Pech geben, sehr wahrscheinlich hundert gute Gründe aufzählen kann, die in ihren Augen ihr Verhalten rechtfertigen. Es ist immer so, daß jeder vom anderen glaubt, er habe sich unfairer Tricks bedient.

Vor vielen Jahren, als ich zum ersten Mal auf dem finanziellen Weg nach oben war, erzog ich mich dazu, selbst dem übelsten Ausbeuter gegenüber Dank zu empfinden. Ich hatte immer die Einstellung, daß ich aus jedem saftigen Reinfall etwas für die Zukunft lernen kann und für derartige Lektionen dankbar sein sollte. Ich versuche stets, meine Wut gegen mich selbst zu richten – denn da gehört sie hin. Es ist mir niemals schwergefallen, auf mich selbst zornig zu sein. Schließlich hatte ich ja immer wissen müssen, daß mein Gegner höchst geschickt seinen eigenen Vorteil verfolgte; die Spielregeln ändern sich nie. Es lag an mir, meine Flanken zu schützen, und wenn ich das nicht tat, mußte ich die Folgen tragen, die sich unausweichlich ergaben.

Vergessen Sie den Kerl, der Sie Ihrer Ansicht nach zu Fall gebracht hat. Vergeuden Sie keine Zeit damit, sich zu ärgern und ihn zu verwünschen. Sie selbst waren es, der Sie ruiniert hat; der andere war lediglich das Werkzeug, das Sie benützten, um das Werk zu vollbringen. Warum sich also seinetwegen Gedanken machen? Überlassen Sie es der Zeit, über Recht und Unrecht zu richten und jedem den Platz zuzuweisen, den er verdient hat. Lassen Sie Ihrer Wut auf sich selbst freien Lauf. Ich habe mich damals nach jener Pleite selbst so fertig gemacht, daß ich glaubte, meine eigene Dummheit nicht ertragen zu können. Der Wunsch, Erfolg zu haben, beschränkte sich nicht mehr ausschließlich auf das Geldverdienen, sondern bedeutete das Instrument zur Wiedergewinnung meiner Selbstachtung.

Auch wenn Sie sich von Ihren Freunden im Stich gelassen fühlen, sollten Sie nicht verbittert sein. Eine solche Einstellung verfehlt den Kernpunkt der Sache. Sicher, viele Leute kannten mich nicht mehr, als ich in den Abgrund rutschte, aber ich habe nie einen Grund gesehen, deswegen beleidigt zu sein. Vergebung ist nicht göttlich, sondern rational. Ich analysierte die Situation wie folgt:

1. Verbitterung hatte nicht das geringste mit der Bewältigung meiner finanziellen Probleme zu tun und konnte daher den Aufwand an Zeit und Energie nicht rechtfertigen.
2. Da meine Freunde Menschen waren, unterlagen sie menschlichen Schwächen. Menschen scheinen den gleichen Instinkt zu haben wie Ratten: Sie verlassen sinkende Schiffe.
3. Meine Freunde trugen keinerlei Schuld an meiner Pleite, warum sollten sie also in mein Unglück verwickelt werden?
4. Da Freundschaften wie alles im Leben auf gleichwertiger Leistung und Gegenleistung beruhen sollte, kam ich zu dem Schluß, daß ich in die

Beziehungen zu den Entschwundenen vermutlich nichts von Wert eingebracht hatte. Entweder war das der Grund, oder ich hatte von vornherein den Fehler gemacht, mir die falschen Freunde auszusuchen.

5. Ich sagte mir folgendes: Wenn jemand von der Bildfläche verschwindet, will er mir dadurch wahrscheinlich zu verstehen geben, daß er es mir nicht zutraut, wieder hochzukommen. In diesem Fall verlor ich das Vertrauen zu seiner Urteilsfähigkeit, weil ich ganz genau wußte, daß ich es wieder schaffen würde. Also betrachtete ich sein Verhalten als Verlust für ihn und als Gewinn für mich; er hatte sich selbst aus meinem zukünftigen Leben ausgeschlossen, indem er gezeigt hatte, wie mangelhaft seine Fähigkeit war, den Charakter und das Können eines anderen Menschen richtig einzuschätzen.

Das wichtigste ist, daß Sie auf die Lösung Ihrer Probleme hinarbeiten. Wenn andere Sie falsch beurteilen, so ist das ihr Problem. Außerdem ist das ja nichts Ungewöhnliches, denn jeder Mensch macht Fehler.

Verwechseln Sie nicht das Gefühl einer allgemeinen Verbitterung mit dem Zorn auf sich selbst. Es ist reine Zeitvergeudung, die Umwelt zu verwünschen, und es nützt Ihnen absolut nichts, wenn Sie verbittert vor sich hinbrüten. Falls Sie sich bei dieser Beschäftigung ertappen, hören Sie sofort damit auf. Gleichgültig, wie alt Sie sind, jeder Tag, an dem Sie sich darauf konzentrieren, Nummer Eins zu werden, ist ein Aktivposten, wenn das Soll und Haben Ihres Lebens gegeneinander aufgerechnet wird.

Entschuldigungen sind der Rettungsanker für Leute, die den Preis nicht bezahlen wollen

Wenn jemand die Wahrheit der Behauptung beweisen will, daß der Mensch dazu neigt, sein eigenes Leben zu komplizieren, braucht er sich nur vom positiven Handeln abzuwenden und sich auf faule Entschuldigungen zu konzentrieren. Nichts ist leichter, als auf einer Entschuldigung herumzureiten, und nichts ist besser geeignet, das Leben zu komplizieren. Eine Entschuldigung kann gerechtfertigt sein, aber sie verschafft Ihnen keinen Vorteil für Ihre Zukunft; sie bezieht sich immer direkt oder indirekt auf ein Ereignis in der Vergangenheit.

Die beliebteste Entschuldigung

Die beliebteste Entschuldigung ist natürlich der »unglückliche Zufall«. Gibt es so etwas überhaupt? O ja, er bleibt keinem von uns erspart. Aber es kommt darauf an, wie man sich verhält, wenn etwas schiefgeht, ob man fähig ist, sich auf die neue Lage einzustellen und vielleicht doch noch Nutzen daraus zu ziehen. Ein Mensch, der gewohnheitsmäßig den unglücklichen Zufall als Entschuldigung zitiert, ist meist ein Opfer der Theorie, daß

die Welt ihm etwas schuldet.

Wer unter dieser Krankheit leidet, wird nicht nur sein Leben lang immer wieder versagen, sondern auch unendlich viel Bitterkeit und Enttäuschungen durchmachen. Ich kann nicht verstehen, wie man auf die absurde Idee verfallen kann, daß irgend jemand oder gar »die Welt« einem etwas schuldet. Ich weiß jedoch ganz bestimmt, daß ein Mensch niemals Fortschritte, geschweige denn Erfolg haben kann, wenn er sich nicht von dieser unsinnigen Vorstellung befreit. Ausschlaggebend sind immer und in jedem Beruf Befähigung und Selbstdisziplin sowie die Bereitschaft, den Preis zu bezahlen.

Über den Wert von Referenzen

Für Leute, die sich leicht beeindrucken lassen, haben zwei Arten von Referenzen Wert: »Papiere« (Diplome, Zulassungsgenehmigungen usw.) und Erfahrungen. Keine dieser Referenzen ist gleichbedeutend mit einer Kenntnis der Tatsachen. Eine nicht abgeschlossene Schulbildung oder mangelnde Erfahrung sind ebensowenig unüberwindliche Hindernisse wie eine Garantie für den Erfolg.

Tatsächlich erweist sich die höhere Schule manchmal als Nachteil, weil sie die Absolventen zu überzogenen Vorstellungen verleitet. Karl Hess, der früher Reden für Senator Barry Goldwater verfaßte, erwiderte auf die Frage, warum er kein Freund höherer Schulbildung sei (er hatte mit fünfzehn Jahren die Schule verlassen): »Ich habe leidenschaftlich gern gelernt, und das ist der Grund, weshalb ich so wenig Zeit wie möglich in der Schule verbrachte . . . Wenn man den Kindern eine gute Bildung geben will, braucht man nur das Schulsystem abzuschaffen.«

Wo soll man die notwendige Erziehung finden, wenn nicht in der Schule? Gehen Sie hinaus in die Welt, halten Sie Augen und Ohren offen und schalten Sie Ihr Gehirn auf Empfang. Sie werden überrascht sein, wieviel Sie auf diese Weise lernen können und wie schnell Sie es aufnehmen. Und es sollte Sie nicht viel Mühe kosten, sich ein paar ordentliche Rückschläge einzuhandeln, die ja immer die besten und schnellsten Lehrer sind. Ich weiß, wovon ich rede, denn ich habe mir mein Diplom als Pechvogel schon vor vielen Jahren erworben.

Der Mangel an akzeptablen Referenzen in Form von Erfahrungen ist eine Entschuldigung, die vollkommen wertlos ist, wenn man sie einem Menschen gegenüber vorbringt, der fest entschlossen ist, eben diese Erfahrungen zu sammeln.

Das Etikett

Selbstklassifizierung und -etikettierung können jederzeit eine bequeme Entschuldigung liefern, wenn einem nichts anderes einfällt, aber die Tatsachen beweisen immer wieder, daß eine solche Entschuldigung keine Gültigkeit hat. Wenn Sie rational denken und entschlossen sind, Nummer Eins zu werden, dann hüten Sie sich davor, in die Etikettierungsfalle hineinzustolpern.

Eine Frau, die aktiv damit beschäftigt ist, ihr Leben zu gestalten, hat keine Zeit, sich von irgendeiner abwegigen oder schlecht organisierten Frauenbewegung aufsaugen zu lassen. Wenn sie sich mit einer solchen »Sache« identifiziert, geschieht das auf Kosten ihrer eigenen persönlichen Talente und Fähigkeiten. Ich kenne viele Frauen, die z. B. im Verlagswesen leitende Positionen haben. Sie sind viel zu sehr mit ihrer beruflichen Karriere beschäftigt, als daß sie Zeit hätten, Spruchbänder herumzutragen oder zu demonstrieren. Und da sie auf das, was sie erreicht haben, stolz sind, glaube ich nicht, daß sie bereit wären, ihre Identität zu verlieren, indem sie sich mit anderen, die zufällig das gleiche Geschlecht haben, zu einer Gruppe zusammenfassen lassen.

Auf dieses Argument habe ich immer wieder die Frage gehört: »Das ist ja ganz schön und gut für die Handvoll Frauen, die außergewöhnliche Fähigkeiten haben, aber wie steht's mit uns anderen?« Diese Frage geht am Kernpunkt vorbei — an *Ihrem* Kernpunkt. Hören Sie auf, sich wegen der Fähigkeiten anderer Menschen Gedanken zu machen. Es geht nicht um die Frage, ob Sie so begabt sind wie andere. Es kommt nur darauf an, daß Sie Ihre eigenen Fähigkeiten entdecken und sie bestmöglich einsetzen. Verlieren Sie keine Zeit, sie Ihrer Umwelt klar und deutlich vor Augen zu führen. Diese Grundsätze haben für alle Stufen der finanziellen Leiter Gültigkeit.

Lassen Sie sich niemals auf den erniedrigenden Kampf um das »Recht« ein, dort zu sein, wo Sie nicht erwünscht sind. Versuchen Sie nicht, durch die Anwendung von Zwang – sei es mit Hilfe von Behörden oder auf andere Art und Weise – oder durch Verstöße gegen irgendwelche Naturgesetze die finanzielle Hürde zu überwinden. Das ist, auf die Dauer gesehen, nicht zu Ihrem Besten; denn Sie werden Ihre kreativen Fähigkeiten niemals voll einsetzen können, wenn Ihre Umgebung Ihnen Unmut und Unwillen entgegenbringt.

Gleichgültig, welche Meinung man Ihnen eingeimpft hat – es gibt genug Arbeitgeber, die sich aus rein rationalen Erwägungen nicht um Alter und Geschlecht eines Bewerbers kümmern, wenn es darum geht, die geeignetste Person für eine bestimmte Stellung zu finden. Kein vernünftiger Unternehmer würde wegen irgendwelchen Nebensächlichkeiten auf eine Gewinnchance verzichten. Falls Ihre Arbeit von finanzieller Förderung abhängt, suchen Sie sich für die Verhandlungen ratinal denkende Geldgeber aus.

Ihr Geschlecht oder Ihr Alter ist nichts weiter als nur ein einzelner Faktor, der etwas über Sie aussagt – und wahrscheinlich ist er in Bezug auf Ihre Fähigkeiten der unwichtigste. Wie groß der Einfluß ist, den Sie einer solchen Tatsache bei der Bewältigung der finanziellen Hürde einräumen, steht in direktem Zusammenhang mit Ihrer Rationalität, Selbstachtung und Zielstrebigkeit. Durch ständige Klagen darüber, daß man Sie abgestempelt und etikettiert hat, können Sie vielleicht anderen einreden, daß dies der Hauptgrund für Ihre Erfolglosigkeit ist, aber Sie können sich davon nicht einen einzigen Laib Brot kaufen. Statt daß Sie Ihre Freunde davon überzeugen, daß Sie unfair behandelt werden, sollten Sie sich auf den Weg machen und rational denkende Leute zu der Einsicht bringen, daß Sie gute Arbeit leisten können.

Was soll man tun, wenn man keine Entschuldigungen mehr hat?

Nachdem Sie sich aus dem Netz Ihrer Entschuldigungen befreit haben, sollten Sie sich als erstes die Frage stellen, was Sie in Ihrem Leben wirklich tun möchten. Dabei sind zwei Faktoren zu berücksichtigen: Wie können Sie Ihre Talente am besten einsetzen, um den von Ihnen erstrebten finanziellen Erfolg so schnell wie möglich zu erreichen, oder wollen Sie sich lieber für eine Arbeit entscheiden, die Ihnen Freude macht.

Zum Glück hat die Natur es so eingerichtet, daß diese beiden Faktoren einander ergänzen. Wenn Sie eine Arbeit tun, die Ihnen liegt, erhöht das Ihre Chance, das angestrebte Ziel schneller zu erreichen. Sie sind der einzige Mensch, der diese Entscheidung treffen kann, denn nur Sie wissen, was Sie glücklich macht. Halten Sie sich bei Ihren Überlegungen an die beiden folgenden wichtigen Regeln:

1. Lassen Sie sich bei Ihrer Wahl nicht von den Wünschen anderer Menschen beeinflussen. Nicht die Person, die Ihnen gute Ratschläge gibt – sei es Ihre Mutter, Ihr Ehepartner oder ein wohlmeinender Freund –, muß die Frustration und die Unzufriedenheit ertragen, die eine ungeliebte Arbeit Ihnen auflastet. Versuchen Sie nicht, das zu sein, was andere für Sie wünschen. Tun Sie das, was Ihnen Freude macht und wofür Sie Ihrer Meinung nach geeignet sind.

2. Hören Sie nie auf jemanden, der Ihnen einreden will, daß Ihr Vorhaben zu unrealistisch oder zu schwierig ist, oder daß es für Sie zu spät ist, neu anzufangen. Unsinn! Wenn es das ist, was Sie schon immer tun wollten, dann lassen Sie sich nicht kopfscheu machen.

Und das erinnert mich an eine Theorie, die ein wesentlicher Bestandteil des Komplexes »Einschüchterung durch Gleichmacherei« ist:

Die Außenseiter-Theorie

Im allgemeinen kann gesagt werden, daß die Erfolgschancen eines Menschen steigen, je weniger er sich im Gleichschritt mit der »Gesellschaft« bewegt, ganz nach Art des Sprichwortes der Börsenmakler: Die Öffentlichkeit hat immer unrecht.

Diese Theorie gilt ebenso für Produkte und Dienstleistungen wie für Freunde und Liebhaber. Wenn Sie das anbieten, was alle anderen anpreisen, wer braucht Sie dann noch? Also los, raus aus dem Gleichschritt!

Lassen Sie sich nicht von sarkastischen Bemerkungen einschüchtern, mit denen Ihnen gesagt wird: »Die ganze Kompanie steht falsch, außer dir.« Solche Aussagen sollten Sie nicht unsicher machen, im Gegenteil, sie beweisen eher, daß Sie das Richtige tun und nicht das, was Sie instinktiv tun würden. Der Instinkt treibt den Menschen dazu, sich der großen Masse anzuschließen, aber die große Masse hat meistens unrecht.

Üben Sie sich in der Interpretation des Verhaltens anderer. Versuchen Sie, den verborgenen Ausgangspunkt aufzufinden, wenn jemand zu Ihnen sagt: »Die ganze Kompanie steht falsch, außer dir.« Der wahre Sinn dieser Worte könnte der folgende sein: »Ach ja, alle zockeln wie lahme Gäule die gleiche, fade alte Tour, die nirgendwo hinführt, während du die Sporen einsetzt und etwas besseres herausholst.« Warum sollten Sie nicht, solange Sie niemanden stören? Ihr finanzieller Erfolg und somit Ihre Unabhängigkeit können sehr wohl von Ihrer Weigerung abhängen, sich durch Einschüchterung zum Gleichschritt zwingen zu lassen.

Die allgegenwärtige Wirklichkeit: Der Preis muß bezahlt werden

Falls Sie allmählich den Eindruck gewinnen, daß eine ganze Menge dazu gehört, die finanzielle Hürde zu überwinden, haben Sie recht. Sie haben entschieden, daß Sie Ihre Lage ändern können, wenn Sie es wollen; Sie haben es geschafft, die Leute zu vergessen, von denen Sie zu Fall gebracht wurden, und Sie denken auch nicht mehr an die Freunde, die sich davonmachten, als Sie k.o. waren; Sie haben gelernt, auf sich selbst wütend zu sein; Sie verstecken sich nicht mehr hinter Entschuldigungen; und Sie haben gelernt, die Ratschläge, die andere Ihnen erteilen, zu ignorieren. Und doch sind Sie gerade erst gestartet. Kein Wunder, daß so wenige Menschen jemals den Zustand der finanziellen Seelenruhe erreichen.

Alles im Leben hat seinen Preis, und Sie müssen ihn bezahlen, ob es Ihnen paßt oder nicht. Wenn Sie sich weigern, werden Sie das angestrebte Ziel niemals erreichen. Diese Regel gestattet keine Ausnahmen.

Nachdem Sie sich entschieden haben, was Sie wirklich tun möchten, müssen Sie sich nüchtern und sachlich überlegen, was es kosten wird. Reden Sie sich ja nicht ein, daß Sie billig davonkommen werden. Das ist nur dann möglich, wenn Sie sich nicht um eine echte Bewältigung der finanziellen Hürde bemühen, sondern sich mit einer Imitation begnügen. Der Preis, den Sie bezahlen müssen, hängt von verschiedenen Faktoren ab, zu denen auch Ihr Bedürfnis nach Dingen, die nichts mit dem finanziellen Erfolg zu tun haben, Ihre Wesensart, Ihr berufliches Können und die Menschen gehören, die in Ihrem Leben eine wichtige Rolle spielen.

Die Bezahlung kann die verschiedensten Formen haben: Zeit und Energie, finanzielles Risiko, weniger Zeit für Freunde und Familie, Eifersucht und Neid von anderen, Verzicht auf Dinge, die bisher für Sie wichtig waren. Prüfen Sie den Preis sehr gründlich und ohne fremde Einmischung. Wenn Ihre innere Waage für das Glücksempfinden richtig funktioniert – das heißt, wenn Sie von Ihnen mit ehrlichen Daten beschickt wird –, dann kann sie genau abwägen, ob der Preis den Gewinn wert ist, den Sie als Gegenleistung erwarten.

In vielen Fällen hängt die Höhe des Preises auch davon ab, ob Sie sich für die Laufbahn eines »Unternehmers« oder für die eines »Arbeiters« entschieden haben. Als Karl Marx das Kommunistische Manifest schrieb, war er entweder total verkatert, oder er muß einer der großen Lustspieldichter seiner Zeit gewesen sein. Die Idee, daß nur die »Arbeiterklasse« das tragende Element der Wirtschaft ist, möchte ich als absurd bezeichnen. Es nützt einem wenig, ein guter Facharbeiter zu sein, der einen hohen Stundenlohn wert ist, wenn niemand da ist, der ihm Arbeit geben kann.

Die Wahrheit sieht so aus, daß jede Zivilisation sowohl die Unternehmer als auch die Arbeiter braucht. Unternehmer sind Leute, die nicht nur Ideen produzieren, sondern sie in die Tat umsetzen und dabei Zeit, Energie und Geld riskieren, in der Hoffnung, einen größeren finanziellen Gewinn einzustreichen, als sie durch eine nichtselbständige Tätigkeit erzielen könnten. Der Unternehmer muß sich ständig mit der unberechtigten Einmischung von Behörden, dem Problem der steigenden Unkosten und Tausenden von anderen Dingen herumschlagen, um die ein Gehaltsempfänger sich nicht zu kümmern braucht.

Im Gegensatz zum Unternehmer steht der Arbeiter bzw. Angestellte nicht ständig unter Druck, und sein Berufsrisiko ist viel geringer. Aus diesem Grund schreibt das Gesetz der Wirtschaft vor, daß das finanzielle Potential des Arbeiters bzw. Angestellten begrenzt sein soll. Da der Unternehmer theoretisch keiner Begrenzung dieser Art unterworfen ist, muß er die andere Seite dieses ökonomischen Gesetzes akzeptieren: die Möglichkeit des totalen finanziellen Zusammenbruchs.

Es ist keine Seltenheit, daß eine hochbezahlte Fachkraft finanziell besser dasteht als ein durchschnittlicher Unternehmer. Für den Unternehmer liegt die große Verlockung in der Chance, eines Tages das ganz große Geld zu machen. Bevor Sie sich für eine Karriere als Unternehmer entscheiden, müssen Sie sich über die damit zusammenhängenden Risiken und Möglichkeiten vollkommen im klaren sein. Als Arbeiter oder Angestellter können Sie nicht erwarten, daß Sie Millionär werden. Als Unternehmer können Sie nicht erwarten, daß Sie so viel Freizeit haben wie ein Gehaltsempfänger.

Wofür Sie sich auch entscheiden, Ihre Karriere hängt weitgehend davon ab, daß Sie Ihre Fähigkeiten bestmöglich einsetzen. Es kommt dabei nicht auf den Grad Ihrer Fähigkeiten oder auf die Anwendungsebene an, sondern nur darauf, *wie* Sie Ihr Können einsetzen.

Schleppen Sie kein überflüssiges Gepäck mit

Ich weiß aus Erfahrung, daß die Bewältigung der finanziellen Hürde keine leichte Aufgabe ist. Befreien Sie sich von so viel überflüssigem Gepäck, wie Sie nur können. Schleppen Sie keinen Ballast mit, der Sie daran hindern könnte, sich mit voller Kraft in den Kampf zu stürzen.

Es dürfte wohl keinen Zweifel daran geben, daß die größten Belastungen, die einem auferlegt werden können, von anderen Menschen ausgehen. Sie können uns vor eine Unzahl von Problemen stellen. Wenn Sie z. B. bestrebt sind, einem anderen Menschen ein Leben in Luxus zu bieten, obwohl Ihre finanzielle Lage das nicht gestattet, dann gleicht das einem Tanz auf dem Vulkan. Wenn Ihr Lebensgefährte kein Verständnis für Ihre Bedürfnisse oder Ziele hat, dann fühlen Sie sich verraten und verkauft, denn ein Mangel an Geduld und Unterstützung schwächt die Kraft, die Sie für den Kampf um den Erfolg brauchen. Werden solche Tiefschläge – ob absichtlich oder unabsichtlich – von einem Menschen ausgeteilt, den Sie lieben, so kann dieser Umstand Sie vor eine der schwersten Entscheidungen Ihres Lebens stellen; Sie müssen wählen, was Ihnen wichtiger ist – Ihr Partner oder das, was Sie erstreben. Und diese Entscheidung kann Ihnen niemand abnehmen.

Das Leben eines jeden Menschen ist eine Kette von Belastungen. Versuchen Sie, so viele wie möglich abzuwerfen. Wenn es Ihnen mit der Bewältigung der finanziellen Hürde ernst ist, können Sie sich kein Übergepäck leisten. Es ist sehr schwer, diese Hürde zu überwinden, ohne ins Stolpern zu geraten oder flach aufs Gesicht zu fallen.

Die Achillesferse

Die größte aller Belastungen kann Ihr eigenes Ego sein, besonders dann, wenn Sie es zulassen, daß es Ihr Verhalten steuert. Es kann sich als der gefährlichste Verräter in Ihrem eigenen Lager erweisen. Jeder Mensch hat ein Ego, also versuchen Sie erst gar nicht sich einzureden, daß Sie keins haben. Es ist viel besser, wenn Sie diese Tatsache anerkennen und sich bemühen, Ihr Ego unter Kontrolle zu halten. Sie müßten schon über außergewöhnliche Fähigkeiten verfügen, wenn Sie es sich leisten könnten, sowohl den Preis für den finanziellen Erfolg als auch den für ein aufgeblasenes Ego zu bezahlen, denn der Preis für ein übertriebenes Ego besteht meistens im Verzicht auf den finanziellen Erfolg.

Ein aufgeblasenes Ego ist wie ein Felsbrocken, der ständig drohend über dem Gebäude Ihrer Pläne und Bemühungen schwebt. Seine Unersättlichkeit manifestiert sich oft in einer nicht enden wollenden Geschwätzigkeit. Erziehen Sie sich zu Ruhe und Geduld. Verhalten Sie sich unauffällig, und vermeiden Sie es soweit wie möglich, Aufsehen zu erregen. In meinem Beruf kann ich zwar auf Publicity nicht verzichten, aber ich spreche niemals über meine Projekte, solange sie im Stadium der Planung sind.

Es bringt Ihnen nichts ein, Ihre Pläne vorzeitig bekanntzugeben. Wenn Sie Ihr Ziel erreicht haben, wird sich das sowieso schnell genug herumsprechen, und vielleicht bringt Ihnen das sogar gute Noten ein, weil Sie vorher kein großes Getöse gemacht haben. Vergessen Sie den alten Murphy nicht, der nur darauf wartet, Ihnen ein Bein zu stellen, und denken Sie daran, daß Sie durch übereilte Ankündigungen viel verlieren können. Wenn alles gut geht, wird man von Ihnen sagen, daß Sie Ihre Worte zwar wahrgemacht haben, aber trotzdem werden viele Leute Ihnen Ihre langen Vorreden verübeln.

Der innere Prahlhans

Der beste Gehilfe des Teufels ist ein winziges Kerlchen, das ständig ein Grinsen zur Schau trägt. Wenn Sie das nächste Mal über ein Projekt schwatzen, das Sie planen, dann brauchen Sie nur schnell mal nach links zu blinzeln und Sie können ihn sehen, wie er auf Ihrer Schulter hockt und Ihnen ins Ohr flüstert. Bei dem unerwünschten Besucher handelt es sich um niemand anders als um Ihren inneren Prahlhans.

Satan hat diesem kleinen Ungeheuer die Aufgabe zugeteilt, dafür zu sorgen, daß der unheilbare Schwätzer stets seine Vorhaben in die Welt hinausposaunt. Wie oft haben Sie schon voreilig über irgendein Projekt geredet und sind dann in eine peinliche Situation geraten, wenn aus dem Plan nichts wurde? Lernen Sie beizeiten, Ihren inneren Prahlhans im Zaum zu halten, sonst wird er Sie immer wieder im letzten Moment um den Erfolg bringen. Die beste Art und Weise, wie Sie die Umwelt über ein Vorhaben informieren können, besteht darin, daß Sie es verwirklichen. Je besser Ihre Aussichten auf Erfolg sind, desto weniger Grund haben Sie, das Risiko einzugehen, durch ein voreiliges Wort alles zu vermasseln. Ihr Ego wird sich ganz von selbst vollauf befriedigt fühlen, sobald Sie das angestrebte Ziel tatsächlich erreicht haben.

Denken Sie immer daran: Wenn Sie eine vielversprechende Aktion planen, dann ist Schweigen Gold.

Angabe ist auch eine Gabe

Sicherlich ist Ihnen wenigstens einmal im Leben ein Mensch begegnet, der von der Ego-Krankheit, ständig über Millionengeschäfte reden zu müssen, befallen war. Nun, in der total verrückten Welt des Films gibt man sich nicht mit lumpigen Millionen ab – es müssen Milliarden sein! Wenn Sie zum ersten Mal jemanden treffen, der an der Milliarditis leidet, haben Sie das Gefühl, daß er Sie auf den Arm nehmen will, aber dann, wenn Sie merken, daß er es ernst meint, fangen Sie an, nach einer Fluchtmöglichkeit Ausschau zu halten.

Ich kannte einmal einen jungen Mann, der einen recht intelligenten Eindruck machte, aber an einem schweren Fall von Milliarditis litt. Er gab sich nicht mit popligen Millionären ab – er kannte nur Milliardäre. Anfangs glaubte ich, daß er damit nur sagen wollte, daß jemand sehr reich sei; später begriff ich, daß er überzeugt davon war, unser Planet wimmle nur so von Milliardären.

Ab und zu hatte ich Gelegenheit, einen dieser »Milliardäre« kennenzulernen. Der eine fuhr einen prächtigen Rolls Royce; durch Zufall fand ich heraus, daß er nur auf Monatsbasis gemietet war. Ein anderer wohnte in einer riesigen, feudalen Villa, aber eines Tages hörte ich, daß er nur der Strohmann für eine Gruppe von Finanziers war, die gemeinsam das Geld für die Renovierung des Besitzes aufgebracht hatten, um ihn günstiger verkaufen zu können. Ein dritter, der mit dem Geld nur so um sich warf, wurde von einer ganzen Meute von Geldeintreibern gejagt.

Ich habe noch nie einen Milliardär getroffen, aber ich kenne ein paar Millionäre. Sie alle haben eine gemeinsame Eigenschaft: Sie sind keine Verschwender und behandeln Geld mit Respekt, auch wenn es um kleine Beträge geht.

Die Falle der Selbsttäuschung

Die meisten Menschen neigen dazu, das zu glauben, was sie sich selbst einreden, eine Gewohnheit, die zu einer ernsten Gefahr werden kann. Es ist eine Sache, wenn Sie anderen etwas vormachen, aber es ist etwas ganz anderes, wenn Sie anfangen, sich selbst zu täuschen.

Ein Mensch, der in einem Zustand der Selbsttäuschung lebt, hat für seine Entscheidungen keine reale Grundlage und seine Scheinwelt kann durch die kleinste Erschütterung in sich zusammenfallen. Hüten Sie sich davor, jemals in diese Falle zu geraten, versuchen Sie nicht, etwas zu sein, das Sie nicht sind; vermeiden Sie es, Ihr Ego zu befriedigen; seien Sie sich selbst gegenüber ehrlich.

Der Bankrott des Egos und die dazugehörigen Symptome

Ein solcher Bankrott wird dadurch verursacht, daß man zuviel Zeit und Kapital in das eigene Ego investiert. Lassen Sie sich mit niemandem ein, der sich auf diesem Weg befindet, denn wenn er ins Rutschen gerät, zieht er Sie wahrscheinlich mit in den Abgrund. Die Befriedigung des Egos kann zu einer Abhängigkeit werden, die den Süchtigen zu unlauteren Aktionen verleitet, um sich den »Schuß« zu beschaffen, den er braucht. Im Folgenden finden Sie einige Symptome aufgezählt, auf die Sie achten sollten; sie sind zwar nicht hundertprozentig zuverlässig, sondern nur Indikatoren, aber wenn Sie bei einem Menschen mehrere dieser Anzeichen entdecken, können Sie ziemlich sicher sein, jemanden vor sich zu haben, der eine potentielle finanzielle Gefahr für Sie ist.

1. Der Ego-Süchtige versichert Ihnen immer wieder, daß er alles »bestens unter Kontrolle« hat. Erinnern Sie sich an unser Ausdeutungsspiel: Je

eifriger Ihnen jemand unaufgefordert eine Information aufdrängt, desto weniger Grund besteht für Sie, ihm zu glauben.

2. Er redet unaufhörlich über die Projekte, an denen er gerade arbeitet.

3. Wenn er nicht über laufende Projekte redet, dann schwelgt er ausführlich in den Leistungen, die er in der Vergangenheit vollbracht hat.

4. Eine auffallend schnelle Vergrößerung der Geschäftsräume (besonders, wenn die Ausstattung üppig ist), des Mitarbeiterstabes oder der geschäftlichen Aktivitäten sind zwar keine eindeutigen Beweise für die Ego-Suchtkrankheit, aber sie sollten Sie zur Vorsicht mahnen.

5. Zu den Gewohnheiten des Ego-Süchtigen gehört auch, daß er unaufgefordert erzählt, was ihm alles gehört, insbesondere dann, wenn seine Lage verzweifelt ist. Das Peinliche daran ist, daß es niemanden interessiert.

6. Es gibt ein Symptom, das noch peinlicher ist: Er protzt mit seinen Beziehungen. Wenn die Krankheit dieses Stadium erreicht hat, ist der Zustand des Ego-Süchtigen so gut wie hoffnungslos.

Prinzipienreiterei kann ein Ausdruck der Ego-Sucht sein

Die Prinzipienreiterei ist eine weitverbreitete Gefahr, die durch Gewohnheit und Tradition verursacht wird. Wenn jemand wegen einer relativ unwichtigen Frage ein großes Getue macht, so handelt es sich in Wirklichkeit um nichts anderes, als daß sein Ego ihn daran hindert, zu seinem eigenen Besten zu handeln. Ich versuche immer, solche Konfrontationen zu vermeiden, weil ich sie als Zeitvergeudung betrachte. Wenn es für meinen Verhandlungspartner so überaus wichtig ist, sich in einem Punkt durchzusetzen, der für mein eigentliches Ziel ohne Bedeutung ist, dann gönne ich ihm diese Befriedigung. Tatsächlich ist es mir lieber, wenn wir uns *nur* auf unwesentliche Punkte konzentrieren. Dann kann mein Gegenüber sich in dem Glauben wiegen, daß er die Schlacht gewinnt, während ich selbst ungehindert meinen langfristigen Plan für den siegreichen Abschluß des Krieges verfolgen kann.

Lassen Sie sich nicht durch Herausforderungen ablenken, die nichts mit dem Thema zu tun haben. Ignorieren Sie Ärgernisse, die in keinem Zusammenhang mit Ihrem Ziel stehen. Wenn Sie sich in ein überflüssiges Argument einlassen, handeln Sie nicht zu Ihrem Vorteil, sondern Sie haben die Kontrolle über Ihr Verhalten an Ihr Ego abgetreten.

Wenn Sie sich dabei ertappen, daß Sie versuchen, bei Geschäftspartnern oder Untergebenen durch Einschüchterung etwas zu erreichen, dann liegt wahrscheinlich auch hier eine Situation vor, in der Ihr Verhalten von Ihrem Ego gesteuert wird. Versuchen Sie niemals sich durchzusetzen, indem Sie in anderen Angstgefühle erwecken, denn auch das wäre nicht zu Ihrem eigenen Besten. Außerdem bringt es Ihnen auf die Dauer gesehen keinen Nutzen, denn gerade die Menschen, die Sie unter Ihrer Kontrolle wähnen, werden die ersten sein, die Ihnen ihre Hilfe versagen, wenn Sie sie am dringendsten brauchen. Sie können nur dann erfolgreich sein, wenn Ihnen kompetente Leute zur Seite stehen, und kompetente Leute braucht man nicht mit eiserner Faust zu regieren. Die besten Beziehungen beruhen immer auf gleichwertiger Leistung und Gegenleistung, wobei es unwichtig ist, ob die eine Seite von der anderen abhängig ist, oder ob beide Seiten einander gleichgestellt sind.

Was bedeutet es, einen Preis zu gewinnen?

Ein Preis ist oft ein Trostpflaster für das Ausbleiben des kommerziellen Erfolges. Sie müssen selbst entscheiden, ob Ihnen die künstlerische Anerkennung oder der finanzielle Erfolg lieber ist. Im Filmgeschäft gibt es z. B. Leute, die sich den Wünschen des Publikums so weitgehend entfremdet haben, daß sie sich selbst einreden, der kommerzielle Erfolg eines Films sei nicht das wichtigste. Nun ja, das stimmt — falls sie ein Marmeladenbrot einem zarten Kalbsfilet vorziehen.

Was diese Leute aufrecht erhält, ist die »Gewißheit«, daß sie zwischen einem künstlerischen Film und Mist (womit für gewöhnlich Filme wie »Vom Winde verweht« oder »Der Pate« gemeint sind) unterscheiden können. In Wirklichkeit bedeutet das nichts anderes, als daß sie das Definitionsspiel mit sich selbst spielen. Was sie unter Kunst verstehen, ist möglicherweise für Sie oder für mich reiner Mist. Sie sind nicht nur total wirklichkeitsfremd, sondern ihr Zustand scheint sich im Laufe der Zeit ständig zu verschlimmern.

Eine »künstlerische Anerkennung« ist natürlich sehr schön, ändert aber nichts an der nüchternen Tatsache, daß Preise für gewöhnlich auf Grund der Meinung von wenigen Leuten vergeben werden, und daß diese Meinungen für die meisten anderen Menschen höchst unwichtig sind. Wenn Sie am finanziellen Erfolg interessiert sind, sollten Sie nicht zuviel Wert auf die positive Kritik einer kleinen, elitären Gruppe legen. Eine solche Anerkennung ist keine Geldquelle, sondern nur eine Möglichkeit, das eigene Ego zu befriedigen.

Ich persönlich habe immer den Verdacht gehabt, daß jeder Produzent eines preisgekrönten Films seinen Siegespokal mit Vergnügen gegen einen Kassenknüller eintauschen würde.

Langfristiges Denken ist der Weg zu rationalen Entscheidungen

Ich habe schon mehrmals betont, daß eine langfristige Lösung immer besser ist als kurzfristiges Flickwerk. Das gilt ganz besonders im Hinblick auf die Bewältigung der finanziellen Hürde. Ich habe in meinem Leben schon so viele eklatante Fehler gemacht, daß es schwierig ist, zu sagen, welchem der Ehrenplatz gebührt. Aber ganz oben auf der Liste steht auf jeden Fall der unheilvolle Fehler, Entscheidungen zu treffen, die nur kurzfristige Ergebnisse bringen. Damit kommt man nur vom Regen in die Traufe. Wenn man kein Geld hat, neigt man instinktiv dazu, seine Entscheidungen den Gegebenheiten des Augenblicks anzupassen, und das macht die Sache nur noch schlimmer. Kurzfristiges Flickwerk funktioniert nie.

Erst als ich mir die Selbstdisziplin anerzogen hatte, welche die Voraussetzung für die Kunst des langfristigen Denkens ist, konnte ich eine solide Grundlage für den finanziellen Erfolg entwickeln. Zu meinem Erstaunen mußte ich feststellen, daß langfristig angelegte Lösungen tatsächlich am vorteilhaftesten sind. Wenn Sie für ein Problem eine Lösung auf lange Sicht anstreben – was vorübergehend Unannehmlichkeiten bereiten und eine etwas längere Anlaufzeit erfordern kann –, dann brauchen Sie sich nie wieder darüber Sorgen zu machen. Die Sache ist ein für allemal erledigt.

Eine übertriebene Befriedigung des Egos liefert den besten Beweis dafür, daß kurzfristiges Flickwerk auf die Dauer gesehen sehr üble Folgen haben kann. Wenn Sie z. B. nur um Ihr Ego zu befriedigen, einen Rolls Royce kaufen, dann verleiht Ihnen das vielleicht für kurze Zeit den Nimbus des Erfolgs, aber die langfristige Folge könnte so aussehen, daß Sie sich letzten Endes mit einem Fahrrad begnügen müssen. Das soll nicht heißen, daß Sie wie ein Bettler leben müssen, bis Sie irgendwann in der fernen Zukunft genug Jetons für das große Spiel angesammelt haben. Eine der Grundregeln für die Bewältigung der finanziellen Hürde lautet, daß Sie es vermeiden sollen, sich unglücklich zu fühlen, während Sie auf Ihr finanzielles Ziel hinarbeiten. Sie sollen die Realitäten des Heute anerkennen und auf der Grundlage dieser Tatsachen rationale Entscheidungen treffen, die Ihnen morgen Nutzen bringen.

Rücksichtnahme ist eine lohnende Investition

Jeder Mensch ist darauf bedacht, in seinem eigenen Interesse zu handeln. Vielleicht gelingt es Ihnen einmal, ein Geschäft abzuschließen, das nur Ihnen, nicht aber der Gegenseite Vorteile bringt, aber auf die Dauer gesehen wäre das nicht zu Ihrem Besten, denn Sie würden dadurch einen Kunden oder einen Geschäftspartner verlieren und sich bei den anderen Geschäftsleuten verdientermaßen einen schlechten Ruf einhandeln.

Natürlich können Sie nicht die Wünsche aller Menschen, die Ihnen begegnen, wichtignehmen. Aber die Wünsche und Bedürfnisse der Leute, mit denen Sie geschäftlich zu tun haben, sind für Ihren langfristigen Erfolg von großer Bedeutung. Für mich ist die Formel von Leistung und Gegenleistung die einzige, die wirklich funktioniert. Jede Transaktion muß auch Ihrem Partner Nutzen bringen, falls Sie weiter mit ihm Geschäfte machen wollen, und zur Belohnung wird er wahrscheinlich überall erzählen, daß Sie ein fairer Geschäftsmann sind. Lassen Sie Ihr Gegenüber ruhig wissen, daß Sie auf Ihren eigenen Vorteil bedacht sind, daß Sie deswegen aber auf keinen Fall die Chance einer langfristigen Beziehung aufs Spiel setzen wollen. So groß auch der Nutzen sein mag, den Sie aus einer einmaligen Gelegenheit ziehen, er ist wahrscheinlich nicht annähernd so hoch wie der Gewinn, der sich für Sie ergeben würde, wenn Sie über Jahre hinweg mit der gleichen Person geschäftlich zusammenarbeiten würden.

Das Risiko der Zielsetzung

Ich bin schon vor vielen Jahren zu dem Schluß gekommen, daß die traditionelle Form der Zielsetzung sich auf lange Sicht schädlich auswirkt. Was mich ursprünglich veranlaßte, die Praxis der Zielsetzung näher zu untersuchen, war die Tatsache, daß viele Leute, die sich fast immer als geschäftliche Versager erwiesen, die Gewohnheit hatten, sich ständig neue und höhere Ziele zu setzen.

Wenn Sie sich ein fest umrissenes Ziel setzen, dann gibt es für Sie nur die Möglichkeit, daß Sie es erreichen oder auch nicht. Erreichen Sie es nicht, können Sie zwischen den folgenden Alternativen wählen:

1. Sie gestehen sich ein, daß Sie Ihr Ziel nicht erreicht haben; das könnte in Ihnen Zweifel an Ihrer Leistungsfähigkeit erwecken.

2. Sie verschließen die Augen vor der Tatsache, daß Sie Ihr Ziel nicht erreicht haben; in diesem Fall werden Sie wahrscheinlich einfach weitermachen und sich ein neues Ziel setzen. Aber dieses neue Ziel hat keinerlei Bedeutung, weil Sie bereits einen Präzedenzfall geschaffen haben, als Sie Ihr erstes Versagen ohne weiteres übergingen.

Und was geschieht, wenn Sie Ihr Ziel wirklich erreicht haben? Das Nächstliegende ist, daß Sie sich ein neues und höheres setzen, und so geht es immer weiter. Aber halt – haben wir da nicht jemanden vergessen? Unser alter Herr Murphy mag es gar nicht, wenn man ihn übersieht. Sie dürfen sicher sein, daß er sich irgendwo auf dem Weg, der zu Ihrem nächsten Ziel führt, versteckt hat und Ihnen jene immer wieder bestürzende Realität der Natur präsentiert – die höhere Gewalt. Mit anderen Worten: Sie können nicht garantieren, daß Sie ein bestimmtes Ziel erreichen werden. Sie können nicht einmal garantieren, daß Sie morgen noch leben werden. Sie können nur sagen, daß Sie Ihr Bestes versuchen wollen, aber Sie können nicht wissen, ob es gut genug ist, um die Schwierigkeiten, die von außen an Sie herangetragen werden, zu überwinden.

Sicher ist nur, daß Sie früher oder später ein gesetztes Ziel nicht erreichen werden, und das bringt Sie wieder zu den beiden Alternativen zurück, die wir bereits diskutiert haben. Ich habe diesen Kreislauf mehrmals erlebt. Gewiß, ich hatte oft Erfolg, aber noch öfter wurde ich durch unvorhergesehene Veränderungen und Schwierigkeiten aus der Bahn geworfen. Manchmal war es für mich nicht leicht, den Glauben an mich selbst zu bewahren.

Da ich es nicht so weit kommen lassen wollte, die Zielsetzung als eine reine Farce zu betrachten, befaßte ich mich eingehend mit dieser Frage. Ich gelangte zu der Erkenntnis, daß die Zielsetzung – wie so viele andere traditionelle Mythen – nicht rational ist und daher in der Praxis nicht funktionieren kann. Sicher, jeder Mensch braucht etwas, auf das er hinarbeiten kann, aber jedes Ziel muß einen gewissen Spielraum gewähren, wenn es zweckmäßig und erstrebenswert sein soll; andernfalls kann es keine langfristige Lösung ermöglichen.

Das soll Sie aber nicht dazu verleiten, Ihren Zielen einen so allgemeinen Sinn zu geben, daß sie jede Bedeutung verlieren. Sie sollten sich kein so vages Ziel setzen wie z. B.: »Ich möchte viel Geld verdienen.« Ein genauer umrissenes, aber immer noch realistisches Ziel – wie ich es mir selbst einmal gesetzt habe – wäre beispielsweise: »Innerhalb der nächsten fünf Jahre will ich so viel Geld verdienen, daß ich genug Freiheit habe, um das zu tun, was mir Freude macht, und um dort hingehen zu können, wo es mir gefällt.« Da die Menschen verschieden sind, würde ein solches Ziel für jeden einen anderen Grad des finanziellen Erfolges repräsentieren.

Nachdem ich mir also ein generelles Ziel gesetzt hatte, machte ich eine sehr interessante Erfahrung: Obwohl ich durchaus bereit war, zugunsten von langfristigen Ergebnissen die festgesetzte Zeit von fünf auf sechs oder sogar sieben Jahre zu verlängern, so hart das damals für mich auch gewesen wäre, erreichte ich mein Ziel schneller, als ich es erwartet hatte. Das war nur deshalb möglich, weil ich mich durch die allgemeine Natur meiner Ziele nicht zum Schlendrian verleiten ließ. Ich gab wirklich mein Bestes, und meine Bemühungen um langfristige Lösungen erwiesen sich wieder als der sicherste Weg zum Erfolg. Wenn Sie sich der Methode der generellen Zielsetzung jedoch nur deshalb bedienen, um sie als Ausrede für Ihre Inaktivität zu benützen, dann sind Sie nicht besser daran als die Leute, die sich unrealistische, spezifische Ziele setzen.

Wie sicher ist unsere Zukunft?

Da wir in einer Welt des finanziellen Chaos leben, das wir den verwerflichen finanziellen Praktiken der Regierungen verdanken, müssen wir uns Gedanken über die Zukunft machen. In dem Maße wie die Regierungen weiterhin die Inflation fördern und Gelder ausgeben, über die sie gar nicht verfügen, wird sich die Lage weiter verschlechtern. Und da wir damit rechnen können, daß unsere Regierung die Praxis des kurzfristigen Flickwerks beibehält, ist es nur eine Frage der Zeit, wie lange es ihr noch gelingen wird, mit Hilfe von immer neuen Tricks die totale Katastrophe hinauszuzögern.

Wenn Sie den finanziellen Erfolg bereits erreicht haben oder sich auf dem besten Weg dazu befinden, müssen Sie der unerfreulichen Tatsache ins Auge sehen, daß die Regierung bei ihrer Suche nach kurzfristigen Lösungen die »Reichen« immer stärker zur Ader lassen wird. Schließlich braucht die Regierung ja einen Buhmann, auf den sie anklagend hinweisen kann. Und so werden die »Reichen« (niemand weiß genau, auf wen diese Bezeichnung sich eigentlich bezieht) schon seit geraumer Zeit kräftig zur Kasse gebeten. Natürlich ist dieses Verfahren nichts anderes als schierer Blödsinn, genau so wie alle anderen Phrasen, mit denen die Regierung uns eindeckt. Henry Hazlitt hat folgende Berechnung aufgestellt: Wenn die Regierung alle Jahreseinkommen, die über dem Betrag von fünfzigtausend Dollar liegen, konfiszieren und unter die übrige Bevölkerung verteilen würde, dann würde jeder Bürger der Vereinigten Staaten die großartige Summe von einhundertzwanzig Dollar erhalten.

Eine mögliche Lösung der langfristigen Probleme, die wir der Regierung zu verdanken haben, besteht darin, daß man sein Geld in Kommoditäten anlegt, die auch nach dem großen Krach einen Großteil ihres Wertes behalten. Dazu gehören Gold, Silber, Kunstgegenstände – kurzum alles, das hoch im Kurs stehen könnte, wenn niemand mehr bereit ist, für ein Stück wertloses Papier einen Laib Brot herzugeben. Aber diese Möglichkeit müssen Sie selbst prüfen. Ich möchte Ihnen keinen Rat geben, weil ich mich mit dieser Frage noch nicht gründlich genug befaßt habe.

Der Schwindelfonds

Wenn Sie sich darauf verlassen, daß die Sozialversicherung für Ihren Lebensabend sorgen wird, sollten Sie diese Hoffnung schleunigst aufgeben. Es gibt keinen Sozialversicherungsfonds. Das Ganze war von Anfang an nichts anderes als ein betrügerisches, kurzfristiges Flickwerk, mit dessen Hilfe die Regierung noch mehr von Ihrem Geld in die Hände bekommen wollte, um das sinkende Schiff über Wasser zu halten. Der »Fonds« ist in Wirklichkeit ein Schuldschein über 2,3 Billionen Dollar, der von einer bankrotten Währung gedeckt wird. Die Auszahlung an die Empfangsberechtigten könnte nur dadurch gesichert werden, daß die Regierung in Zukunft den Steuerzahlern noch mehr Geld abknöpft. Wenn man in der freien Wirtschaft den Gewinn aus einer noch laufenden Transaktion sofort für die Durchführung eines noch größeren Projektes verwendet, wird man von derselben Regierung, die sich ganz offen dieser Methode bedient, zu einer langen Gefängnisstrafe verurteilt.

Wo sind also die Geldmittel der Sozialversicherung? Sie verschwinden in dem gleichen Tempo, in dem sie eingezahlt werden. Diese Praxis nennt sich interner Ausgleich; das Geld wird für andere dringende Zahlungen verwendet. Die größte Beleidigung für die Intelligenz des Durchschnittsbürgers ist jedoch die Tatsache, daß die Regierung diese Schuld von 2,3 Billionen Dollar nicht in ihrer Bilanz aufführt. Obwohl diese Summe fünfmal so hoch ist wie die offiziell angegebene Staatsschuld, wird die Öffentlichkeit nicht einmal über die Existenz dieses Schuldpostens informiert.

Sie sind also gut beraten, wenn Sie sich nicht auf die Sozialversicherung und andere Vergünstigungen verlassen. Vielleicht ist nichts mehr davon vorhanden, bis Sie an die Reihe kommen, und selbst wenn diese Einrichtungen dann noch bestehen sollte, würde man Sie in Dollars bezahlen, die praktisch wertlos sind.

Da die Geldanlage in Wertobjekten bestenfalls ein Geschäft ist, das Kursschwankungen unterliegt, und die Sozialversicherung im Grunde genommen nicht existiert, welche Möglichkeit hat man dann noch, um sich finanziell abzusichern? Die einzige langfristige Lösung dieses Problems liegt in Ihren eigenen Fähigkeiten. Die beste Investition, die Sie machen können, besteht darin, daß Sie Ihren Geist und Ihr Leistungsvermögen verbessern und auf diese Weise den Wert steigern, den Sie für andere Menschen haben. Wenn alles andere versagt, werden die Leute, deren Talente noch gefragt sind, den größten Handelswert haben. Vorläufig hat die Regierung noch keine Möglichkeit, auch Ihre Fähigkeiten zu konfiszieren.

Der Vorteil der Einfachheit

Wenn ich die Vergangenheit Revue passieren lasse, überrascht es mich immer wieder, wieviel Mühe ich mir früher gegeben habe, um meine geschäftlichen Transaktionen zu komplizieren. Heute ist es mir unbegreiflich, daß ich so viel Zeit und Geld aufgewendet habe, um große Organisationen mit komplexen gesellschaftsrechtlichen Strukturen aufzubauen, deren Aktionsradius sich über das ganze Land erstreckte. Die Folge davon war, daß ich niemals Zeit hatte, das einzige zu tun, das einem wirklich das große Geld einbringen kann – meine schöpferischen Fähigkeiten auszunützen. Statt dessen war meine Zeit damit ausgefüllt, daß ich nach Wegen suchte, um alles noch komplizierter zu machen.

Heute kann mich niemand weniger beeindrucken als der Mann, der in jeder Hand einen Telefonhörer hält, Berge von Papier durchwühlt, während er spricht, seine Telefongespräche in regelmäßigen Abständen unterbricht, um seiner Sekretärin Anweisungen zu erteilen, und gleichzeitig einen Besucher auffordert, Platz zu nehmen. Ein solches Verhalten verrät sehr oft den Ego-Süchtigen.

Aber selbst wenn all diese hektische Aktivität nicht darauf abzielt, andere Leute zu beeindrucken, sondern echt ist, muß man sie als ein negatives Zeichen werten: Man hat einen Menschen vor sich, der sich nicht mehr darüber im klaren ist, wofür er eigentlich kämpft. Er mag zwar finanziell sehr erfolgreich sein, aber er hat vergessen, daß Geld nur ein Mittel zum Zweck ist. Vielleicht sind Sie der Meinung, daß manche Menschen einen solchen Trubel brauchen, daß sie glücklich sind, wenn sie ständig unter Volldampf arbeiten können, und es ist durchaus möglich, daß Sie recht haben. Ich kenne jedoch zu viele Leute (mich selbst eingeschlossen), die einmal glaubten, daß ihnen ein solcher Lebensstil Spaß machen würde, und die eines Tages plötzlich aufwachten und erkannten, daß sie gar nicht wußten, was sie alles versäumt hatten.

Im Laufe der Zeit gelangte ich zu der Erkenntnis, daß die Größe einer Firma auch gleichzeitig ihre Schwäche ist. Je größer eine Firma ist, desto mehr Leute müssen zu Rate gezogen werden, bevor Entscheidungen getroffen werden können, und desto anfälliger ist sie für bürokratische Stümperei, zeitraubende Quertreibereien, Unproduktivität und Verwirrung. All dies erklärt, warum eine große Gesellschaft niemals fähig ist, mit einer kleinen, gut organisierten und straff geleiteten Firma zu konkurrieren.

So machen z. B. die überregionalen Supermarktketten in den Großstädten nicht so viel Gewinn wie die örtlichen Unternehmen, die es leichter haben, an der Spitze ihrer Branche zu bleiben. Das ist auch der Grund, warum Mammutkonzerne immer »Anti-Kartell-« und »Anti-Monopol«-Gesetze unterstützen, die ebenfalls ein von der Regierung in Szene gesetzter Schwindel sind. Inzwischen haben wohl die meisten Leute begriffen, daß der eigentliche Sinn dieser »Gesetze« darin liegt, die großen Firmen vor den kleinen Konkurrenten zu *schützen*, da diese auf Grund ihrer besseren Leistungsfähigkeit die Gewinne der Großen schmälern.

Ein Beispiel dafür sind die großen Fluggesellschaften, die sich mit allen Mitteln dagegen wehrten, die Konkurrenz in ihre Domäne einzulassen; sie bestanden auf der Beibehaltung von behördlichen Preisvorschriften und anderen Kontrollen. Es ist immer der Kunde, der unter solchen Machenschaften leiden muß. Er ist gezwungen, sich mit einem mangelhaften Kundendienst, schlecht aufeinander abgestimmten Flugplänen und mit Flugpreisen abzufinden, die wesentlich höher sind, als sie es im Falle eines freien Wettbewerbs wären. Aber die Regierung ist nun einmal nicht bereit, auch für die kleinen Firmen etwas zu tun.

All diese Tatsachen haben mich gelehrt, daß ich meine Interessen am besten schützen könnte, wenn ich überflüssiges Gepäck über Bord werfen, meine Geschäfte mit der größtmöglichen Einfachheit abwickeln und meine Fähigkeiten verbessern würde. Ich wollte nicht länger ein hochbezahlter Babysitter sein, der man zwangsläufig wird, wenn man die Aufsicht über einen großen Mitarbeiterstab hat. Eine solche Position verlangt auch, daß man sich selbst strenge Vorschriften auferlegt, da man ja für die anderen ein Beispiel sein muß.

Auch die vielen Geschäftsreisen sind ein Beiwerk, auf das man verzichten kann. Früher hatte ich geglaubt, daß die wirklich großen Projekte – »die Inseln unter dem Wind, wo schwarze Bäume wachsen« – nur in der Ferne zu finden waren, und zwar für gewöhnlich auf der anderen Seite des Kontinents. Natürlich erwiesen sich die meisten dieser Vorhaben als undurchführbar oder ungünstig. So vergeudete ich viel Zeit und Kraft – ganz zu schweigen von den Reisekosten –, die ich für lohnende Projekte hätte einsetzen können, welche sich in meiner unmittelbaren Nähe befanden.

Versuchen Sie, Ihr Berufsleben möglichst einfach zu gestalten. Es ist nicht nötig, daß Sie ständig im Land herumreisen, um Projekte aufzuspüren, die vermutlich nicht so lohnend sind wie diejenigen, die Sie an Ihrem eigenen Wohnort finden können. Es ist erstaunlich, um wie vieles man im eigenen Büro besser arbeiten kann als im Flugzeug oder in einem Hotelzimmer.

Die Nachteile des Großbetriebs

Natürlich hängt es von Ihrem Beruf ab, ob und bis zu welchem Grad Sie den Kontakt mit großen Institutionen vermeiden können; ich kann Ihnen aber versichern, daß es die Abwicklung Ihrer Geschäfte wesentlich vereinfacht, wenn Sie sich von solchen Organisationen fernhalten. Ich verdiene jetzt mehr Geld als je zuvor, und zwar nicht nur deshalb, weil ich mich mit einem Minimum an Mitarbeitern begnüge, sondern auch deshalb, weil ich mich nicht mehr endlose und frustrierende Stunden mit schwerfälligen Mammutorganisationen, wie z. B. Banken, Versicherungsgesellschaften und Behörden, herumschlagen muß. Als ich vor Jahren ein größeres Unternehmen leitete, mußte ich bestimmt fünfundneunzig Prozent meiner

Zeit für die Gespräche mit der Börse, der Staatlichen Kommission zur Überwachung des Wertpapier- und Wechselhandels sowie mit Banken und anderen inflexiblen Organisationen aufwenden, ganz zu schweigen von den Besprechungen mit Direktoren, Börsenmaklern und Aktionären. Die restlichen fünf Prozent meiner Zeit verbrachte ich mit den Arbeiten, die getan werden müssen, weil das Gesetz es so verlangt, und das bedeutete Berge von Papierkram, Besprechungen mit Anwälten und Buchprüfern und viele andere unangenehme Aufgaben. Ich glaube nicht, daß jemand, der in einem öffentlichen Unternehmen eine leitende Position innehat, jemals dazu kommt, neue Produkte oder verbesserte Dienstleistungen zu entwickeln; ihm fehlt ganz einfach die Zeit dafür.

Schlösser, die im Monde liegen, bringen keinen Nutzen

Wenn man seine Arbeit vereinfachen will, darf man sich nicht mit mehreren Projekten gleichzeitig befassen. Durch meine Tätigkeit als Schriftsteller habe ich gelernt, wie wichtig es ist, sich nicht ablenken zu lassen, auch wenn es noch so verlockend wäre, etwas anderes zu tun. Man kommt immer am weitesten, wenn man von einer einmal getroffenen Entscheidung nicht abweicht.

Wie ich bereits früher sagte, kann man nicht alle guten Dinge für sich allein haben, und je eher Sie diese Tatsache akzeptieren, desto schneller können Sie daran gehen, Geld zu verdienen. Ich habe schon längst den Ehrgeiz aufgegeben, ein Hans Dampf in allen Gassen zu sein, und bin ein Anhänger des Spezialistentums geworden. Mich befriedigt es voll und ganz, Bücher zu schreiben, und alle anderen Geschäfte überlasse ich mit Vergnügen den Leuten, die daran interessiert sind.

Mit den Jahren bin ich schrullig geworden, und zwar so sehr, daß ich nicht einmal mehr mit anderen Leuten über »Geschäfte« reden will. Vielleicht ist das ein Zeichen der Senilität. Es gibt einfach zu viele Vorbehalte und Einwände, die ich nicht mehr begreifen kann. Außerdem bringen geschäftliche Transaktionen es mit sich, daß sich immer mehr Leute einschalten, und ich suche ja bewußt nach Wegen, wie ich den Kreis der Beteiligten möglichst klein halten kann. Mehr Leute bedeuten mehr Komplikationen, und Komplikationen hindern mich daran, die Freiheit, die auf der anderen Seite der finanziellen Hürde auf mich wartet, so schnell wie möglich zu erreichen.

Als ich noch für meinen Lebensunterhalt arbeiten mußte, habe ich mich mit den verrücktesten Projekten befaßt, die von der Errichtung eines autonomen Gebiets in der Mohave-Wüste bis zum Bau einer Fabrik für die Verarbeitung von Kuhfladen zu Ziegelsteinen in Bombay reichten. Und dann waren da die Turbane – ganze Scharen von Turbanen über schwarzen Straßenanzügen, die in immer neuen Wellen auf mich zukamen. Ihre Träger redeten über »arabische Ölgelder« oder »reiche Familien in Indien«. Soll ich Ihnen etwas verraten? In all den Jahren und bei all den Transaktionen, die durch meine Vermittlung abgeschlossen wurden, habe ich niemals gesehen, daß arabisches oder indisches Geld die Hände wechselte. Zweifelsohne gibt es diese Gelder irgendwo, aber ich kann Ihnen versichern, daß sie nur auf einer Ebene, die für Sie oder für mich viel zu hoch ist, den Besitzer wechseln.

Vergessen Sie alle Projekte, die in das Land der Phantasie gehören, und lassen Sie sich nicht von irgendwelchen exotischen Gestalten beeindrukken. Konzentrieren Sie sich auf ein einziges Projekt – möglichst an Ihrem Wohnort –, das Hand und Fuß hat, und lassen Sie sich nicht durch andere Vorhaben, die man Ihnen anbietet, davon ablenken.

Denken Sie stets an die Theorie, daß der Mensch dazu neigt, sich das Leben schwerzumachen. Vermeiden Sie unnötige Komplikationen. Je mehr Sie Ihre finanziellen Angelegenheiten vereinfachen, desto mehr Zeit bleibt Ihnen für die einzige Methode, mit deren Hilfe Sie wirklich Geld verdienen können: für das schöpferische Denken. Es ist gar nicht nötig, daß Sie ständig auf der Achse sind und mit Hunderten von Leuten über alle erdenklichen finanziellen Fragen und Probleme diskutieren. Dadurch verlieren Sie nur den Überblick. Eine Stunde, die Sie mit kreativem Denken verbringen, kann Ihnen buchstäblich ein Vermögen einbringen. Es ist eine Tatsache, daß der Profit in direktem Zusammenhang mit der Anzahl der Stunden steht, die man für das ungestörte schöpferische Denken abzweigt.

Organisieren Sie Ihr Leben

Organisationstalent und Selbstdisziplin gehen mit der Vereinfachung Ihrer Bemühungen um den finanziellen Erfolg Hand in Hand. Beide Eigenschaften verschaffen Ihnen nicht nur zusätzliche erholsame Stunden, sondern sie ermöglichen es Ihnen auch, diese arbeitsfreien Stunden intensiver zu genießen, da Sie sich keine Sorgen zu machen brauchen, daß Sie irgendeine Arbeit vernachlässigen.

Ich glaube, daß ich ein sehr unkompliziertes Leben führe und mehr unbeschwerte Freizeit habe, als es im allgemeinen üblich ist. Diesen angenehmen Zustand habe ich hauptsächlich der Tatsache zu verdanken, daß ich ein guter Organisator bin. Organisation und Selbstdisziplin ermöglichen eine bessere Ausnutzung der Zeit, so daß man mehr schöpferische Stunden zur Verfügung hat, und das bedeutet, daß man sein finanzielles Ziel schneller erreicht.

Es kommt nicht darauf an, daß Sie ein überragendes Organisationstalent haben, sondern nur darauf, daß Sie von den Fähigkeiten, die Sie besitzen, Gebrauch machen. Zur optimalen Ausnutzung der Zeit gehört auch, daß Sie lernen, sowohl Menschen als auch Maschinen richtig einzusetzen, gleichgültig ob Sie Arbeiter oder Unternehmer sind. Ein Arbeiter, der es versteht, seine Fähigkeiten zu verbessern, indem er sich sowohl Menschen als auch Maschinen auf intelligente Art und Weise nutzbar macht, erhöht dadurch den Wert seiner Dienste.

Bedenken Sie auch, daß Ihr Privatleben automatisch mit Ihrem Berufsleben gekoppelt ist. Zwischen beiden besteht eine starke Wechselwirkung. Ihr beruflicher Erfolg hat einen maßgeblichen Einfluß auf die Gestaltung Ihrer Freizeit, und ein chaotisches Privatleben hat ganz bestimmt eine negative Wirkung auf Ihre finanziellen Ambitionen.

Ob Sie Probleme mit Ihrem Lebensgefährten oder mit einem Freund haben, oder ob Sie durch eine Krankheit behindert sind – jede Störung in Ihrem Privatleben kann Ihre berufliche Aktivität beeinträchtigen. Das Gleiche ist der Fall, wenn Sie Ihr Privatleben schlecht organisiert haben. Es ist nun mal eine Realität, daß Sie essen, schlafen, zum Zahnarzt gehen und viele andere Dinge tun müssen, die nichts mit Ihrem Berufsleben zu tun haben, und für alle brauchen Sie Zeit. Wenn Sie diese Dinge nicht unter Kontrolle haben, geht das zu Lasten Ihres finanziellen Erfolgs.

Ihre organisatorischen Bemühungen sind nur dann von Bestand, wenn sie mit Selbstdisziplin vergesellschaftet sind. Sie müssen die Willenskraft haben, Ablenkungen zu vermeiden, und Sie müssen lernen, nein zu sagen. Falls Sie nach bequemen Entschuldigungen Ausschau halten, wie Sie es vermeiden können, den Preis des Erfolgs zu bezahlen, brauchen Sie nicht lange zu suchen, denn Ablenkungen gibt es in Hülle und Fülle – z. B. das andere Geschlecht, Telefongespräche, Fernsehen usw.

Sie können sich sogar ganz rational davon überzeugen, daß eine bestimmte gesellschaftliche Veranstaltung aus geschäftlichen Gründen sehr wichtig sei, aber das ist eine Ausrede, auf die ich schon lange nicht mehr hereinfalle. Die wichtigen Entscheidungen werden von Montag bis Freitag entweder in Ihrem Büro oder in dem Büro von irgend jemand anders getroffen. Ich glaube es einfach nicht, wenn jemand behauptet, daß er seine besten geschäftlichen Schachzüge auf einer Cocktailparty, beim Golfspiel oder während eines Mittagessens gemacht hat.

Ich gebe zu, daß es mich durchaus nicht stört, wenn andere glauben, daß wichtige Punkte auch außerhalb des Büros gesammelt werden können. Ich verdanke viele meiner Erfolge dem Umstand, daß die Gegenseite sich einen »geschäftlichen« Martini genehmigte, während ich hinter verschlossenen Türen saß und arbeitete. Dieser Weg zum Erfolg ist viel einfacher und viel weniger anstrengend. Ich habe meine Siege nicht durch Konfrontationen errungen, sondern durch Selbstdisziplin.

Sie können sehr leicht prüfen, ob Sie die Kunst der Organisation und der Selbstdisziplin beherrschen. Wenn andere Leute sich darüber wundern, daß Sie so schnell ans Ziel gelangt sind, und es sich nicht erklären können, wie Sie es geschafft haben, dann ist das ein sicheres Zeichen dafür, daß Sie von diesen beiden wichtigen Werkzeugen den bestmöglichen Gebrauch machen.

Seien Sie Ihr eigener Steuermann

Wenn mich etwas nervös macht, dann ist es die Rolle des Beifahrers. Ich setze mich höchst ungern hinter das Lenkrad eines Autos, aber ich tue es, weil ich es vorziehe, selbst die Kontrolle über eine Situation in der Hand zu haben. Wir haben schon wiederholt darüber gesprochen, wie wichtig es ist, auf Grund der eigenen Entscheidungen zu handeln, statt alles dem Zufall zu überlassen. Eigene Entscheidungen können Sie aber nur dann treffen, wenn Sie die Kontrolle über Ihre Aktionen haben. Organisation und Selbstdisziplin liefern die Grundlage, von der aus Sie nicht nur sich selbst, sondern auch eine gegebene Situation kontrollieren können.

Es gibt zwar eine Unmenge von Faktoren, die außerhalb Ihrer Kontrolle liegen, aber es gibt auch viele, die von Ihnen beeinflußt werden können. Es steht z. B. in Ihrer Macht, Ihr eigenes Bewußtsein zu kontrollieren. Niemand kann Sie daran hindern, hellwach zu sein oder rational zu denken. Allerdings sind viele Menschen überzeugt davon, daß das Leben sie in eine ungünstige Position gedrängt hat, und deshalb versäumen sie es, sich auf das zu konzentrieren, was um sie herum vorgeht. Es ist geradezu unheimlich, wie oft die wichtigsten Ereignisse im Leben eines Menschen gerade dann auftauchen, wenn er sie am wenigsten erwartet.

Dieselben Leute, die nicht begreifen können, daß jeder Mensch den ihm zustehenden Anteil von unglücklichen Zufällen erhält, können auch nicht verstehen, daß jedem von uns auch ein beträchtliches Kontingent an glücklichen Zufällen zugeteilt wird. Die meisten Menschen sind sich entweder nicht der Dinge bewußt, die um sie herum geschehen, oder sie sind so verbittert über ein Unglück, das ihnen widerfahren ist, daß sie die vielen günstigen Gelegenheiten, die sich ihnen bieten, nicht erkennen. Von den wenigen Menschen, die fähig sind, solche Gelegenheiten zu erkennen, sind wiederum nur einige wachsam oder mutig genug, sie rechtzeitig auszunützen. Und dann gibt es noch eine sehr kleine Zahl von Menschen, die nicht nur hellwach, sondern auch bereit und gewillt sind, beim ersten Anzeichen einer sich bietenden Chance vorwärtszustürmen.

Warten Sie nicht darauf, daß man Sie entdeckt

Zwischen den Menschen, die finanzielle Versager sind, weil sie eine günstige Gelegenheit nicht erkennen können, und denjenigen, die sich einbilden, daß die Welt ihnen etwas schuldet, besteht kein großer Unterschied. Ein Mensch, der glaubt, daß die Welt ihm etwas schuldet, hat meist rein zufällig einmal Erfolg gehabt und lebt nun in der irrationalen Erwartung, daß ihm das Glück in den Schoß fällt, ohne daß er irgend etwas dazu tun muß. Wenn dann die Serie von unglücklichen Zufällen anfängt, die niemandem erspart bleibt, konzentriert er sich ausschließlich darauf und redet sich ein, daß seine Mißerfolge reines Pech sind. Der erste unverdiente Erfolg hat ihn in einen Zustand der Selbsttäuschung getrieben.

Bei einem Menschen, der darauf wartet, entdeckt zu werden, liegen die Dinge ganz anders. Er hat nicht einmal einen Grund für die Erwartung, daß irgend jemand kommen wird, der seinen Namen in riesigen Leuchtbuchstaben publik macht. Ich würde es Ihnen gern erklären, wie es dazu kommt, daß so viele Menschen derartige Illusionen hegen, aber ich muß gestehen, daß ich nicht die leiseste Ahnung habe, wie eine so absurde Idee entstehen kann. Geben Sie acht, daß nicht auch Sie darauf warten, entdeckt zu werden, denn dann müssen Sie für nichts und wieder nichts einen enorm hohen Preis bezahlen (in der Form von frustrierten und verbitterten Gefühlen). Entdeckungen dieser Art geschehen in billigen Romanen und schlechten Filmen. Wann immer Sie sich dabei ertappen, daß Sie stumpfsinnig herumsitzen und unbewußt darauf warten, daß etwas geschieht, empfehle ich Ihnen, an die folgende wahre Geschichte zu denken, die Sie aus Ihrer Lethargie reißen sollte.

Ein Bekannter von mir beschloß eines Tages, in das Fernsehgeschäft überzuwechseln, nachdem er fast zehn Jahre lang auf völlig anderen Gebieten gearbeitet hatte. Er verfügte über keinerlei einschlägige Erfahrungen, hatte – ausgerechnet! – Metallurgie studiert und war zwei Jahre lang Immobilienmakler gewesen. Er verabscheute diesen Beruf so sehr, daß er ihn von einem Tag zum anderen aufgab. Danach war er mehrere Monate arbeitslos. Aber er war entschlossen, nicht noch mehr Jahre mit einer ungeliebten Tätigkeit zu vergeuden und auf irgendeine Art und Weise Eingang in die Branche zu finden, die ihn seit langem faszinierte.

Was war der entscheidende Faktor für die Wendung in seinem Schicksal? Unverdrossen klopfte er an einer Tür nach der anderen und erzählte überall die gleiche Geschichte: Er habe zwar keinerlei Erfahrung, aber es sei sein sehnlichster Wunsch, in der Fernsehproduktion zu arbeiten; er sei bereit, für die Erfüllung dieses Wunsches alles zu tun, was in seinen Kräften stünde. Er sagte ferner, daß es ihm gleichgültig sei, was man ihm anfangs zahlen würde. Kurzum, er wolle nur eine Chance, um seine Eignung unter Beweis stellen zu können. Und eines Tages hatte er es geschafft. Irgend jemand war so von ihm beeindruckt, daß er ihm eine Chance gab.

Das war der Start für eine geradezu atemberaubende Karriere. Sobald eine Produktion beendet war, wurde er schon für die nächste engagiert. Es gab kaum einen Tag, an dem er ohne Arbeit war – eine große Seltenheit in diesem Geschäft, insbesondere für einen Anfänger.

Heute hat er schon ein beachtliches Stück auf dem Weg zum finanziellen Erfolg zurückgelegt, und es sollte mich wundern, wenn er es nicht bis an die oberste Spitze schafft. Der eigentliche Grund für seinen Erfolg ist die Tatsache, daß er nicht darauf wartete, entdeckt zu werden, sondern daß *er* sich aufmachte und selbst auf Entdeckungstour ging. Nachdem er die Entscheidung getroffen hatte, daß er unbedingt in diesem Beruf arbeiten wollte und bereit sei, den erforderlichen Preis zu zahlen, ging er sofort an die Verwirklichung dieses Zieles und ließ sich durch die anfänglichen Mißerfolge nicht abschrecken.

Hüten Sie sich vor dem Verlust Ihrer Integrität

Zum Thema der Kontrolle möchte ich Ihnen eine Warnung mitgeben: Versuchen Sie niemals die Oberhand zu gewinnen, wenn der Preis, den Sie dafür zahlen müssen, zu hoch ist. Vergessen Sie nicht, daß ein Regime, das seine Existenz der Angst verdankt, nicht von Dauer sein kann.

Vor allem aber dürfen Sie bei Ihren Bemühungen, die Kontrolle zu erringen, Ihre Integrität nicht schädigen. Ich kann Ihnen zwar kein Beispiel dafür geben, wie Sie in eine solche Situation hineingeraten könnten, denn das hängt von den jeweiligen Umständen ab, aber Sie werden es bestimmt sofort wissen, wenn Ihre Integrität in Gefahr ist. Übrigens – wenn ich von Integrität spreche, meine ich damit natürlich das, was Sie persönlich darunter verstehen, und nicht etwa eine Definition, die von irgendeiner anderen Seite aufgestellt wurde. Sie selbst setzen die Maßstäbe, nach denen Sie sich richten. Wenn Sie viel Geld verdienen, dabei aber Ihre Selbstachtung einbüßen, dann war alles umsonst; es dürfte Ihnen schwerfallen, die Früchte Ihrer Bemühungen zu genießen.

Lassen Sie sich nicht entmutigen

Gleichgültig, ob es sich um eine Entscheidung über einen Berufswechsel, über den Zeitpunkt für eine geplante Veränderung oder über die Handhabung eines bestimmten finanziellen Problems handelt, Sie sollten sich von den Ratschlägen anderer Leute nicht beeinflussen lassen. Wenn Sie auf zu viele andere Leute hören, kann sich das sehr ungünstig auf Ihre finanziellen Ambitionen auswirken. Diese Warnung gilt auch für die Meinung von sogenannten Experten, über deren Wert wir ja schon ausführlich diskutiert haben.

In jedem Berufszweig gibt es Leute, die keine Mühe scheuen, um Sie davon zu überzeugen, daß Sie in ihrer Branche keinen Erfolg haben werden. Ihre Philosophie, die das Ergebnis ihrer eigenen Unsicherheit ist, läuft darauf hinaus, dafür zu sorgen, daß Sie die Startlinie nicht verlassen. Auf diese Weise wollen sie verhindern, daß ein weiterer Spieler, mit dem sie nicht konkurrieren können, auf das Spielfeld kommt.

Um dieses Ziel zu erreichen, bedient man sich oft der Einschüchterung durch Referenzen. Das hört sich dann so an: »Wie können Sie sich einbilden, daß Sie auf diesem Gebiet Erfolg haben werden, obwohl Sie so etwas noch nie gemacht haben. Sie haben weder Papiere (Lizenz, Diplom, Genehmigung usw.) noch irgendwelche Vorkenntnisse. Sammeln Sie erst einmal ein paar Erfahrungen (was wir nach Möglichkeit verhindern werden), und kommen Sie dann wieder. Vielleicht haben Sie dann eine Chance.« Eine absurde Einstellung – schließlich müssen Sie ja irgendwo einmal anfangen.

Erwarten Sie nicht, daß man Ihnen beim Start hilft, und seien Sie auf das Schlimmste gefaßt. Rechnen Sie damit, daß ein paar Neurotiker alles tun werden, um Ihren Weg zu blockieren; sollte Ihnen das erspart bleiben, betrachten Sie es als einen glücklichen Zufall. Denken Sie an die Theorien, die sich auf eine solche Situation beziehen: Niemand ist Ihnen etwas schuldig (was die andere Seite sehr genau weiß), und niemand wird Sie »entdecken« (wenngleich manche nach besten Kräften versuchen werden, zu verhindern, daß Sie sich selbst entdecken).

Sie allein müssen entscheiden, ob und wann Sie bereit sind, den Sprung zu wagen.

Der Sprung über das Hindernis

Sie brauchen keine Referenzen; Sie brauchen von niemandem eine Genehmigung; Sie brauchen keine Versicherungen von Bekannten (die Sie nicht so gut kennen, wie Sie sich selbst kennen), denn all das könnte Sie vielleicht nur verwirren. Sie brauchen nichts weiter, als bereit zu sein, und diesen Zeitpunkt können nur Sie bestimmen. Wenn es dann soweit ist, ignorieren Sie alle Miesmacher und springen Sie genau auf die Sprosse der Leiter, die Ihrer Meinung nach der Platz ist, der Ihnen zusteht.

Wagen Sie den Sprung aber erst dann, wenn Sie sicher sind, daß Sie ihn durchstehen können. Verzichten Sie lieber darauf, wenn Sie noch nicht bereit sind. Das heißt natürlich nicht, daß Sie sich von ganz unten »heraufkämpfen« müssen, oder daß jemand anders darüber zu entscheiden hat, ob Sie Ihren »Tribut« gezollt haben. Jeder von uns muß auf seine eigene Art und Weise seinen Tribut zahlen, und nur Sie können wissen, wann Sie den Ihren entrichtet haben. Die Tributzahlung hängt nicht davon ab, wie alt Sie sind oder wie viele Jahre Erfahrung Sie haben. Manche Leute sind schon mit zwanzig bereit, andere haben es mit siebzig noch nicht geschafft. Niemand weiß, was Sie durchgemacht haben, um diese Stufe zu erreichen; ebensowenig sollten Sie sich das Recht anmaßen, einem anderen Menschen seinen schnellen Aufstieg zu verübeln, denn Sie können nicht beurteilen, welche Anstrengungen er auf sich genommen hat, um es so weit zu schaffen.

Wenn Sie nicht mit Sicherheit sagen können, ob Sie bereit sind, dann sind Sie es wahrscheinlich nicht. Sie werden es jedoch instinktiv wissen, wenn der Zeitpunkt gekommen ist, und dann sollten Sie keine Zeit damit vergeuden, sich durch die Meute hindurchzukämpfen. Springen Sie einfach darüber hinweg und beginnen Sie Ihre Arbeit auf der Ebene, die Ihnen genehm ist.

Spielen Sie Ihr eigenes Spiel

Wie ich bereits im Kapitel über die Hürde der menschlichen Beziehungen erwähnte, kommt es nicht darauf an, was Sie sagen oder tun, sondern auf die Art und Weise, wie Sie dabei auftreten. Ich weiß aus Erfahrung, daß man sein Auftreten weitgehend kontrollieren kann. Allerdings erfordert das Schneid und Geistesgegenwart, insbesondere, wenn man kein dickes Bankkonto im Hintergrund hat.

Unter Schneid verstehe ich den Mut, die eigenen Spielregeln durchzusetzen oder sich sofort einem anderen Projekt zuzuwenden. Ihr Gegner mag zwar finanzkräftiger sein als Sie, aber er kann Sie nicht zwingen, daß Sie sich nach ihm richten. Sicherlich gibt es Leute, die jetzt sagen würden, daß Sie bluffen, aber das tun Sie nicht, wenn Sie es wirklich ernst meinen. Ich habe es mir zur Regel gemacht, nie zu bluffen. Ich überlege es mir lange, bevor ich jemandem ein Ultimatum stelle, denn wenn ich das einmal getan habe, dann gibt es für mich kein Zurück mehr. Diesen Luxus sollte man sich aber nur dann leisten, wenn man sich seiner Sache sicher ist und seine Arbeit vollkommen beherrscht, andernfalls macht man sich lächerlich.

Sie entscheiden, wie Sie das Spiel spielen wollen, und dann müssen Sie sich den oder die geeigneten Partner suchen. Im Sport gibt es ein Sprichwort, wonach man sich niemals das Spiel der Gegenseite aufzwingen lassen soll. Wenn man einen schwachen Gegner hat, ist es leicht, das eigene Spiel zu spielen, aber je härter Ihr Gegner ist, desto wachsamer müssen Sie sein. Sie sollten derjenige sein, der das Tempo und die Spielregeln festlegt und sich durch niemanden davon abbringen läßt.

Ob Ihr Auftreten einen guten Eindruck hinterläßt, hängt zu einem gewissen Grad davon ab, mit wem Sie Geschäfte machen. Daher ist es wichtig, daß Sie lernen, die richtigen Spielpartner auszuwählen, denn das kommt Ihrem Spiel zugute.

Wenn Ihre finanzielle Lage prekär ist, sollten Sie sich nicht sofort mit starken Spielern einlassen. Arbeiten Sie langsam auf dieses Ziel hin, sonst handeln Sie sich eine kräftige Niederlage ein.

Wer nichts zu verlieren hat, kann nur gewinnen

Wenn Sie knapp bei Kasse sind, können Sie das nicht verbergen, besonders nicht vor Leuten, die genügend Geld haben. Und wenn Sie sich noch soviel Mühe geben, irgend etwas – der Klang Ihrer Stimme oder der Blick Ihrer Augen – verrät Sie bestimmt. Wenn man sehr wenig oder gar kein Geld zur Verfügung hat, ist es nicht nur schwer, überzeugend zu wirken, sondern es ist auch schwierig, rationale Entscheidungen zu treffen, und es ist fast unmöglich, sich nicht von einem Spieler einschüchtern zu lassen, der einen soliden finanziellen Rückhalt hat.

Sollte es sich nicht vermeiden lassen, daß Sie gegen Spieler antreten müssen, die für Sie ein paar Nummern zu groß sind, stehen Ihnen meiner Meinung nach nur zwei Waffen zur Verfügung, mit denen Sie sich gegen diesen Nachteil wehren können. Die erste besteht darin, daß Sie gute Arbeit leisten und gut vorbereitet sind. Das kann Ihre Gegenspieler günstig beeinflussen. Sie wissen zwar, daß Sie kein finanzielles Stehvermögen haben, aber sie werden Sie wegen Ihrer Fähigkeiten respektieren und vielleicht sogar bereit sein, mit Ihnen auf einer annehmbaren Basis zu verhandeln, wenn das, was Sie anzubieten haben, attraktiv genug ist.

Die zweite Waffe funktioniert ironischerweise nur dann, wenn man vollkommen am Boden vernichtet ist. Als ich damals in der Gosse gelandet war und still meine Wunden beleckte, kam mir die Erleuchtung, daß ich allen anderen Spielern einen Vorteil voraus hatte: Ich konnte nichts mehr verlieren, aber alles gewinnen. Und dann packte mich der Zorn. Ich hatte es satt, herumgestoßen und -geschoben und bedrängt zu werden. Ich setzte mich mit ungezügelter Heftigkeit zur Wehr, weil mir alles gleichgültig war.

Das war sozusagen meine Wiedergeburt, und diese neue Einstellung half mir, aus der Gosse herauszukommen. Zuerst schaffte ich es nur bis auf den Bürgersteig, aber dann konnte ich allmählich daran denken, am finanziellen Spiel wieder teilzunehmen. In dem Maße, wie meine finanzielle Lage sich verbesserte, verzichtete ich auf den Einsatz dieser Waffe, denn jetzt hatte ich ja wieder etwas zu verlieren.

Denken Sie stets an diesen Grundsatz, wenn Sie ganz oben sind: Treiben Sie einen anderen Menschen niemals so weit, daß er nichts mehr zu verlieren hat. Wenn Sie das tun, wird er vermutlich zurückschlagen. Es ist etwas ganz anderes, ihn unter Kontrolle zu halten, aber treiben Sie ihn nicht so weit, daß es ihm gleichgültig ist, was geschieht.

Es gibt unendlich viele Dinge, die Ihnen helfen können, Ihr Auftreten zu kontrollieren, aber nur Sie können entscheiden, welche davon zu Ihrer Persönlichkeit passen. Und vergessen Sie die Theorie der Selbstbeschuldigung nicht: Ein seelischer Striptease in der Öffentlichkeit ist nicht erforderlich. Lernen Sie, sowohl über die schlechten als auch über die guten Dinge zu schweigen. Und hüten Sie sich vor Übertreibungen, denn das erweckt sofort Zweifel an Ihrer Stärke und seelischen Ausgeglichenheit.

Auch die Wahl Ihrer Worte können Sie kontrollieren. Es gibt immer eine Möglichkeit, wie man mit Hilfe der geeigneten Worte eine Situation entschärfen kann.

Das Geschäftsspiel kann beginnen

Sobald Sie soweit sind, daß Sie sich an diesem Spiel beteiligen können, sollten Sie sich genau vergewissern, wer Ihre Gegenspieler sind. Nachstehend gebe ich Ihnen eine Aufstellung der wichtigsten Spieler im Geschäftsspiel (auch kurz »Das Spiel« genannt), von denen jeder ein paar ganz spezielle Tricks im Ärmel hat, mit denen er Sie zu Fall bringen kann, bevor Sie die finanzielle Hürde bewältigen können:

1. Schmexperten
2. Konkurrenten
3. Der Mann des Rechts
4. Die Regierung
5. Murphys Geist.

Die Rolle des Schmexperten

Es ist schon schlimm genug, wenn Sie den Rat eines angeblichen Experten blindlings akzeptieren, aber es grenzt an Masochismus, wenn Sie auf die Ratschläge von allen Menschen hören, die Ihnen über den Weg laufen. Der Experte – ob verdient oder unverdient – genießt zumindest ein gutes Ansehen. Der Nicht-Experte, der Ihnen Ratschläge erteilt — technisch als Schmexperte bekannt –, kann Sie nur dann einschüchtern, wenn er diese Methode besonders gut beherrscht, oder wenn Sie ein besonders geeignetes Objekt sind.

Besonders verwundbar sind Sie, wenn Sie Probleme haben, weil die Schmexperten in ihrem Eifer, Ratschläge zu erteilen, dazu neigen, wie ein Heuschreckenschwarm über jeden herzufallen, der Sorgen hat.

Hüten Sie sich davor, selbst ein Schmexperte zu werden. Aber wenn es Ihnen gelingt, Nummer Eins zu werden und ein glückliches, erfülltes Leben zu führen, dann werden Sie gar nicht das Bedürfnis haben, Ihr Ego dadurch zu befriedigen, daß Sie anderen Leuten unerbetene Ratschläge geben.

Obwohl er ein Gegenspieler ist, dürfte der Schmexperte keine ernstzunehmende Gefahr für Sie sein. Solange Sie die Augen offenhalten und die Lage kontrollieren, sollten Sie ihn ohne weiteres erkennen können und ihn dann ignorieren.

Sie könnten jetzt die Frage stellen, wie Sie sich jemals einer Sache sicher sein können, wenn Sie es ablehnen, anderen zuzuhören. Nun, die Realität sieht so aus, daß es auf dieser Welt nichts gibt, dessen Sie sich sicher sein können, gleichgültig, wie vielen anderen Leuten Sie zuhören. Wenn Sie auf eine Garantie warten, daß Ihre Pläne Erfolg haben werden, dann kann das sehr, sehr lange dauern. Und wenn Sie sich Sorgen machen, daß Ihnen vielleicht Informationen entgangen sind, die für Sie nützlich gewesen wären, wie können Sie sich dann jemals sicher fühlen, bevor Sie nicht jeden Menschen auf dieser Welt angehört haben? Woher wollen Sie wissen, ob es nicht auf der anderen Seite des Globus einen Menschen gibt, der eine wichtige Information für Sie hat? Warum sollten Sie nur den paar Leuten zuhören, die Ihnen aus freien Stücken Ratschläge geben? Glauben Sie ja nicht, daß jemand Ihnen etwas Wichtiges zu sagen hat, nur weil er sich zufällig in Ihrer Nähe befindet. Selbst wenn Sie mit jedem Menschen sprechen würden, der Ihnen etwas Vernünftiges über Ihre Situation sagen könnte, hätte das wenig Sinn, weil Sie gar nicht lange genug leben, um jede Tatsache sorgfältig prüfen und verwerten zu können.

So bleibt Ihnen also nur die Möglichkeit, die Tatsachen, soweit sie Ihnen bekannt sind, zu analysieren, was Sie am besten allein tun oder im Höchstfall mit Hilfe der erbetenen Meinungen von ein oder zwei Leuten, die Sie besonders schätzen. Danach treffen Sie Ihre Entscheidung und gehen mit der Einstellung vorwärts, daß Sie auf das Schlimmste gefaßt sind, auf das Beste hoffen und bereit sind, mit allem, was sich daraus ergeben könnte, fertig zu werden.

Die Rolle der Konkurrenten

Es ist schon schwierig genug, mit den legitimen Gegenspielern fertigzuwerden, auch ohne daß man sich zusätzlich mit der Einmischung von Leuten herumplagen muß, die auf dem Spielfeld nichts zu suchen haben. Was die Konkurrenten (alle Spieler wetteifern um Dollars, indem sie bessere Produkte oder Dienstleistungen anbieten) zu würdigen Gegenspielern macht, ist die Tatsache, daß jeder seinen eigenen Stil hat. Sie können sich nicht darauf verlassen, daß Sie gegen jeden Spieler mit der gleichen Taktik Erfolg haben. Das einzige, womit Sie fest rechnen können ist, daß jeder Konkurrent stets darauf bedacht sein wird, in seinem eigenen Interesse zu handeln.

Es ist keineswegs so, daß ich für das Geschäftsleben eine Philosophie im Sinne von »alles ist gestattet« empfehle. Als realistisch denkender Mensch weiß ich, daß tatsächlich alles gestattet ist, ob es mir gefällt oder nicht. Jeder Teilnehmer spielt seine eigene Version des Definitions- und Grenzziehungsspiels; ob er das zugibt oder sich dessen überhaupt bewußt ist, spielt nicht die geringste Rolle.

Die Fachsprache der Geschäftsleute

Das Geschäftsleben hat seine eigene Version des Ausdeutungsspiels – das heißt, es hat sogar viele Versionen, weil jeder Spieler vom anderen verschieden ist. Als ich noch aktiv am Spiel beteiligt war, habe ich mich oft damit befaßt, die Bemerkungen der anderen Spieler auszudeuten. Hier ein paar Beispiele:

GEGENSEITE:	Sie brauchen sich keine Sorgen zu machen.
AUSDEUTUNG:	Sie sollten anfangen, sich über alles Sorgen zu machen.

GEGENSEITE:	Lassen Sie es mich wissen, wenn ich Ihnen irgendwie helfen kann.
AUSDEUTUNG:	Belästigen Sie mich nicht.
GEGENSEITE:	Nein, das ist nicht mein Stil; das Leben ist zu kurz, als daß man sich Feinde machen sollte.
AUSDEUTUNG:	Ich werde mir die größte Mühe geben, Sie so richtig aufs Kreuz zu legen; mein Leben ist zu kurz, als daß ich mir wegen einem Feind mehr oder weniger Gedanken machen würde.
GEGENSEITE:	Mein Ruf ist über jeden Zweifel erhaben, das können Sie bei meiner Bank nachprüfen.
AUSDEUTUNG:	Ich habe einen ganzen Haufen Geld auf meinem Konto, das ich ansammeln konnte, indem ich Kerle wie Sie kräftig geschröpft habe, die dumm genug waren zu glauben, daß es genügt, wenn sie sich bei meiner Bank über mich erkundigen.

Das Universalwerkzeug: die Einschüchterung

Die Einschüchterung ist ein Werkzeug, das in der gesamten Geschäftswelt von allen Mitspielern eingesetzt wird. Alles, was darüber zu sagen ist, wurde bereits in dem Kapitel über die Hürde der menschlichen Beziehungen diskutiert. Natürlich wird es immer ein paar nobel gesinnte Seelen geben, die behaupten, daß sie sich dieser Methode noch nie bedient haben. Aber es ist ganz unwichtig, was diese selbstgerechten Leute zugeben oder abstreiten, denn das ändert nichts an der schädlichen Wirkung der Einschüchterung.

Die Erfahrung hat mich gelehrt, daß gerade die Leute, die sich über die Behauptung, daß jedermann mit der Methode der Einschüchterung arbeite, am meisten entsetzt zeigen, eben diese Methode meisterhaft und sehr häufig anwenden.

Ich möchte hier nur noch hinzufügen, daß Ihre Konkurrenten über Hunderte von Möglichkeiten verfügen, Sie durch Einschüchterung unter Druck zu setzen. Man braucht Erfahrung, um ein Einschüchterungsmanöver erkennen zu können, und es gehört viel Entschlossenheit dazu, sich dagegen zu wehren.

Das Bargeldspiel

Solange das Papiergeld für den Handel noch einen gewissen Wert hat, ist es wichtig, daß Sie soviel wie möglich davon auf Ihrer Seite des Spieltisches behalten. Für die Großen unter den Spielern ist es eins der wichtigsten Werkzeuge, die der Dschungel der Geschäftswelt bietet, denn es ermöglicht das Bargeldspiel, dessen Ziel darin besteht, daß man so lange wie möglich vom Bargeld des Gegenspielers freien Gebrauch machen kann.

Auch für das Geld gilt die Theorie des geometrischen Wachstums

Diese Theorie ist zweischneidig; sie kann sowohl für Sie als auch gegen Sie arbeiten, wobei sich in beiden Fällen am Prinzip der geometrischen Reihe nichts ändert. Im positiven Fall manifestiert sie sich als das Phänomen, das unter dem Schlagwort »Geld erzeugt Geld« bekannt ist. Wenn Sie über viel Bargeld verfügen, bieten sich Ihnen die folgenden Vorteile:

1. Sie können das Bargeld in der bestmöglichen Kombination von niedrigem Risiko bei hohem Gewinn arbeiten lassen, wodurch es sich weiter vermehrt.

2. Bargeld verleiht Ihnen ein gutes Image, es holt die besten Leute und Projekte für Sie heran.

3. Es gibt Ihnen ein großes Stehvermögen, was manchmal ausschlaggebend dafür ist, ob Sie eine Gelegenheit für einen besonders reichen Fischzug ausnützen können oder nicht.

4. Bargeld erleichtert es Ihnen, in Ruhe rationale Entscheidungen zu treffen.

5. Es kann als Machtmittel eingesetzt werden, ohne daß Sie einen einzigen Pfennig auf den Tisch legen. Allein die Vorlage einer Bilanz, die einen hohen Bargeldbestand ausweist, kann ein Vermögen wert sein.

Man kann es also nicht genau ausrechnen, wieviel Gewinn eine bestimmte Summe Bargeld einbringen kann.

Aber leider kann das Bargeld auch sehr negative Auswirkungen haben – nämlich dann, wenn man keins hat:

1. Wenn es sich herumspricht, daß Sie in der Klemme sind, dann bleiben die lukrativen Projekte und die guten Spieler plötzlich aus.

2. Da Sie kein Stehvermögen haben, sind Sie immer in einer schwachen Position.

3. Ihre Entscheidungen werden durch Ihren Geldmangel beeinträchtigt; Sie können keine langfristigen Lösungen planen.

4. Sie verlieren jeden Einfluß, und niemand will Ihnen ein Darlehen geben.

5. Besonders schlimm ist, daß Sie viel Zeit aufwenden müssen, um all die Brände zu löschen, die überall aufflackern, während der Spieler, der viel Bargeld hat, sich darauf konzentrieren kann, noch mehr daraus zu machen.

Wenn man die beiden Richtungen miteinander vergleicht, in die eine geometrische Reihe sich entwickeln kann, wird man leicht verstehen können, warum die großen Spieler so viel Wert auf Bargeld legen. Und wenn Sie sich noch so sehr anstrengen, ich bezweifle, daß es Ihnen gelingen würde, ein ganz neues Schema für das Bargeldspiel zu erfinden. Anscheinend haben die Großunternehmen schon alle erdenklichen Tricks ausgetüftelt, wie man mit dem Geld von anderen Leuten arbeiten kann, ohne Zinsen zu bezahlen.

Besonders beliebt ist die »Kaution« im Immobiliengeschäft. Für Banken sind Girokonten eine reine Freude: Sie können das Geld arbeiten lassen, ohne Zinsen zu zahlen und verlangen dafür auch noch Spesen. Für viele Dienstleistungen werden im voraus monatliche Pauschalen verlangt. In der einen oder anderen Form ist jeder am Bargeldspiel beteiligt. Wenn Sie nicht dabei sind, dann sind Sie entschieden im Nachteil.

Die Großunternehmen sind natürlich die besten Spieler des Bargeldspiels, und das ist auch einer der Gründe dafür, daß es ihnen gelungen ist, so groß zu werden – und es auch zu bleiben. Sie können ihr Vorgehen auch am geschicktesten tarnen und bedienen sich der folgenden Methode: Man nimmt von Tausenden oder noch besser von Millionen von Kunden ein paar Dollars weg. Das fällt dem einzelnen Kunden kaum auf, aber für das Großunternehmen kann es bedeuten, daß ihm Millionenbeträge zinsfrei zur Verfügung stehen, mit deren Hilfe es die positive Entwicklung der geometrischen Reihe in Gang setzen kann.

Die American Express Company ist eines der wenigen Unternehmen, das offen darüber spricht, aber das liegt daran, daß praktisch das ganze Geschäft dieser Firma auf diesem Prinzip beruht. Sie nennt diese Methode ganz einfach »floating«. Die Methode funktioniert folgendermaßen: Die American Express Co. verkauft Ihnen Reiseschecks; sie weiß, daß zwischen dem Tag, an dem Sie die Schecks bezahlen und dem Tag, an dem Sie sie einlösen, im Durchschnitt 65 Tage vergehen. Während dieser 65-Tage-Periode wird ein Großteil des Bargelds angelegt, und zwar u. a. auch in steuerfreien Kommunalobligationen.

Und jetzt erhebt sich die Frage, warum die gewieften Finanzexperten, die ein solches Unternehmen leiten, Geld in eine Organisation investieren, von der sie wissen, daß sie bankrott ist. Die Antwort liegt auf der Hand, wie Lysander Spooner es schon vor über hundert Jahren erklärte: Wenn man einer der Hauptgläubiger der Regierung ist, dann *gehört* einem die Regierung. Da die Regierung aber keine eigenen Mittel hat, aus denen sie ihre Schulden zurückzahlen könnte, muß sie das Geld aus den Bürgern herauspressen, und zwar durch Steuern, Geldentwertung, Sozialversicherung, Tarife usw.

Selbstverständlich können Sie nicht mit den gleichen Methoden arbeiten wie die Großunternehmen oder die Regierung, aber Sie können sich das gleiche Prinzip in einem kleineren Maßstab zunutze machen. Entwerfen Sie einen Plan, der Ihrer Situation angepaßt ist. Gehen Sie von dem Grundsatz aus, daß jeder Tag, an dem Sie einen Dollar, der jemand anders gehört, in Ihrer Tasche haben, ein Tag ist, an dem Sie geborgtes Geld zinsfrei zur Verfügung haben. Andererseits ist jeder Tag, an dem jemand anders einen Dollar von Ihnen in der Tasche trägt, ein Verlustgeschäft für Sie. Wehren Sie sich mit aller Kraft, bevor Sie Geld für Kautionen, Vorauszahlungen und andere Tricks des Bargeldspiels locker machen. Sie haben zwar sehr oft keine andere Wahl, aber in manchen Fällen gibt es doch eine Alternative. Achten Sie auf solche Gelegenheiten und versuchen Sie, so viele Spielmarken wie möglich so lange wie möglich festzuhalten. Die Spielmarken sind das Material, das Sie brauchen, um die Theorie des geometrischen Wachstums des Geldes zu Ihrem Vorteil auf die Wirklichkeit zu übertragen.

Der Mann des Rechts in der Rolle des Croupiers

Der Mann des Rechts ist einer der Spieler, der auf dem Spielfeld nichts zu suchen hat, aber alle Proteste kommen zu spät: Er ist schon da. Mit unglaublicher Dreistigkeit hat er sich eingeschlichen und sofort die Rolle des Croupiers übernommen, der von allen Geldern, die auf den Spieltisch geworfen werden, seinen Anteil einstreicht. Offiziell nennt er diesen Anteil sein »Honorar«. In Wirklichkeit läuft es darauf hinaus, daß er als Gegenleistung für seine Bemühungen, neue Probleme für Sie zu schaffen, Geld von Ihnen verlangt.

Das Ergebnis seiner Tätigkeit ist, daß alle legitimen Spieler auf die Dauer gesehen verlieren. Für den Mann des Rechts geht es nur darum, daß der Austausch von Feindseligkeiten nicht aufhört, und daß jede unübersichtliche Situation sich möglichst in die Länge zieht und noch ein bißchen komplizierter wird. Die Zeit arbeitet immer für den Anwalt. Während der Kampf mit voller Wucht tobt, fährt er fort, seine Spielmarken mit dem Croupierrechen einzustreichen.

Wie bereits früher gesagt wurde, ist der Mann des Rechts der klassische Experte, der Ihnen genauestens erklären kann, warum Sie irgend etwas nicht tun können. Ihm geht es nicht darum, Sie davon zu überzeugen, daß Sie unfähig sind; statt dessen läßt er durchblicken, daß es einen mysteriösen juristischen Grund gibt, warum etwas, das Sie tun möchten, unmöglich ist, oder er deutet an, daß es vom geschäftlichen Standpunkt aus ein schlechter Schachzug sein würde. (Wie es dem Mann des Rechts gelungen ist, sich außer als Croupier und Ausdeuter des Gesetzes auch noch als Geschäftsexperte zu etablieren, ist einer der größten Coups, der einem Meister der Einschüchterungstaktik jemals geglückt ist.)

Der Mann des Rechts — ein Mythos

Der Mann des Rechts kommt mit seinen unglaublichen Täuschungsmanövern überall durch, weil es ihm – mit der tatkräftigen Hilfe der Regierung – gelungen ist, sich in einen geheimnisvollen Nebel zu hüllen. Hier ist mal wieder das alte Protektionsspiel der Regierung am Werk: Nur wer eine amtliche Genehmigung hat, darf als Anwalt praktizieren. Für Leute, die sich leicht einschüchtern lassen, ist das ein Beweis dafür, daß juristische Fragen ihr Begriffsvermögen übersteigen – daß nur ein Anwalt das Gesetz wirklich verstehen kann.

Das ist natürlich Unsinn. Erstens hat die Regierung so ziemlich alles für gesetzwidrig erklärt, und das ist ja nun wirklich leicht zu begreifen. Ob es sich um Sex handelt oder um das Essen oder Trinken oder um Waffenbesitz oder irgend etwas anderes, das Ihr Privatleben oder Ihre natürlichen Rechte berührt – die Regierung hat es entweder schon für illegal erklärt oder wird es tun, sobald man sie darauf aufmerksam macht.

Trotzdem glauben Millionen von naiven Menschen immer noch daran, daß die Dienste, die ein Anwalt leistet, geheiligt sind – daß die von der Regierung beglaubigte Lizenz ihm ein mystisches Verständnis für juristische Fragen verleiht. In Wirklichkeit können Sie auch ohne die Hilfe eines Anwalts einen Scheidungsantrag einreichen, eine Gesellschaft gründen oder sterben. (Bei näherer Überlegung glaube ich, daß man wahrscheinlich *mit* der Hilfe eines Anwaltes schneller sterben kann, wenn auch nicht leichter.)

Wir kommen zum Mythos der überragenden Intelligenz des Mannes des Rechts. Es wird allgemein als Tatsache akzeptiert, daß er einfach klüger ist als die anderen Spieler. Wenn das wahr wäre, dann würden nicht so viele Anwälte so dumm sein, sich bei Verstößen gegen das Gesetz erwischen zu lassen; in den letzten Jahren ist eine beträchtliche Anzahl von Anwälten im Gefängnis gelandet.

Die Abenteuer eines Anfängers

Ein weiterer Beweis dafür, daß es auch Anwälten an Intelligenz mangeln kann, ist das folgende Erlebnis, das ich mit einem Mann des Rechts hatte – das heißt, er war eigentlich noch kein Mann des Rechts, sondern vielmehr ein »Rechtsjüngling«, einer von diesen jungen Kerlchen, die gerade ihr Studium abgeschlossen haben und sich als Perry Masons fühlen. Er fieberte förmlich danach, den funkelnagelneuen Croupierrechen in Gebrauch zu nehmen, den er als Zeichen seiner Würde zum Staatsexamen bekommen hatte. Im Dschungel der Geschäftswelt pflegt man von solchen Leuten zu sagen, daß sie noch grün hinter den Ohren sind. Die erfahrenen Spieler nehmen keine Notiz davon, wenn so ein junger Spund emsig herumläuft und jeden, der ihm zuhört, mit unverständlichen juristischen Phrasen überschüttet.

Aber wenn er hartnäckig genug ist, werden schließlich doch ein paar alte, wenn auch nicht sonderlich intelligente Hasen auf ihn hören, und dann kann er anfangen, sich eine »Klientel« aufzubauen. Auch mein Rechtsjüngling fing schließlich ein paar Leute ein, die ihn zu ihrem Anwalt erkoren. Einer von ihnen war ein alter Gläubiger von mir, noch aus der Zeit, als ich in Beverly Hills ein Aussätziger war. Er hatte ein Versäumnisurteil in Höhe von 24 000 Dollar gegen mich erwirkt, was ihm nur deshalb gelungen ist, weil ich damals in einem so chaotischen Zustand war, daß ich mir nicht einmal die Mühe machte, einen Schriftsatz zu meiner Verteidigung einzureichen. Ich schuldete dem Mann nur 8 000 Dollar, aber es gibt ein »Gesetz«, wonach es dem Kläger gestattet ist, das Dreifache des Schadens zu verlangen, falls er das wünscht; und wenn man sich keine Verteidigung leisten kann, wird man für seine Armut bestraft, indem das Gericht von der Annahme ausgeht, man schulde das Dreifache des tatsächlichen Betrages (was ein schönes Beispiel für die Logik der Regierung ist).

Mein Gläubiger war ungefähr um die Zeit über den Rechtsjüngling gestolpert, als ich anfing, wieder die finanzielle Leiter emporzuklettern. Er erklärte dem jungen Mann, daß er zwar ein Urteil erwirkt habe, bisher aber den ihm zugesprochenen Betrag noch nicht eintreiben konnte. Mehr brauchte der Rechtsjüngling gar nicht zu hören. Er verwandelte sich in einen Jäger, rief mich alle fünf Minuten an, bedrohte und bedrängte mich, wobei seine Worte sich überstürzten. Es war wirklich eine sehr amateurhafte Vorstellung, die der junge Mann gab, aber wie ich zu meiner Belustigung feststellte, schien sein Mandant völlig hypnotisiert von ihm zu sein.

Ich will hier nur den Ausgang der Geschichte berichten: Der junge Mann wußte, wo mein Büro war, und ich wußte, daß ich auf meinem Konto bei der Bank nebenan ungefähr 100 000 Dollar hatte. Er hätte also nur mit meinem alten Freund, dem Sheriff, in die Bank zu gehen brauchen, und man hätte ihm sofort 24 000 Dollar in bar ausgezahlt.

Da er sowohl an Erfahrung als auch an Intelligenz minderbemittelt war, wußte der Rechtsjüngling nicht, wie er in diesem Routinefall verfahren sollte. Zum Glück für mich kam er nicht einmal auf die naheliegende Idee, sich in der Bank nebenan nach mir zu erkundigen. Statt dessen hatte er sich ganz und gar auf eine »harte Verhandlungstaktik« konzentriert, die seinen Mandanten eine Menge Geld kosten sollte.

Ich hatte mir ausgerechnet, daß ich Glück haben würde, wenn ich mit 13 000 Dollar davonkommen könnte, also bot ich zuerst einen Vergleich von 3 000 Dollar an. Es ging schließlich so aus, daß der Rechtsjüngling mich auf 10 000 Dollar »festnagelte«, die ich nicht etwa sofort bezahlen mußte, sondern innerhalb eines Jahres in monatlichen Raten abstottern durfte.

Der Rechtsjüngling war außerordentlich stolz auf diesen triumphalen Sieg, und sein Mandant bewunderte ihn maßlos. Natürlich konnte er nicht wissen, daß der Rechtsjüngling ihn um 14 000 Dollar gebracht hatte, weil er nicht intelligent genug gewesen war, in meine Bank zu gehen und sich mehr als das Doppelte der Vergleichssumme in bar auszahlen zu lassen.

Es war ein nettes Erlebnis, denn jeder bekam das, was er gewollt hatte. Der Rechtsjüngling hatte ein Honorar eingeheimst, seine Beziehung zu seinem neuen Mandanten gefestigt und, was wohl das wichtigste war, sein Ego befriedigt. Sein Mandant glaubte, daß er endlich eine alte Schuld eingetrieben habe, wobei er übersah, daß er rund 40 Prozent des ihm zugesprochenen Betrages, abzüglich des Honorars für den Rechtsjüngling, bekommen hatte. Am glücklichsten war ich: Ich hatte 14 000 Dollar gespart und bekam außerdem noch das Nutzungsrecht an den jeweils verbleibenden Teilbeträgen von 10 000 Dollar zinsfrei für ein Jahr.

Wie man sich gegen den Croupierrechen verteidigt

Wenn Sie zu den legitimen Spielern gehören, werden Sie sicher den Wunsch haben, die Wirkungen, die der Mann des Rechts auslöst, möglichst klein zu halten. Die Voraussetzung dafür ist jedoch die Erkenntnis, daß der Mann des Rechts auch nur ein ganz durchschnittlicher Mensch ist, der zufällig herausgefunden hat, wie er die Mythen und Geheimnisse, die sich um ihn und seine »Dienste« ranken, am Leben erhalten kann. Anscheinend werden sich immer mehr Leute dieser Tatsache bewußt, denn eine kürzlich durchgeführte Umfrage ergab, daß weniger als ein Viertel der amerikanischen Bevölkerung sich positiv über den Beruf des Rechtsanwaltes äußerte.

Befreien Sie sich auch von der Vorstellung, daß alles und jedes ein »juristisches Problem« ist. Im Laufe der Jahre habe ich feststellen müssen, das die meisten meiner juristischen Probleme überhaupt keine waren. Sie waren nichts anderes als ganz normale Probleme, die ich allein viel besser bewältigen konnte – und zwar ohne Unkosten. Ich habe mehr als einmal beobachtet, daß juristische Probleme erst dann auftraten, nachdem der Mann des Rechts auf der Bildfläche erschienen war. Natürlich gibt es Situationen, in denen man einen Rechtsanwalt braucht, aber vorher sollte man alle anderen Möglichkeiten ausschöpfen. Ein Anwalt sollte nur im äußersten Notfall hinzugezogen werden, und dann müssen Sie sich auf einen langen und zähen Kampf gefaßt machen. Werfen Sie auch einen Blick auf Ihr Bankkonto, denn Sie werden eine Menge Geld brauchen.

Leider ist mit Ihrer Weigerung, einen Anwalt einzuschalten, die Schlacht nur halb gewonnen, denn er kann auch von der Gegenseite ins Spiel gebracht werden. Wenn Sie z. B. in der Immobilien- oder in der Versicherungsbranche tätig sind, dann wissen Sie ja, was das Erscheinen eines Anwalts nur allzu oft bedeutet – nämlich, daß das Geschäft nicht zustande kommt. In den Fällen, in denen es schwierig ist, den Mann des Rechts aus den Verhandlungen herauszuhalten, bleibt Ihnen nur die Möglichkeit, daß Sie versuchen, ihn zu überlisten.

Ich hatte früher regelmäßig mit Anwälten zu tun und entwickelte allmählich ein Gespür dafür, welche Art von »Problemen« sie auftischen würden. Ich versuchte stets, dem Mann des Rechts um eine Nasenlänge voraus zu sein und die Probleme zu lösen, bevor er sie überhaupt zur Sprache brachte. Nach einer Weile kannte ich seine beliebtesten Tricks, mit denen er Geschäfte abzuwürgen pflegte, sehr genau und konnte sie rechtzeitig abwehren.

Ideal ist es natürlich, wenn man einen Beruf hat, der einem den Umgang mit Leuten erspart, die der Ansicht sind, eine Transaktion sei nicht rechtsgültig, wenn beim Abschluß kein Anwalt anwesend sei. Ich habe meine wichtigsten Geschäfte gemacht, ohne daß einer der Beteiligten durch einen Anwalt vertreten war. Das kann nicht nur Zufall sein. In jedem dieser Fälle war mein Verhandlungspartner nicht nur ein lebenskluger, intelligenter Mann, sondern er war an dem Zustandekommen des Geschäfts genauso interessiert wie ich.

Wann braucht man einen Rechtsanwalt?

Aus dem, was ich auf den letzten Seiten gesagt habe, sollte folgendes klar hervorgehen: Auch der Mann des Rechts hat seinen festen Platz; er ist nicht nur dazu da, auf dem Spielfeld zu erscheinen und die legitimen Spieler zu stören. Aber man muß den Zeitpunkt für seine Dienste richtig wählen. Ich will es ganz einfach ausdrücken:

Sie brauchen einen Anwalt, wenn Sie sich aus einer Transaktion zurückziehen wollen, sich aber genieren, dabei formlos vorzugehen.

Sie brauchen keinen Rechtsanwalt, wenn Sie ernsthaft daran interessiert sind, ein Geschäft abzuschließen.

Und das ist alles, was ich für und gegen den Mann des Rechts zu sagen habe.

Schmexperten sind harmlos, wenn Sie wissen, wie Sie mit ihnen umgehen müssen. Die Qualität Ihrer Konkurrenten kann sehr unterschiedlich sein, und im allgemeinen können Sie den Leuten, mit denen Sie nicht spielen wollen, aus dem Weg gehen. Der Mann des Rechts ist ein ernstzunehmendes Hindernis, aber wenn Sie sich Mühe geben, wird es Ihnen oft gelingen, ihn vom Spielfeld fernzuhalten. Die Regierung ist jedoch ein Problem, das ganz andere Dimensionen hat. Der Mann des Rechts schlüpft unauffällig unter dem Zaun hindurch und benützt einen Croupierrechen, aber die Regierung erscheint mit Waffengewalt in der Arena und bedient sich ihrer während des gesamten Spiels. Dadurch sind alle anderen Spieler natürlich im Nachteil, denn es ist nicht leicht, einer Gewehrkugel auszuweichen.

Die Anhänger der Vogel-Strauß-Politik können oder wollen die Tatsache, daß alle Aktionen der Regierung stets unter der Androhung von Gewalt stattfinden, nicht akzeptieren, und das ist für die Regierung natürlich eine willkommene Hilfe. Für diese Einstellung gibt es viele Gründe. Zunächst einmal sind diese Leute durch Gewohnheit und Tradition so eingeschüchtert, daß sie sich blindlings den Wünschen der Regierung fügen. Ferner sind sie durch die Slogans, mit denen die Regierung arbeitet und die meist »patriotischer« Natur sind, eingeschüchtert und deshalb bereit, widerspruchslos zu kooperieren. Und schließlich ist die Regierung so mächtig, daß nur wenige Leute auf den Gedanken kommen, sie herauszufordern. All das ermöglicht es der Regierung, ihre Kontrolle nur mit Hilfe der unausgesprochenen Androhung von Gewalt aufrechtzuerhalten, ohne daß sie tatsächlich zu den Waffen greifen muß.

Es ist kein Wunder, daß in der Geschäftswelt nach der Philosophie »alles ist gestattet« verfahren wird, wenn Sie berücksichtigen, daß einer der Spieler »legal« Waffen einsetzt, um die anderen Spieler zu bestehlen. Wenn man es in diesem Licht betrachtet, wird die finanzielle Hürde zu einem Spiel, in dem Sie genauso wie alle anderen Bürger Ihr ganzes Geschick einsetzen müssen, um Ihren Anteil an den zur Verfügung stehenden Spielmarken zu ergattern und gleichzeitig zu versuchen, Ihren Besitz vor einem mächtigen Raubritter zu schützen, der so viele Spielmarken wie möglich an sich reißen will. Das schlimmste ist, daß dieser Raubritter sich jederzeit der Waffengewalt bedienen kann, um zu verhindern, daß er bei seinen Diebereien gestört wird.

Geben Sie sich keiner Täuschung darüber hin, daß die Regierung Ihr größter Feind ist, wenn es ums Geldverdienen geht. Alle Ihre Konkurrenten sind in ihrer Gesamtheit kein Gegner, den man mit der Regierung vergleichen kann, und sei es nur aus dem Grund, daß die Regierung ihnen den Gebrauch von Schußwaffen nicht gestattet. Es ist die reine Wahrheit, daß die Regierung für jeden Menschen, der Nummer Eins werden will, das größte Hindernis ist.

Die Mythologie der Regierung: Eine Untersuchung über den Gebrauch des Wortes

Im Vergleich zu der Mystik, hinter der die Regierung sich versteckt, ist der Mythos, mit dem der Mann des Rechts sich umgibt, geradezu primitiv. Es ist erstaunlich, was man alles erreichen kann, wenn man ein paar Milliarden Dollar für Propaganda ausgibt und dann ein paar Jahre abwartet, bis die Propaganda genug Zeit gehabt hat, für die Menschen zur zweiten Natur zu werden. So kann z. B. die Versklavung in einen akzeptablen und respektablen Zustand verwandelt werden, wenn man sie als »Militärdienst« tarnt.

Wie geschickt Worte eingesetzt werden können, wird auch durch die Tatsache demonstriert, daß der Durchschnittsbürger, der nicht weiter darüber nachdenkt, die Regierung als eine lebende Einheit betrachtet. Dies ist eine bewußt hervorgerufene Illusion. Die Regierung hat keine eigenen Wünsche, Bedürfnisse, Verlangen und Emotionen. Das Wort »Regierung« ist ein Etikett für eine Gruppe von Einzelpersonen, die mit Regierungsgeldern bezahlt werden; im alltäglichen Sinn versteht man darunter diejenigen Einzelpersonen in dieser Gruppe, welche die größte Macht haben.

Einer der Gründe, warum die Regierung in so vieler Hinsicht widersprüchlich handelt und warum praktisch alles, was sie unternimmt, in einem grandiosen Mißerfolg endet, beruht ja gerade auf der Tatsache, daß sie keine lebende Einheit ist. Die Folge davon ist, daß die Einzelpersonen mit der größten Machtfülle, von denen natürlich jede in ihrem eigenen Interesse handelt, sich in einem ständigen Kampf gegeneinander befinden; jede von ihnen strebt nach noch mehr Macht und versucht, die »Gesetzgebung« nach *ihren* Wünschen zu gestalten. Das Ergebnis davon ist das Possenspiel, das wir seit Jahren in Washington sehen können.

Wenn man sich also die Regierung als eine geheiligte Einheit vorstellt, bedeutet das nichts anderes, als daß man die Menschen, aus denen sie besteht, ebenfalls für heilige Wesen hält. Viele Leute halten die Regierung in Ehren, weil sie glauben, daß sie ihnen etwas zu bieten hat. Aber die Regierung ist für den Menschen, der Nummer Eins werden will und sich bemüht, nicht in die Rechte anderer einzugreifen, kein Mittel, durch das ein bestimmter Zweck erreicht werden kann. Die Regierung *ist* ein Zweck – und zwar für jeden, der von ihr bezahlt wird, und besonders für die Leute, welche die obersten Sprossen der Leiter erreicht haben.

Wenn das, was die Regierung zu bieten hat, für den Einzelnen so wertvoll ist – wenn jeder es wirklich haben will –, dann erhebt sich die Frage, warum die Leute in Washington Gewalt anwenden müssen. Die einzig mögliche Antwort auf diese Frage ist, daß das, was die Regierung bietet, keineswegs wertvoll ist, sondern nichts anderes als eine Beschneidung der persönlichen Freiheit. Die Praxis sieht so aus, daß die Regierung Sie durch die Androhung von Gewalt zwingen kann,

1. auf etwas zu verzichten, das Sie gern tun wollen,
2. etwas zu tun, das Sie nicht tun wollen,
3. etwas aufzugeben, das Ihnen rechtmäßig gehört.

Die Regierung gibt das Beispiel für die Philosophie, daß »alles gestattet ist«

Wir kommen zur Mythologie des »Gesetzes«. Abgesehen davon, daß das gewaltsame Vorgehen der Regierung eine Atmosphäre fördert, in der »alles gestattet ist«, sind ihre Gesetze für jedermann ein Beispiel, das zur Nachahmung auffordert, getreu dem Sprichwort: Ein Affe macht's dem anderen nach. Wenn der Große Bruder privaten Besitz »legal« konfiszieren darf, Menschen in Situationen hineintreibt, in denen sie töten müssen, um nicht selbst getötet zu werden (was unter dem Mantel des Patriotismus »Krieg« genannt wird), ihre sexuelle Freiheit beeinträchtigt und Tausende von Verstößen gegen die natürlichen Rechte des Menschen begeht, dann kann man dem armen Kerl, der nur versucht, mit seinem Geld auszukommen, keinen Vorwurf daraus machen, wenn auch er die Einstellung hat, daß alles gestattet ist.

Sie brauchen keinen besonderen Scharfblick, um zu erkennen, daß man die Notwendigkeit oder die moralische Berechtigung eines Gesetzes nicht durch die bloße Aussage, daß es ein Gesetz *ist*, beweisen kann. Der einzige Punkt, auf den es bei Gesetzen, die von der Regierung gemacht worden sind, ankommt, ist die Überlegung, ob sie gegen Naturgesetze und natürliche Rechte des Menschen verstoßen oder nicht. Wissenschaftler und Philosophen haben den Begriff der Naturgesetze und der natürlichen Rechte auf die verschiedenste Art und Weise definiert, aber ich glaube, daß die nachfolgende einfache Beschreibung genügt: Jeder Mensch hat das natürliche Recht, selbst zu entscheiden, auf welche Art und Weise er sein Glück suchen will, und der Eigentümer aller Früchte seiner Bemühungen zu bleiben, solange er nicht gewaltsam in die gleichen Rechte anderer Menschen eingreift.

Die Aussage, daß Gesetze zum Schutz des Einzelnen erforderlich sind, klingt ganz plausibel, bis man erkennt, daß die meisten Gesetze die Freiheit des Einzelnen beeinträchtigen. Wie kann eine Gruppe von Leuten – gleichgültig ob sie sich eine Regierung nennt oder eine andere Bezeichnung benützt – wissen, was für Sie gut ist, obwohl Ihre Wünsche, Ambitionen, Bedürfnisse, Überzeugungen und Prinzipien sich von denen aller anderen Menschen unterscheiden? Wie können diese Leute zu Ihrem Besten handeln, wenn sie Sie nicht einmal kennen? Nur Sie können entscheiden, was zu Ihrem Besten ist; jeder andere Mensch, der gewaltsam versucht, diese Entscheidung für Sie zu treffen, ist ein Aggressor, der gegen die Naturgesetze verstößt.

Mit welchen Worten die Tatsachen auch beschönigt werden mögen, an der Wahrheit kann das nichts ändern: Die Regierung engt Ihre Freiheit ein, und das ist ein Verstoß gegen die Naturgesetze. Auf den finanziellen Sektor übertragen, manifestiert sich diese Einengung als eine Schranke, die es Ihnen verbietet, daß Sie Ihre geschäftlichen Transaktionen frei und nach Belieben abwickeln können, und sich dadurch als das größte Hindernis für die Bewältigung der finanziellen Hürde erweist.

Wie stark ist die Regierung als Ihr Gegner?

Im Grunde genommen tut die Regierung nichts anderes als das Folgende: Ihnen einen großen Teil Ihres Einkommens zu stehlen; Ihr Geschäft zu schließen, wenn Sie ihr nicht einen bestimmten Prozentsatz des Gewinns abtreten; das Geld, das Sie behalten dürfen, jeden Tag etwas mehr zu entwerten, indem sie neues Geld in Umlauf bringt, das keinerlei Deckung hat;

Sie für das Privileg, in Ihrem eigenen Haus zu wohnen, zur Kasse zu bitten (Grundstücksteuer); Ihnen zu sagen, welche Mindestlöhne Sie Ihren Angestellten zahlen müssen und wen Sie einstellen dürfen; Ihnen vorzuschreiben, was Sie für Ihre Produkte oder Dienstleistungen verlangen dürfen (Preiskontrolle durch die Staatliche Tarifkommission); zu bestimmen, was für Erzeugnisse Sie verkaufen dürfen (durch die Prüfungsstelle für Lebensmittel und Drogen); und – sozusagen als Krönung des Ganzen – Ihnen unter Strafandrohung den Wettbewerb mit den schlecht geführten regierungseigenen Monopolbetrieben (z. B. die Post) zu verbieten.

Wie kann man sich gegen die Regierung zur Wehr setzen?

Mit jedem Tag schwinden die Mystik und die Unantastbarkeit der Regierung etwas mehr dahin. Ihre Brieftasche, Ihr Heim und die meisten Aspekte Ihres Lebens zeigen den wahren Stand der Dinge zu deutlich an. Aber das nützt Ihnen nicht viel, wenn Sie keine Möglichkeit haben, den illegalen Attacken, welche die Regierung gegen Sie führt, Einhalt zu gebieten.

Gibt es wirklich keine Möglichkeit? Ich will ganz offen sagen, daß es Ihnen nicht gelingen wird, die Einmischung der Regierung ganz abzustellen, aber Sie können eine ganze Menge tun, um die Bemühungen der Regierung, Sie auf Ihrem Weg zum Erfolg zu behindern, zu durchkreuzen. Gehen Sie einfach von der folgenden Annahme aus: Sie haben einen Weg entdeckt, wie Sie durch die Neuentwicklung eines nützlichen Produkts oder einer Dienstleistung Geld verdienen können; früher oder später erfährt auch die Regierung davon und wird sofort versuchen, Ihr Projekt für ungesetzlich zu erklären. Wenn es eine Situation gibt, in der die Theorie zur Erhaltung einer positiven Einstellung durch die Erwartung eines negativen Resultats Sie vor der totalen Frustration retten könnte, dann ist es diejenige, in der Sie sich als Gegenspieler der Regierung befinden.

Diese Einstellung ist sehr wichtig, wenn die Regierung mit im Spiel ist, denn sie hat die Macht, dafür zu sorgen (mit Hilfe von Gesetzen und Verordnungen), daß die Bedingungen sich ständig ändern. Sie können viel besser in eine andere Richtung ausweichen, wenn Sie auf solche Veränderungen vorbereitet sind. Großunternehmer wie Hughes und Kennedy schienen immer das Talent zu haben, schnell von einem Projekt auf ein anderes umsteigen zu können, und zwar rechtzeitig genug, um einem neuen Gesetz zu entgehen, oder um die Vorteile eines alten Gesetzes auf einem anderen Gebiet auszuschöpfen.

Vom geschäftlichen Standpunkt aus ist es für Sie das Beste, wenn Sie darauf bedacht sind, dem Kontakt mit der Regierung so weit wie möglich aus dem Weg zu gehen. Es treibt die Machthaber zum Wahnsinn, wenn sie keine Möglichkeit haben, Ihre Aktivitäten laufend zu kontrollieren, aber obwohl sie Millionen von Angestellten zur Verfügung haben, können sie nicht alle Leute rund um die Uhr überwachen. Um diese Schwäche in ihrem System auszugleichen, haben sie ein Netzwerk von »regulatorischen Agenturen« und »Kommissionen« eingerichtet, dessen Umfang schier überwältigend ist. Natürlich sind alle diese Ämter in jeder Hinsicht ungesetzlich. Aber das ist aus Ihrer Sicht unwichtig; für Sie zählt nur, daß es sie gibt und auch in Zukunft geben wird.

Alle diese Agenturen werden von nichtgewählten Beamten geleitet, die ganz nach Gutdünken Unternehmer und Betriebe fördern oder vernichten können. Sehr oft sorgen die willkürlich aufgestellten Vorschriften dafür, daß die Konkurrenz ausgeschaltet wird, wodurch die Mammutkonzerne geschützt werden und wie immer garantiert wird, daß der Verbraucher für weniger Service und schlechtere Produkte höhere Preise bezahlen muß, als es auf einem freien Markt der Fall wäre.

Wenn Sie ein selbständiger Geschäftsmann sind, empfehle ich Ihnen, daß Sie sich möglichst eine Branche aussuchen, die weniger Vorschriften unterworfen ist als andere Industriezweige. Falls Sie bereits in einer Branche arbeiten, die einer strengen Aufsicht untersteht, und ein Wechsel für Sie nicht in Frage kommt, dann können Sie nichts weiter tun als zu hoffen, daß Sie weiterhin nicht auffallen, und die unvernünftigen Forderungen der zuständigen Aufsichtsbehörde soweit wie möglich zu erfüllen. Lassen Sie es nie zu einer Konfrontation mit einer Aufsichtsbehörde kommen. Sie würden nur Zeit, Kraft und Geld vergeuden. Die Karten sind von Anfang an ungleich verteilt; selbst wenn Sie vor Gericht gewinnen, würde man dafür sorgen, daß Sie letzten Endes doch der Verlierer sind.

Falls Sie auf einem Sektor arbeiten, der noch nicht streng überwacht wird, dann sollten Sie von der sicheren Annahme ausgehen, daß es nicht immer so bleiben wird. Treffen Sie für den Fall, daß die Spielregeln sich plötzlich ändern sollten, Ihre Vorbereitungen.

Regierungsanleihen: Eine Investition in Klopapier

Eine andere Möglichkeit, wie Sie sich vor Ihrem mächtigsten Feind schützen können, besteht darin, daß Sie keinen einzigen Dollar in die Regierung investieren oder ihren Garantien Glauben schenken. Da die Regierung bankrott ist, sind ihre Garantien zwangsläufig wertlos. Die Fähigkeit der Regierung, Anleihen und Schuldverschreibungen einzulösen, hängt einzig und allein davon ab, daß es ihr weiterhin gelingt, einen immer größeren Anteil Ihres Einkommens zu konfiszieren. Es ist durchaus möglich, daß es eines Tages einen generellen Steuerstreik gibt. Wenn der Prozentsatz des Einkommens, den die Leute mit nach Hause nehmen können, nicht einmal mehr ausreicht, um die normalen Ausgaben zu bestreiten, bleibt ihnen vielleicht keine andere Wahl als zu rebellieren. Im Fall eines Steuerstreiks hat die Regierung keine Geldmittel zur Verfügung, um die aufgenommenen Anleihen zurückzahlen zu können. Falls die Regierung ihren Zahlungsverpflichtungen gegenüber Mammutkonzernen oder Familien aus der Klasse der Multimillionäre nicht nachkommen kann, dann werden diese Großen die Führer der Regierung noch etwas schärfer an die Kandare nehmen und ihnen noch mehr Vorschriften machen, als es bis dahin der Fall war, aber wenn die Schuldverschreibungen, die Sie haben, nicht eingelöst werden, dann ist das für Sie ein harter Schlag.

Das Gleiche gilt für »Garantien« der Regierung. Da sie keinerlei Deckung haben, sind sie nur ein Witz. Legen Sie um Gottes willen nicht Ihr ganzes Geld bei einer Bank oder Sparkasse langfristig an, weil man Ihnen gesagt hat, daß die staatliche Bankenversicherung für Ihre Einlagen garantiert. Im Falle eines Staatsbankrotts würden die Reserven nicht einmal ausreichen, um die Verwaltungskosten zu bezahlen, die durch die Katastrophe verursacht werden. Wie sollte es da möglich sein, Ihnen Ihr Geld zurückzuzahlen?

Der neuralgische Punkt: Die Einkommensteuer

Und jetzt kommen wir zum eigentlichen Kern der Sache, nämlich zum Diebstahl Ihres Einkommens. Sollten Sie bisher ein Opfer der Einschüchterung durch Gewohnheit und Tradition, durch Schlagworte oder irgendeiner anderen Form der Einschüchterung gewesen sein, durch deren Anwendung es der Regierung gelungen ist, daß Sie sogar mithelfen, wenn sie

Ihnen Ihre Spielmarken wegnimmt, dann wird es Zeit, daß Sie sich besinnen und ein paar rationale Überlegungen anstellen. Befreien Sie sich endlich von der albernen Vorstellung, daß die »Hinterziehung« der Einkommensteuer verwerflich sei. Wenn jemand sich dagegen wehrt, bestohlen zu werden, bedeutet das ja nicht, daß er den Dieb betrügt; er verteidigt nur seine natürlichen Rechte, wenn er versucht, sein Eigentum vor Übergriffen zu schützen. Ein »Hintertürchen« ist nichts Unanständiges. Es ist so lange die »legale« Abwehr eines »illegalen« Gesetzes, bis die Regierung diese Methode durch ein neues Gesetz für illegal erklärt. Aber bis zu diesem Zeitpunkt verstößt die betreffende Methode, durch die Sie die Wegnahme Ihres rechtmäßigen Besitzes verhindern wollen, nicht gegen das Gesetz.

Sie sind sich selbst gegenüber verpflichtet, Ihr Eigentum gegen einen Dieb zu verteidigen, gleichgültig hinter welcher Maske sich der Räuber versteckt. Die einzige Überlegung, die Berechtigung hat, ist das Risiko, das man eingeht. Ich würde Ihnen niemals den Rat geben, daß Sie ein Steuergesetz – oder irgendein anderes Gesetz – auf gut Glück brechen, so unmoralisch es auch sein mag. Sie sollen sich nur darüber klar werden, daß eine Sache nicht dadurch rechtmäßig oder moralisch akzeptabel wird, weil sie ein Gesetz ist. Sie schulden es sich selbst, innerhalb der Grenzen des gesunden Menschenverstandes und der geschäftlichen Klugheit alles zu tun, um Ihr Eigentum vor der Regierung zu schützen. Aber vorher müssen Sie das Risiko, daß Sie erwischt und bestraft werden, sorgfältig gegen den erhofften Gewinn abwägen.

Natürlich kann man es auch übertreiben. Ich kenne viele Leute, die sich der kompliziertesten Methoden bedienen und z. B. ausländische Gesellschaften gründen oder sich andere steuerbegünstigte Tricks ausdenken, aber ich frage mich manchmal, ob der Aufwand an Zeit und Unkosten wirklich den Betrag wert ist, der letzten Endes dem Zugriff der Regierung entzogen werden kann. Natürlich sind die jeweiligen Umstände ausschlaggebend, aber ich möchte Ihnen von allzu komplizierten Maßnahmen abraten, es sei denn, daß sie durch die tatsächlich erzielten Vorteile gerechtfertigt werden.

Da es bei mir zum Beruf gehört, meine Einstellung zu diesem Thema öffentlich darzulegen, komme ich am billigsten weg, wenn ich mich an ein einfaches System halte und meinen Tribut ohne großes Getue abliefere. Die Tatsache, daß viele Menschen bereit sind, mich für meine Ideen zu bezahlen, ist mehr als eine angemessene Kompensation für den Nachteil, mein finanzielles Leben den Schergen der Regierung gegenüber offenzulegen. Ich verberge nichts und lasse mich ohne Widerstand abklopfen. Aber wenn ich einen anderen Beruf hätte, würde ich zweifellos nach besten Kräften versuchen, den Diebstahl meines Geldes auf ein Mindestmaß zu beschränken, wobei ich immer das Risiko gegen den möglichen Vorteil abwägen würde, bevor ich mich für einen Aktionsplan entscheiden würde.

Noch ein letztes Wort zu dem Verhältnis zwischen der Regierung und Ihnen als Gegenspieler: Sie müssen entscheiden, wie viele Spielmarken Sie benötigen, damit Sie die Freiheit kaufen können, die Sie brauchen, um glücklich zu sein. Aber berücksichtigen Sie bei Ihrer Entscheidung die Realitäten der Situation, nämlich, daß die Regierung Sie bestiehlt und laufend neue Gesetze verabschiedet, die es Ihnen immer mehr erschweren, Ihre finanziellen Ziele zu erreichen. Der Anreiz, wie man ihn früher in diesem Land gekannt hat, ist so gut wie verschwunden, weil praktisch jeder Weg zum großen Geld gegen das Gesetz verstößt. An dieser Tatsache kommen Sie nicht vorbei, und falls Sie finanzielle Ziele haben, sollten Sie aus Fairness gegen sich selbst prüfen, wie groß Ihre Chance ist, daß Sie angesichts der ständig wachsenden Einmischung durch die Regierung Ihre Ambitionen verwirklichen können. Und dann fragen Sie sich, ob das Risiko (der Aufwand an Zeit und Kraft, ganz zu schweigen von den Kämpfen mit den Behörden) sich lohnt. Ich will diese Frage so formulieren: Sind die Chancen, die gegen meinen Erfolg sprechen, zu hoch, als das sie es rechtfertigen würden, wenn ich einen unangemessen hohen Preis für ein Ziel bezahle, das heutzutage vielleicht gar nicht mehr erreicht werden kann?

Denken Sie darüber nach. Vielleicht entscheiden Sie sich dann, Ihre Ambitionen zu reduzieren, sich ein bescheideneres Ziel zu setzen, dem Spieler mit den Kanonen soweit wie möglich aus dem Weg zu gehen und sich etwas mehr darauf zu konzentrieren, das Leben zu genießen. Meinen Sie nicht, daß diese Einstellung es Ihnen erleichtern würde, Nummer Eins zu werden?

Der unsichtbare Spieler: Murphys Geist

Der Geist des alten Murphy hat in allen vorangegangenen Kapiteln eine so wichtige Rolle gespielt, daß ich nicht mehr viel über ihn sagen kann, was Sie nicht schon wissen. Obwohl er keine lebende Einheit ist, muß ich ihn als Spieler aufführen, weil er ein bedeutender Faktor des Geschäftsspiels ist. Murphy hat eine besondere Vorliebe für die finanzielle Hürde. Natürlich macht es ihm auch Spaß, in den Bereichen der Liebe und Freundschaft sowie in anderen Aspekten des Lebens Unheil zu stiften, aber sein größtes Vergnügen besteht darin, uns über die finanzielle Hürde stolpern zu lassen.

Das Erstaunliche dabei ist, daß er dazu weder Waffen noch die Hilfe des Gesetzes braucht. Wie es sich für einen Geist gehört, schwebt er unsichtbar überall herum und legt Ihnen Probleme in den Weg, um Ihre finanziellen Pläne zu durchkreuzen. Was können Sie dagegen tun? Da Sie nicht gegen etwas kämpfen können, das Sie nicht sehen, sind Sie ihm gegenüber genauso hilflos wie gegenüber den Kanonen der Regierung. Die einzige Möglichkeit besteht darin, sich nicht von ihm überrumpeln zu lassen, und das können Sie erreichen, indem Sie auf sein plötzliches Erscheinen vorbereitet sind.

Eine der besten Methoden der Vorbereitung ist die bewährte Einstellung, auf das Beste zu hoffen und auf das Schlimmste gefaßt zu sein. In Wirklichkeit will Murphy ja nichts weiter als ein bißchen Respekt. Erst wenn Sie überheblich werden und sich einbilden, daß Sie alles unter Kontrolle haben, wenn Sie sicher sind, daß nichts schiefgehen kann – das ist der Moment, in dem Sie seinen Zorn herausfordern und sich der Gefahr aussetzen, einen gewaltigen Nackenschlag verpaßt zu bekommen. Solange Sie seine Satzung beachten, ist er relativ friedlich; sie sind es wert, hier wiederholt zu werden:

Nichts ist so leicht, wie es aussieht.
Alles dauert länger, als Sie es erwarten.
Und wenn etwas schiefgehen kann, dann tut es das auch,
und zwar im ungünstigsten Moment.

Aber auch wenn Murphy Ihnen gleich am Anfang ein Bein gestellt hat, so daß Sie noch nicht einmal starten konnten, brauchen Sie nicht zu verzweifeln. Er prüft nur Ihre Zähigkeit. Nachdem ich lange und vergeblich versucht hatte, den Fuß auf die erste Sprosse der finanziellen Leiter zu setzen, sagte ein weiser alter Mann zu mir, wenn ich erst einmal begonnen hätte, Geld zu verdienen, würde es so schnell und leicht weitergehen, daß ich mich fragen würde, warum mir der Anfang so schwergefallen war. Damals konnte ich das kaum glauben, aber heute weiß ich aus Erfahrung, daß er recht hatte. Und auch Aristoteles hatte recht: Der erste Schritt ist immer der schwerste.

Die Kunst, das Erworbene zu behalten

Nehmen wir an, daß Sie das Spiel erfolgreich beendet haben. Sie haben die Schmexperten ignoriert, Ihre Konkurrenten geschlagen, den Mann des Rechts ausgetrickst, die Geschosse der Regierung vermieden und Murphys Versuche, Ihre Bemühungen zunichte zu machen, abgewehrt. Sie haben die finanzielle Hürde überwunden. Sie haben die finanzielle Sicherheit, die Ihnen die Freiheit gibt, Nummer Eins zu werden. Ist jetzt für Sie der Zeitpunkt gekommen, sich gemütlich zurückzulehnen und darauf zu warten, daß Sie Ihre Freiheitstrophäe bekommen?

Ganz so funktioniert es nicht. Um sich Ihr Glück auf die Dauer zu erhalten, müssen Sie darauf bedacht sein, daß Sie der Mensch bleiben, der Sie wirklich sind; versuchen Sie nicht, etwas zu werden, das Ihrem Wesen nicht entspricht. Ihre finanzielle Lage mag sich verbessert haben, aber Sie sind immer noch Sie selbst. Wenn Sie in die Falle der Selbsttäuschung geraten, ist es sehr leicht möglich, daß Sie sich schnell dort wiederfinden, wo Sie angefangen haben. Überfüttern Sie Ihr Ego nicht; es braucht jetzt weniger Nahrung als in der Zeit vor Ihrem finanziellen Erfolg. Bleiben Sie sich selbst gegenüber ehrlich und zeigen Sie der Welt Ihr wirkliches Selbst. Lassen Sie sich nicht dazu verleiten, von anderen Menschen etwas zu erwarten, sondern behalten Sie die Initiative.

Auch wenn Ihnen der Erfolg nicht zu Kopf steigt, können Sie nicht erwarten, daß es in Ihrer Umgebung nicht ein paar unerfreuliche Reaktionen gibt. Obwohl Sie der Gleiche geblieben sind, ist es unvermeidlich, daß einige Leute ihre Einstellung Ihnen gegenüber ändern. Das ist ein Teil des Preises, den Sie für Ihren Erfolg zahlen müssen; Sie müssen lernen, mit solchen Problemen zu rechnen und sie zu bewältigen.

Die negativen Reaktionen können sich z. B. auch in der Form von Verleumdungen manifestieren, die ihren Ursprung in Neid und Minderwertigkeitskomplexen haben. Erwarten Sie ja nicht, daß alle anderen Menschen neidlos beiseite stehen und Ihnen Ihren Triumph gönnen. Je kleinlicher ein Mensch ist, desto größer ist sein Wunsch, Sie unglücklich zu sehen. Er erträgt es nicht, wenn andere Erfolg haben.

Sie können nicht viel tun, um jemanden zu bewegen, seine Einstellung Ihnen gegenüber zu ändern – aber Sie können ihn ignorieren.

Geld kann kein Glück kaufen — aber jede Menge Schuldgefühle

Es wäre abwegig zu glauben, daß andere Menschen unter Ihrem Erfolg leiden. Sie sollen auf Ihre Leistung stolz sein und sich Ihres Erfolges nicht schämen. Wenn Sie das Glück hatten, materiellen Reichtum zu erringen, dann lassen Sie sich von niemandem um die Freude bringen, ihn zu genießen.

Es wäre irrational, sich schuldig zu fühlen, weil andere Menschen in Armut leben. Sie brauchen sich keine Vorwürfe zu machen, weil es Ihnen besser geht als den anderen. Im Gegenteil, auf Grund Ihres Reichtums sind Sie für die Allgemeinheit keine Belastung.

Die schlimmsten Schuldkomplexe findet man bei den Leuten, die ihren Reichtum nicht selbst erarbeitet, sondern ererbt haben. Viele von ihnen haben das Gefühl, daß sie es nicht verdienen, so viel Geld zu haben. Nun, wenn jemand unter dieser Zwangsvorstellung leidet, dann sollte er seinen Reichtum benützen, um selbst etwas Produktives zu leisten, und nicht herumsitzen und darüber jammern, daß er sein Glück nicht wert ist.

Vor kurzem habe ich einen wahrhaft alarmierenden Artikel über eine Gruppe von reichen Erben gelesen, die ihre Schuldkomplexe dadurch loswerden wollen, daß sie eine Organisation gegründet haben, mit dem Ziel, »sozial nützliche« Wege zu finden, wie sie einen Teil ihres ererbten Reichtums unter die Menschen bringen können.

Es ist traurig, daß diese Menschen sich gezwungen fühlen, potentiell produktive und kreative Energie – und Geld – zu vergeuden, nur weil sie sich von anderen Leuten dazu treiben ließen, wegen etwas, für das sie nicht verantwortlich sind und das auch niemandem schadet, Schuldgefühle zu empfinden.

Wer hat das Steuer, Sie oder Ihr Geld?

Wenn es anderen Leuten nicht gelingt, Sie durch Neid oder durch die Erweckung von Schuldgefühlen unterzukriegen, dann gibt es nur einen Menschen, der Sie daran hindern kann, Ihren finanziellen Erfolg zu genießen, nämlich Sie selbst. Der ausschlaggebende Faktor ist Ihre Einstellung zu Geld. Wenn Sie Ihr Geld nicht kontrollieren können, dann werden Sie von ihm kontrolliert. Es gibt zwei Möglichkeiten, wie Ihr Geld die Oberhand gewinnen kann.

Die erste ist, daß Sie es ohne Sinn und Verstand ausgeben. Wenn es für Sie ein völlig ungewohnter Zustand ist, viel Geld zu haben, dann können Sie sich leicht von Ihrer Hochstimmung zum Leichtsinn verleiten lassen. Je länger und härter der Kampf um die Bewältigung der finanziellen Hürde war, desto natürlicher ist Ihr Wunsch, das zu genießen, was Sie errungen haben. Aber genießen Sie es nicht so sehr, daß Sie sich eines Tages wieder am Ausgangspunkt finden!

Und die zweite Möglichkeit, wie Ihr Geld Sie kontrollieren kann? Ich will es so ausdrücken: Es gibt nur eins, das schlimmer ist, als über Ihre Verhältnisse zu leben, und das ist, nicht Ihren Verhältnissen entsprechend – d. h. »unter Ihren Verhältnissen« – zu leben. In diesem Fall wird das Geld zum Selbstzweck. Geld kann Dinge und Dienste kaufen, die nicht nur Ihr Leben komfortabler gestalten, sondern die Ihnen direkt oder indirekt die Freiheit geben, welche die eigentliche Belohnung für die Bewältigung der finanziellen Hürde ist.

Was nützt Ihnen Ihr Geld, wenn Sie immer noch Arbeiten tun, die Sie verabscheuen, obwohl Sie es sich leisten können, andere dafür zu bezahlen? Wenn Sie so viel Angst davor haben, Ihr Geld zu verlieren, daß es Ihnen jedesmal Qualen bereitet, sich von einem Dollar zu trennen, um sich einen Wunsch zu erfüllen, dann haben Sie keine Freiheit errungen, sondern Sie haben sich selbst eingesperrt. Man kann es auch so ausdrücken: Wenn Sie es Ihrem Geld gestatten, Sie zu beherrschen, dann sind Sie nicht mehr in Kontrolle, und das heißt, daß Sie nicht fähig sind, rationale Entscheidungen zu treffen und folglich nicht Nummer Eins werden können.

Die »Berührbaren« und die »Unberührbaren«

Diese Idee stammt von einem alten Freund, der in der Wall Street liebevoll »der schwarze Bert« genannt wird. Er ist ein einfacher Mann aus Kansas, dessen simplizistische Einstellung zu geschäftlichen Dingen mich immer wieder verblüfft. Innerhalb von nur fünf Jahren hat er es geschafft, vom Verkäufer für billige Fertighäuser zu einem Geschäftsmann zu werden, der 15 Millionen Dollar wert ist. Wenn er redet, höre ich zu.

Er sieht die Sache so: Wenn man genug Spielmarken beisammen hat, sollte man sie in zwei Haufen aufteilen, in die »Berührbaren« und in die »Unberührbaren«. Die Berührbaren sind die Spielmarken, mit denen man Häuser, Autos und andere Annehmlichkeiten kauft und mit denen man gewagte Investitionen riskiert. Die Unberührbaren werden sicher angelegt. Wenn man Pech hat und die Berührbaren verliert, braucht man nicht wieder von vorn anzufangen, denn man hat ja noch die Unberührbaren zur Verfügung. Diese Methode scheint zu funktionieren, denn inzwischen ist Bert noch reicher geworden!

Nichts ist vergänglicher als der Ruhm

Oh, wie weh es doch tut, den Hügel wieder hinunterzurutschen! Es ist so schön auf dem Gipfel — der Luxus, der Applaus, die Aufmerksamkeit! Aber, wie ich aus eigener schmerzlicher Erfahrung weiß, genau in dem Moment, in dem man alles am meisten genießt, ist man auch in der größten Gefahr, alles so schnell zu verlieren, daß es einem wie ein böser Traum vorkommt.

Wenn Sie das Glück hatten, den Gipfel zu erreichen, dürfen Sie nie vergessen, wie schnell sich alles in einen Alptraum verwandeln kann. Freuen Sie sich und genießen Sie das Leben, aber verlieren Sie nicht den Blick für die Wirklichkeit. Die Konkurrenz schläft nicht; Murphys Geist ist allgegenwärtig; die Regierung droht und ändert ständig die Spielregeln; die Schmexperten decken Sie mit schlechten Ratschlägen zu, sobald Ihre Aufmerksamkeit nachläßt. Die Bedingungen sind einem ständigen Wechsel unterworfen. Wenn Sie auf diese Veränderungen nicht vorbereitet sind, dann wehe Ihnen! Die Wirklichkeit kennt keine Nachsicht, wenn Sie die Tatsachen falsch sehen.

Ich bin jetzt zum dritten Mal oben angelangt. Da es immer möglich ist, daß die Zukunft Entwicklungen bringt, die außerhalb meiner Kontrolle liegen, schließe ich es nie aus, wieder von meinem Hochsitz heruntergestoßen zu werden. Gegen höhere Gewalt ist man machtlos. Aber heruntergestoßen zu werden ist etwas ganz anderes als freiwillig einen Sturzflug zu machen. Bei meinen beiden Reisen in den Abgrund hat niemand nachgeholfen, ich habe es ganz allein geschafft.

Wie das kam? Weil ich leichtsinnig war und es versäumte, mich an die Regeln zu halten, die mir geholfen hatten, nach oben zu kommen. Die in diesem Kapitel niedergelegten Grundsätze haben sich für mich immer als gültig erwiesen. Nur wenn ich nachlässig werde und sie vergesse, mache ich Bauchklatscherlandungen. Und sollte ich jemals wieder von diesen Regeln abweichen, werde ich bestimmt – und verdientermaßen – wieder ganz unten landen.

7. Kapitel
Die Hürde der Freundschaft

Und nach dem Sieg — was dann?

Die Kletterpartie vom Ryder-Lastwagen hinauf auf den Gipfel des Wohlstands war lang und schwierig. Nie werde ich den Tag vergessen, an dem der Abschluß einer finanziellen Transaktion mich endgültig über die Hürde hob. Ich war endlich frei und konnte mich darauf konzentrieren, glücklich zu sein.

An jenem Tag arbeitete ich genauso lange wie sonst und befolgte meine übliche Routine, als ob sich nichts geändert hätte. Aber in meinem Büro breitete sich eine seltsame Atmosphäre aus. Es war eine Art Einsamkeit – ein Mangel an Hochstimmung. Ich konnte es nicht verstehen. Hätte ich innerlich nicht beteiligter sein sollen?

Als meine Mitarbeiter nach Hause gegangen waren, blieb ich allein im Büro zurück, setzte mich an das Kopfende des Konferenztisches und begann nachzudenken. Um mich herum war es totenstill, während ich darüber nachdachte, welche Entfernung ich in den letzten Jahren zurückgelegt hatte. Ich fühlte mich erschöpft, wenn ich daran dachte, wie anstrengend der Weg zurück nach oben gewesen war. Irgendwie war das Ganze merkwürdig. Ich hätte jetzt irgendwo feiern sollen, sagte ich zu mir selbst, statt hier allein zu sitzen und auf das andere Ende des Konferenztisches zu starren.

Und plötzlich sah ich Harold Hart vor meinem geistigen Auge. Er war schon seit mindestens fünfzehn Jahren tot, aber ich konnte ihn ganz deutlich vor mir sehen, wie er im seidenen Hausrock über den Pyjamas in seiner Wohnung in der Park Avenue saß. Wo mochte er jetzt wohl sein? fragte ich mich. Hatte er inzwischen entdeckt, daß das Leben doch kein Schwindel war? Oder war er jetzt nur noch ein Häufchen Staub?

Und plötzlich saß er am anderen Ende des Konferenztisches und fragte mich grinsend: »Na, mein Junge, wie fühlst du dich? Du hast den Preis bezahlt, du hast gekämpft, und jetzt bist du endlich oben. Und was nun?«

Mit dem Grinsen, das ich zu sehen glaubte, gab er (oder ich?) mir zu verstehen, daß ich jetzt selbst zu einem Harold Hart geworden war. Aber das konnte und wollte ich nicht akzeptieren; ich hatte zuviel von meinem Leben investiert, als daß ich glauben konnte, daß alles nur ein Schwindel sei. Das Leben mußte mehr zu bieten haben als nur den Kampf um den finanziellen Erfolg und dann eine Leere, sobald man ihn errungen hatte.

Aber irgend etwas fehlte. Nachdem ich über eine Stunde nachgedacht hatte, wußte ich endlich, was es war – nämlich die Tatsache, daß außer mir niemand am Tisch saß. Siegesfeiern für einen einzigen Gast sind nicht sonderlich lustig; sie pflegen eher ruhig zu sein. Ich verstieß gegen ein Naturgesetz – ich wollte etwas Unmögliches erreichen, indem ich versuchte, mir selbst genug zu sein.

Welch ein Paradox: Um die größtmögliche Freude am Leben zu haben, brauchte ich Menschen – dieselben Menschen, die mir bei meinen Bemühungen, Nummer Eins zu werden, so viele Komplikationen und Hindernisse in den Weg gelegt hatten. Allmählich begannen die einzelnen Bruchstücke ein Bild zu ergeben. Man braucht Menschen, weil man bestimmte Bedürfnisse hat, und weil man diese Bedürfnisse unmöglich selbst erfüllen kann. Die Zahl der Freunde, die man braucht, hängt davon ab, wie viele Bedürfnisse von anderen besser erfüllt werden können als von einem selbst. Das war eine verblüffende Entdeckung. Trotz seiner vielen negativen Charakteristika war der Mensch ein unverzichtbarer Faktor in der Formel für das Glück.

Noch einmal ließ ich den Blick über den riesigen leeren Tisch wandern. Kein Zweifel – das fehlende Element bei der Siegesfeier waren die Menschen. Ich begriff, daß das Leben ohne sie von Einsamkeit erfüllt war. Ich hatte geglaubt, daß man fähig sein sollte, auch ohne die Gesellschaft anderer Menschen die Erfüllung zu finden. Aber ich hatte mit den »Sollteseins« längst Schluß gemacht. Nur das »Ist« zählte, und danach mußte ich mich richten.

Die große Einsamkeit

Wir wissen, daß die Einsamkeit eines der größten Probleme des Menschen ist, wenn nicht sogar das größte. Bevor man Freundschaften schließen kann, muß man die Einsamkeit besiegen. Wir wollen dieses Problem einmal genauer untersuchen.

Gleichgültig wer Sie sind, was Sie im Leben erreicht haben, wie viele Freunde Sie haben und wie eng Sie ihnen verbunden sind, wenn die letzte Stunde gekommen ist, werden Sie ganz allein sein. Sie sind allein auf diese Welt gekommen, und genauso werden Sie auch wieder gehen, ob es Ihnen paßt oder nicht. Sobald Sie begriffen haben, daß der Mensch letzten Endes allein ist, sind Sie in der Lage, die Einsamkeit zu verstehen und zu besiegen.

Ich habe oft erlebt, daß Menschen aus Angst vor der Einsamkeit selbstzerstörerische Dinge tun. Wie kann man nun diese Angst überwinden? Es gibt nur einen Weg, um mit dem Trauma der Einsamkeit fertigzuwerden: Man muß sich mit den damit zusammenhängenden Realitäten auseinandersetzen, und das bedeutet, daß man sich mit sich selbst auseinandersetzen muß.

Die Voraussetzung dafür ist, daß Sie folgendes verstehen: So eng Sie auch mit einem oder mehreren Menschen verbunden sein mögen, Sie werden immer eine Einheit für sich selbst sein. Kein anderer Mensch, und wenn er Ihnen noch so nahesteht, kann jemals alles über Sie wissen – weder Ihre Gedanken noch Ihre Gefühle, noch Ihre geheimen Wünsche. In dieser Hinsicht sind Sie Ihr ganzes Leben lang allein. Sie sind eine einzigartige Einheit, und kein anderer Mensch kann in Sie hineinkriechen und eine psychologische Fusion von zwei getrennten Wesen zustande bringen; er kann ein Teil Ihres Lebens werden, aber niemals ein Teil von Ihnen selbst. Sobald Sie das begriffen haben, können Sie der Einsamkeit die richtige Perspektive geben.

Da Sie allein auf die Welt gekommen sind, Ihr ganzes Leben lang allein sein werden (im Sinne des oben Gesagten) und die Welt auch allein wieder verlassen werden, wäre es ratsam, wenn Sie sich einmal genau überprüften. Angesichts der Tatsache, daß Sie so viel Zeit mit Nummer Eins verbringen werden, wäre es da nicht das klügste, ihn etwas besser kennenzulernen? Und genau das ist es, was die Auseinandersetzung mit sich selbst bedeutet. Wenn Sie es soweit schaffen, daß Sie verstehen, wie viel Sie Nummer Eins bieten können, dann wird Ihnen auch die Bedeutung des Wortes klar sein, daß man »niemals weniger einsam ist, als wenn man allein ist«.

Wenn die Furcht vor der Einsamkeit ständig in Ihren Gedanken wohnt, können Sie die Gesellschaft anderer Menschen niemals richtig genießen, und das heißt, daß Sie auch sich selbst nicht genießen können. Menschen, die dieses Prinzip nicht begreifen, übertreiben oft – sie umgeben sich ständig mit Scharen von Leuten, um ihre Einsamkeit zu besiegen.

Eine gute Bekannte von mir, eine Sängerin, die drei Jahre lang mit einem berühmten Vortragskünstler liiert war, schilderte mir die Auswirkungen des irrationalen Versuchs, das Problem der Einsamkeit auf diese Weise zu bewältigen. Nach jeder Vorstellung pflegte ihr Geliebter eine Horde von Leuten in seine Hotelsuite einzuladen und bis fünf oder sechs Uhr morgens mit ihnen zu reden und zu trinken. Er tat buchstäblich alles, um den letzten Gast am Weggehen zu hindern. Der Gedanke, allein zu sein, trieb ihn zur Verzweiflung. Er war berühmt, er wurde bewundert, er stand im Mittelpunkt der Aufmerksamkeit – aber er hatte sich niemals die Mühe gemacht, sich selbst kennenzulernen und/oder zu lernen, sich selbst zu mögen.

Ein solches Verhalten ist Selbsttäuschung. Die Einsamkeit kann man nicht dadurch besiegen, daß man sich wahllos und ständig mit Leuten aller Art umgibt. Ich habe mich manchmal inmitten einer großen Menschenmenge sehr einsam gefühlt. Beliebtheit – wenn es das ist, was Sie erstreben – hat nichts mit der Zahl Ihrer Bekannten zu tun. Es bedeutet vielmehr, daß man Beziehungen zu Menschen hat, die auf gegenseitiger Bewunderung und Achtung beruhen. Wenn Sie nur eine einzige solide Freundschaft dieser Art haben, sind Sie wahrscheinlich »beliebter« als die meisten anderen Menschen. Es geht hier um die Qualität und nicht um die Quantität. Sie können viele Bekannte haben und trotzdem sehr einsam sein.

In ihrem Bemühen, der Einsamkeit zu entgehen, setzen viele Menschen ihre Integrität auf die verschiedenste Art und Weise aufs Spiel. Manche umgeben sich beispielsweise mit »Schmarotzern«. Um für solche Leute attraktiv zu sein, ist es gar nicht nötig, daß man berühmt ist, die kann man jederzeit haben. Andere versuchen, von so vielen Leuten wie möglich akzeptiert zu werden, indem sie konformieren, auch wenn es ihren eigenen Grundsätzen widerspricht. Aber ein solches Verhalten bringt meistens nur Nachteile, weil Sie dadurch Ihre Chancen, die wenigen Menschen zu finden, die wirklich zu Ihrem Glück beitragen können, verringern.

Lassen Sie sich nicht aus Angst dazu verleiten, in der Quantität ein Heilmittel gegen die Einsamkeit zu suchen. Wenn Sie unbedingt »dazugehören« wollen, dann gehen Sie wieder in die Schule zurück, denn in der Welt der Erwachsenen haben Sie nichts verloren.

Am vernünftigsten ist es, wenn Sie Ihr Leben als zwei deutlich voneinander getrennte Hälften sehen: ein soziales Leben und ein privates, zurückgezogenes Leben. Beide haben ihren Platz, und beide sind notwendig. Wenn Sie es lernen können, beide Formen voll zu genießen, wird die Einsamkeit aufhören, ein Problem zu sein.

Alleinzusein ist nicht gleichbedeutend mit einsam sein; es kann Ihr Leben bereichern, vorausgesetzt, daß Sie für Nummer Eins Bewunderung und Achtung empfinden und fähig sind, sich mit ihm anzufreunden. Denken Sie an die positive Seite des Alleinseins; es ist eine Chance, viele Dinge zu tun, die nicht so gut vollbracht werden können, wenn andere in der Nähe sind. »Ich habe niemals den Gefährten gefunden«, sagt Thoreau, »der so gesellig ist wie das Alleinsein.«

Das Lesen ist eine der schönsten Erfahrungen, die das Leben bieten kann. Prüfen Sie nach, ob Sie sich seine wertvollen Vorteile voll zu eigen gemacht haben. Es gehört zu den Dingen, die man viel besser genießen kann, wenn man durch niemanden abgelenkt wird. Abgesehen davon, daß das Lesen ein Vergnügen ist, erweitert es auch Ihren geistigen Horizont, so daß Sie den Menschen, die Sie in Ihrem sozialen Leben treffen, mehr bieten können.

Auch die Meditation in ihrer echten Form ist viel lohnender, wenn man sie allein praktiziert. Sie wirkt entspannend und hilft Ihnen, Lösungen für Probleme zu finden, die Sie nicht richtig durchdenken können, wenn andere in der Nähe sind. Der Vorteil ist, daß Sie nicht nur Ihren Geist verbessern, sondern auch Ihren Wert für andere Menschen erhöhen.

Ich möchte nochmals sagen, daß Alleinsein nicht das gleiche bedeuten muß wie Einsamkeit. Lernen Sie sich selbst kennen, dann können Sie die Einsamkeit bewältigen. Wenn Sie das Alleinsein in der richtigen Perspektive sehen – als eine Gelegenheit, einige der schönsten Erfahrungen zu genießen, die das Leben zu bieten hat, dann können Sie das Wort »Einsamkeit« aus Ihrem Wortschatz streichen.

Wenn Sie es nicht verstehen, Ihre eigene Gesellschaft zu genießen, dann können Sie das von anderen auch nicht erwarten. Nutzen Sie die Zeit des Alleinseins intelligent aus, statt daß Sie es zulassen, daß sie in Ihnen eine unbegründete Angst vor der Einsamkeit erweckt, und dann werden Sie feststellen, daß Sie die Stunden, die Sie mit anderen Menschen verbringen, viel besser genießen können.

Die soziale Seite des Lebens

Je mehr Sie die Seite Ihres Lebens, die Ihnen allein gehört, schätzen, desto leichter wird es Ihnen fallen, Freundschaften zu schließen. Aber zuerst wollen wir versuchen zu definieren, was ein Freund ist.

Das Lexikon gibt, wie üblich, eine vage Definition: Ein Freund ist »jemand, der einer anderen Person durch Zuneigung verbunden ist«. Diese Aussage bestätigt meine Meinung über lexikalische Definitionen. Freundschaft ist ebensowenig wie Glück eine Entweder/oder-Situation. Man kann nicht einfach sagen, daß jemand ein »Freund« oder »kein Freund« ist, sondern es kommt auf den Grad des Gefühls an. Sie können hundert Leuten durch Zuneigung verbunden sein, aber der Grad dieser Verbundenheit variiert von Fall zu Fall. Sie haben Freunde, gute Freunde, sehr gute Freunde und vielleicht auch einen Menschen, den Sie als Ihren besten Freund betrachten.

Außerdem wird jede Freundschaft aus einem anderen Grund geschlossen, weil jede ein anderes Bedürfnis erfüllt. Den einen Freund wollen Sie öfters sehen, bei einem anderen genügt es Ihnen, wenn Sie ihn einmal im Monat treffen. Vielleicht haben Sie sogar Freundschaften, die ihren Zweck erfüllen, wenn Sie die Betreffenden nur einmal im Jahr sehen. In diesem Fall darf man allerdings wohl sagen, daß von einer innigen Verbundenheit keine Rede sein kann.

Aber gleichgültig wie stark die Zuneigung oder welcher Art der Grund für die Freundschaft ist, ein Freund ist immer eine Person, die für Sie ein Bedürfnis erfüllt. Und von seinem Standpunkt aus besteht Ihre Funktion darin, für ihn ein Bedürfnis zu erfüllen. Viele Mißverständnisse und Probleme entstehen dadurch, daß diese Tatsache nicht genügend beachtet wird. Wenn beide Seiten diese Verpflichtung erkennen und erfüllen, ist die Grundlage für eine solide Wert-für-Wert-Beziehung geschaffen – die einzige Art von Beziehung, die sowohl aufrichtig als auch dauerhaft sein kann.

Was ein Freund nicht ist

Da viele Menschen eine irrige Ansicht über den Sinn der Freundschaft haben, besteht die beste Definition vielleicht in der Erklärung dessen, was ein Freund *nicht* ist:

Ein Freund ist *nicht* jemand, der Ihnen Geld leiht, wann immer Sie es brauchen.

Ein Freund ist *nicht* jemand, der verpflichtet ist, Ihnen vierundzwanzig Stunden am Tag zur Verfügung zu stehen, um Ihre Bedürfnisse zu erfüllen.

Ein Freund ist *nicht* jemand, mit dem Sie so anmaßend umgehen können, wie Sie wollen.

Ein Freund ist *nicht* jemand, der dazu ausersehen ist, den Rest seines Lebens »Opfer« für Sie zu bringen.

Ein Freund ist *nicht* ein Roboter, der erschaffen wurde, um zu Ihrem Vorteil und ohne Rücksicht auf seine eigenen Interessen zu handeln.

»Wozu hat man denn Freunde?« Diese Frage wird seit undenklichen Zeiten als Mittel zur Einschüchterung benutzt. Falls jemand versuchen sollte, die Freundschaft mit Ihnen durch diesen Trick herabzuwürdigen, dann erklären Sie ihm als Antwort, wofür Freunde *nicht* da sind.

Wenn eine Freundschaft im Spiel ist, dann ist Geld ein besonders empfindlicher Punkt. Als ich ganz unten war, bat ich den Schwarzen Bert, mir zehntausend Dollar zu leihen, was angesichts seines ständig wachsenden Reichtums eine lächerliche Summe war. Aber er lehnte ab. Mit der für ihn charakteristischen Präzision erklärte er mir, warum es von seinem Standpunkt aus unklug wäre, mir das Geld zu leihen. Obwohl ich mich in einer Notlage befand, begriff ich, daß seine Überlegungen vernünftig waren.

Leider hatte ich bei einem gemeinsamen Freund von uns mehr Glück. Nach langem Bitten lieh er mir fünftausend Dollar, und was war die Folge? Er war mir gram, weil ich das Geld nicht zum vereinbarten Termin zurückzahlen konnte. Das war ein Verlust für mich, weil seine Freundschaft mir wirklich etwas bedeutete. Ich machte sie kaputt. Ich strapazierte unsere Beziehung, mit dem Ergebnis, daß ich nicht nur meine Schuld an ihn zurückzahlen, sondern auch an Mutter Natur meinen Zoll entrichten mußte.

Und der Schwarze Bert? Nun, er besuchte mich neulich, als er auf einer Geschäftsreise nach Nordkalifornien war. Ich bedankte mich bei ihm, weil er vor Jahren so klug gewesen war, mir die erbetenen zehntausend Dollar nicht zu leihen. Ich beglückwünschte ihn, weil er das Richtige getan hatte, statt sich von mir einschüchtern zu lassen, seinem Instinkt zu folgen. Seine Weigerung war eine wertvolle Lehre für mich gewesen, und das sollte er wissen. Ich hatte Glück gehabt; er hatte unsere Freundschaft gerettet.

Die Eckpfeiler des Fundaments jeder Freundschaft

Das Fundament einer jeden Freundschaft, die diese Bezeichnung verdient, wird von zwei Eckpfeilern getragen. Der erste ist die gegenseitige Bewunderung und Achtung. Wenn jemand Sie nicht bewundert und achtet, wie können Sie dann irgeneines seiner Bedürfnisse erfüllen, vorausgesetzt, daß er rational denkt und sein Verhalten auf langfristige Konsequenzen stützt? Und wenn Sie jemanden nicht bewundern und achten, was kann er Ihnen dann im Austausch geben?

Im Sinne eines kurzfristigen Flickwerks ist es wohl möglich, eine Beziehung zu jemandem herzustellen, den man nicht achtet, und zu versuchen, ihr das Mäntelchen der Freundschaft umzuhängen. Eine solche Beziehung kann nur vorübergehend ein Bedürfnis erfüllen (z. B. das nach Gesellschaft), und sie wird wahrscheinlich für beide Seiten in Frustration und Verärgerung enden. Ohne die Eckpfeiler der Bewunderung und Achtung kann es keine Freundschaft geben, sondern nur eine unzulängliche Beziehung.

Der andere Eckpfeiler ist die rationale Selbstsucht, welche die Basis für die wichtige Komponente der Wert-für-Wert-Beziehung liefert. Ein Mensch, dem es schwerfällt, Freunde zu finden, hat vermutlich die falsche Einstellung, daß die Welt ihm etwas schuldet. Aber kein Mensch schuldet einem anderen etwas – und bestimmt nicht Freundschaft, Liebe oder Achtung. Eine Freundschaft muß man sich verdienen. Wenn Sie mit einem Menschen auf einer aufrichtigen Wert-für-Wert-Basis verkehren, werden Sie überrascht sein, wie bereitwillig er als Gegenleistung Ihre Bedürfnisse erfüllt.

Der Kontext, in dem das Wort »Freund« heutzutage gebraucht wird, hat zweifellos dazu beigetragen, daß viele Menschen nicht begreifen, daß man sich eine Freundschaft verdienen muß. Für sie bedeutet das Wort einen Menschen, der unter allen Umständen alles für einen tut, auf den man zählen kann, wenn man jemanden braucht, der einem zu Gefallen ist. Und auch das Wort »Gefallen« hat seine Bedeutung geändert, und zwar in dem Sinne, daß jemand etwas bekommt, ohne eine gleichwertige Gegenleistung zu liefern; eine gefährliche Einstellung. Ein Freund sollte ein Mensch sein, den Sie bewundern und achten, und dem Sie durch Zuneigung verbunden sind; ein Gefallen sollte etwas sein, das Sie einem Freund erweisen, weil Ihre innere Waage für das Glücksempfinden Ihnen sagt, daß es auf die Dauer gesehen in Ihrem eigenen Interesse ist, wenn Sie es tun.

Wenn Sie also für einen Freund ein »Opfer« bringen, dann handelt es sich hoffentlich um eine bewußte, rational selbstsüchtige Aktion, um eine Geste des guten Willens gegenüber einem Menschen, dessen Freundschaft Ihnen Freude macht.

Sie müssen allerdings unbedingt begreifen, daß auch Ihr Freund eine innere Waage für das Glücksempfinden hat. Wenn Ihnen das bewußt ist, haben Sie die richtige geistige Einstellung, sich ihm gegenüber so zu verhalten, daß er sich glücklich fühlt. Auf Grund von Gewohnheit und Tradition fällt es vielen Menschen schwer, die Realität zu akzeptieren, daß die meisten sinnvollen Beziehungen auf der Basis der Selbstsucht aufgebaut sind. Aber wenn beide Seiten sich aufrichtig und realistisch verhalten, haben sie ein solides Fundament für eine erfreuliche und dauerhafte Wert-für-Wert-Beziehung.

Damit soll nicht gesagt sein, daß beide Seiten den gleichen Genuß aus einer Freundschaft ziehen. Für den einen kann sie die Quelle guter Ratschläge und geistiger Anregungen sein, während dem anderen die interessanten Unterhaltungen und die Gesellschaft das meiste geben.

Gibt es eine »wahre« Freundschaft?

Das Lexikon sagt folgendes: *wahr* (im Sinne der Freundschaft) bedeutet »loyal, treu, aufrichtig usw.«. Wenn man diese Definition akzeptiert, dann gibt es tatsächlich so etwas wie einen wahren Freund. Es gibt Leute, die sich Ihnen gegenüber loyal, treu und aufrichtig verhalten, und zwar handelt es sich bei ihnen um Menschen, die auf Grund der Erfahrungen, die sie mit Ihnen gemacht haben, bewußt oder unbewußt zu dem Schluß gekommen sind, daß das, was sie von Ihnen als Gegenleistung erhalten, ihren eigenen Aufwand an Loyalität, Treue und Aufrichtigkeit wert ist.

Aber auch hier kommt es auf die Intensität der Gefühle an. Der Grad der Treue und Loyalität richtet sich danach, wieviel Gefühl man in eine Freundschaft investiert. Erinnern Sie sich an unsere Diskussion über die Frage, ob man für einen anderen Menschen sein Leben riskieren soll? Ihre Bereitschaft, dieses Risiko einzugehen, hängt von dem Grad Ihrer Loyalität ab, deren Grundlage der Wert ist, den Sie der Beziehung beimessen, d. h. wieviel Freude sie Ihnen bereitet.

Außerdem muß man das ganze Bild berücksichtigen, wenn man Entscheidungen über »Gefallen« trifft, die man »wahren« Freunden erweist, insbesondere, wenn diese Entscheidungen kritischer Natur sind. Geld ist immer ein gutes Beispiel dafür – und immer ein Problem. Sie müßten einer Freundschaft schon einen außergewöhnlich hohen Wert beimessen, wenn Sie finanzielle Schwierigkeiten auf sich nehmen würden, um jemandem aus einer Geldverlegenheit herauszuhelfen.

Aber keine Situation gleicht der anderen aufs Haar; Sie müssen sich nach den gegebenen Faktoren richten. Sie handeln weise, wenn Sie ein paar allgemeine Richtlinien aufstellen, wie Sie in Notfällen vorgehen würden, damit Sie nicht unvorbereitet sind, wenn eine solche Situation eintritt. Sollten Sie das nicht tun, werden Sie wahrscheinlich irrationale Entscheidungen treffen, wenn Sie vor einem solchen Problem stehen, das heißt, Sie würden instinktiv statt überlegt handeln.

Ein Faktor, der immer berücksichtigt werden muß, sind die langfristigen Folgen. Wenn es um Geld geht, braucht man manchmal viel Willenskraft und rationale Überlegungen, um das Richtige zu tun. Nur allzu oft sind Sie, wenn Sie einem Freund Geld leihen, zum Schluß ein Opfer der Tatsache, daß man für seine Taten nur selten Anerkennung erntet. Die Folge ist, daß Sie sowohl einen Freund als auch Ihr Geld verlieren können. Wenn Sie von Anfang an nein sagen, gehen Sie nur ein Risiko ein, und wenn Ihr Freund vernünftig ist, behalten Sie sowohl ihn als auch Ihr Geld.

Wenn jemand versucht, Sie durch Zwang oder Einschüchterung dazu zu bringen, daß Sie ihm Geld leihen, indem er sich solcher Redewendungen wie z. B. »wahrer Freund« bedient, dann ist das ein ziemlich sicheres Zeichen dafür, daß er vermutlich kein wahrer Freund ist. Und wenn er Ihnen dann noch vorwirft, daß Sie ihn »im Stich lassen«, dann sollten Sie die Sache von der anderen Seite betrachten. Seine Schlußfolgerung, daß Sie kein wahrer Freund sind, weil Sie ihm kein Geld leihen wollen, ist aus folgendem Grund irrig: Wenn das Geld, um das er bittet, der Kitt ist, der die Freundschaft zusammenhält, dann kann von vornherein an dieser Beziehung nicht viel dran gewesen sein. Der Schwarze Bert lehnte es ab, mir das Geld zu leihen, um das ich ihn bat, aber das konnte unsere Freundschaft nicht zerstören, denn er hatte viele andere Qualitäten zu bieten, die für mich wichtig waren.

Aber zum Teufel mit dem Geld als Freundschaftsbarometer. Für mich gibt es einen viel zuverlässigeren Indikator, nämlich das Verhalten von

Freunden, wenn in ihrer Gegenwart etwas Nachteiliges oder Verleumderisches über einen selbst gesagt wird. Die Menschen, auf die Sie wert legen, sollten sich nicht durch negative Bemerkungen dieser Art beeinflussen lassen. Man kann es einen Prozeß der Selbstelimination nennen. Ein Mensch, der Sie gut genug kennt, um Sie seinen Freund zu nennen, und trotzdem auf die negativen Bemerkungen anderer hört, gibt Ihnen durch dieses Verhalten Aufschluß über seinen Charakter bzw. über seine Unfähigkeit, rational zu denken. Wenn die Aussagen Dritter für ihn wichtiger sind als seine persönlichen Erfahrungen mit Ihnen, dann erweist er Ihnen einen Gefallen, indem er sich selbst aus Ihrem Leben eliminiert. Hätte er nicht auf diese Weise seine wahren Farben gezeigt, wäre es vielleicht möglich gewesen, daß sein Mangel an Charakter oder seine Unfähigkeit, rational zu denken, sich in einem viel kritischeren Moment bemerkbar gemacht hätten, also zu einem Zeitpunkt, in dem es vielleicht verheerende Folgen für Sie gehabt hätte.

Ich ignoriere nicht nur negative Bemerkungen über meine Freunde, sondern ich überhöre grundsätzlich alles Unerfreuliche, das über *irgend jemanden* gesagt wird, und zwar aus Gründen der rationalen Selbstsucht. Es ist mir schon oft passiert, daß ich eines Tages jemanden bewundere, der früher von einem anderen Menschen schlechtgemacht worden war.

Kann man Freunde kaufen?

Kann man Freundschaft kaufen? Sie können es nicht nur, Sie müssen es sogar. Es ist der *einzige* Weg, wie man Freunde gewinnen kann. Jedermann kauft seine Freunde auf dem Freien Markt der Freundschaft. Die Höhe und die Form des Preises variieren von Fall zu Fall, aber bezahlen muß man immer. Alles, das etwas wert ist, hat seinen Preis. Die Bezahlung kann z. B. so aussehen, daß Sie wöchentlich eine bestimmte Anzahl von Stunden in Konversation investieren, oder daß man von Ihnen Anregungen erwartet, oder daß Sie irgend etwas aufgeben müssen, das Ihnen bisher Freude gemacht hat.

Jeder Mensch, der auf den Freien Markt der Freundschaft geht, hat Bedürfnisse. Wenn Sie eines oder mehrere dieser Bedürfnisse erfüllen, dann bezahlen Sie für eine Freundschaft. Probleme bereitet Ihnen die Hürde der Freundschaft erst dann, wenn Sie für eine Freundschaft nicht bezahlen wollen – wenn Sie nicht bereit sind, die Bedürfnisse eines Menschen auf einer Wert-für-Wert-Basis zu erfüllen. Sie brauchen sich deshalb nicht schuldig zu fühlen, denn jeder von uns hat im Innern den Wunsch, Dinge zu bekommen, ohne etwas dafür zu geben. Sie müssen sich nur bemühen, diesen Wunsch zu unterdrücken, denn er führt zu üblen, langfristigen Folgen. In dem Maße, wie Ihnen das gelingt, steigen Ihre Chancen, Freunde zu finden und zu behalten.

Wenn ich jemanden kennenlerne, der als Freund in Frage kommt, versuche ich, zwei Dinge herauszufinden. Das eine ist, wie hoch der Preis für seine Freundschaft sein würde; das andere ist, ob ich bereit und in der Lage bin, ihn zu zahlen. Ein Beispiel: Ein Mensch, der ein Meister der Konversation ist, verlangt vielleicht mehr von meiner Zeit, als ich im Austausch für seine Unterhaltung zu geben bereit bin. Geben Sie sich über die Höhe des langfristigen Preises keiner Täuschung hin.

Entdecken Sie Ihre Freunde selbst

Vielleicht sollten wir einen Schritt zurückgehen. Sie können nicht entscheiden, ob Sie mit jemandem Freundschaft schließen wollen, bevor Sie ihn nicht kennengelernt haben. Und Sie werden ihn nicht kennenlernen, wenn Sie nicht bereit sind, sich dieser Mühe zu unterziehen. Es ist eine Form des Syndroms, das mit der Einstellung, darauf zu warten, daß man entdeckt wird, zusammenhängt. Sie werden von Freunden ebensowenig entdeckt werden wie von Geschäftspartnern. Sie müssen selbst losgehen und sich auf die Suche machen.

Damit meine ich nicht, daß Sie durch die Straßen wandern und jeden Menschen, der Ihnen begegnet, freundlich angrinsen sollen, als ob Sie gerade aus einem Kurs für die Verbesserung der Persönlichkeit kämen. Aber es bedeutet, daß Sie herumwandern sollen. Gehen Sie hinaus und tun Sie Dinge, an denen Sie sich vorher noch nie versucht haben. Dadurch werden Sie leider automatisch in ein paar Situationen geraten, in denen Sie sich Verletzungen und Unannehmlichkeiten einhandeln. Aber inzwischen wissen Sie ja, warum das so ist: Es ist ein Teil des Preises, den Sie für ein besseres Leben zahlen müssen. Wenn Sie bei der Suche nach Freunden noch nie Enttäuschungen erlebt haben, dann haben Sie sich wahrscheinlich noch nie besonders angestrengt.

Nun gut, Sie brauchen also nicht wie ein harmloserer Irrer zu grinsen, aber es kostet Sie nichts, anderen gegenüber human, freundlich und aufgeschlossen zu sein. Konzentrieren Sie sich auf das, was sie sagen, und versuchen Sie, ihre Gefühle zu ergründen. Sobald Sie die natürliche Selbstsucht eines Menschen ansprechen, erwacht sein Interesse an Ihnen. Das gibt Ihnen die Möglichkeit, ihn besser kennenzulernen und herauszufinden, ob er Eigenschaften besitzt, die Sie bewundern und achten. Sollte das der Fall sein, so fahren Sie fort, seine Selbstsucht zu befriedigen. Nach einer Weile laden Sie ihn in Ihre Welt ein, so daß er anfangen kann, Ihre Bedürfnisse zu verstehen. Von diesem Punkt an werden Sie beide entscheiden – zumindest unbewußt –, ob jeder von Ihnen die Fähigkeit und den Wunsch hat, die Bedürfnisse des anderen zu erfüllen.

Vor allem müssen Sie stets Ihr wahres Selbst zeigen; versuchen Sie niemals, etwas zu sein, das Sie nicht sind. Wenn Sie dieses grundlegende Prinzip nicht befolgen, dann werden die Menschen, an denen Sie am meisten interessiert sind, weil ihre Wertmaßstäbe den Ihren ähneln, Sie nicht erkennen, wenn Sie schließlich aus Ihrer Deckung herauskommen. Noch schlimmer ist, daß wahrscheinlich gerade diejenigen, die sie in Ihrem Privatleben nicht haben wollen, sich durch Ihre Maskerade am meisten angezogen fühlen. Damit beginnt eine unaufrichtige Beziehung, für die Sie eines Tages auf jeden Fall büßen müssen.

Für mich ist es so wichtig, immer mein wahres Selbst zu zeigen, daß ich mein Verhalten ständig überprüfe. Wenn ich feststelle, daß ich genau so rede, mich bewege oder verhalte wie die Leute, mit denen ich zusammen bin, dann rufe ich mich zur Ordnung, nehme die Maske ab und fange noch einmal von vorne an. Achten Sie darauf, daß Sie nicht jedesmal ein neuer Mensch werden, wenn Sie neue Bekanntschaften schließen. Der einzige Weg, wie Sie in sozialer Hinsicht auf die Dauer überleben können, ist, daß Sie immer der Gleiche bleiben – immer Sie selbst –, gleichgültig wie die Begleitumstände sind. Ohne die Beibehaltung dieser aufrichtigen Einstellung haben Sie sich nicht mehr unter Kontrolle, sondern bemühen sich, so zu sein, wie andere es Ihrer Meinung nach von Ihnen erwarten, statt daß Sie Ihr eigenes Selbst sind. Versuchen Sie nicht, es jedem rechtzumachen. Es funktioniert nicht. Zeigen Sie sich, wie Sie wirklich sind, wenn Sie auf die Leute anziehend wirken wollen, die Ihr Leben am meisten bereichern können.

Garantien gibt es nicht

In jeder Situation, die für die Entstehung einer Freundschaft günstig sein könnte, gibt es zumindest einen Faktor, der außerhalb Ihrer Kontrolle ist, und es wäre unrealistisch, das nicht anzuerkennen. Es könnte sein, daß der andere Sie einfach nicht zum Freund haben will. Nun ja, wer hat denn gesagt, daß das Leben leicht sein soll? Sie müssen die Tatsache akzeptieren, daß Ihr Ego ab und zu einen tüchtigen Schlag einstecken muß. Aber natürlich gilt das auch andersherum. Nur weil jemand Ihre Freundschaft wünscht, heißt das noch lange nicht, daß Sie auch die seine wollen, oder daß Sie verpflichtet sind, seine Freundschaft anzunehmen, wenn er sie Ihnen anbietet.

Wenn Sie eine Wert-für-Wert-Beziehung wollen, müssen beide Seiten das Gefühl haben, daß Gewinn und Investition einander die Waage halten. Es ist möglich, daß der andere aus sehr persönlichen und privaten Gründen das Gefühl hat, eine Freundschaft mit Ihnen würde sich für ihn nicht lohnen. Das ist etwas, über das Sie nicht immer Kontrolle haben. Es ist daher in Ihrem besten Interesse, wenn Sie eine rationale Einstellung annehmen, auf das Schlimmste gefaßt sind und das Beste erhoffen. Wenn ein Mensch, mit dem Sie gern Freundschaft schließen würden, Ihre Gefühle nicht erwidert, dann fassen Sie das nicht als eine persönliche Beleidigung auf. Es ist nun mal so. Er kann die verschiedensten Gründe für sein Verhalten haben, aber wenn Sie wissen, wer Sie sind und wo Sie im Leben stehen, das heißt, wenn Sie Selbstachtung haben, dann können Sie es sich leisten, diese Entwicklung als einen Verlust für den anderen und nicht für sich selbst zu betrachten.

Wie man bestehende Freundschaften zerstören kann

Um eine Freundschaft zu zerstören, braucht man nur zu vergessen, daß Freunde Menschen und daß Menschen nicht vollkommen sind. Sie besitzen alle negativen Eigenschaften, die wir in dem Kapitel »Die Hürde der menschlichen Beziehungen« diskutiert haben. Sie können Ihnen Enttäuschungen bereiten; sie können Sie verletzen; sie können Sie im Stich lassen. Wenn das nicht allzu häufig oder zu brutal geschieht, muß das nicht unbedingt bedeuten, daß der Betreffende kein guter Freund ist. Es bestätigt nur das, was Sie bereits wissen: daß Menschen Fehler haben. Wenn

Ihnen die Freundschaft so viel bedeutet, daß Sie sie aufrechterhalten wollen, dann bleibt Ihnen nichts anderes übrig, als Ihrem Freund seine menschlichen Schwächen zu verzeihen.

Bedenken Sie auch, daß etwas, das Sie enttäuscht und verletzt, in seinen Augen vielleicht ganz anders aussieht. Wie jeder Mensch spielt auch er sein eigenes Definitions- und Grenzziehungsspiel. Und wenn Sie sich noch so im Recht fühlen, Ihr Freund kann ganz andere Ansichten haben und die Dinge anders definieren. Geschieht das zu oft, müssen Sie sich natürlich fragen, ob Ihre und seine Wertbegriffe für eine gute Freundschaft genügend übereinstimmen.

Wenn ich mich über das Verhalten eines Freundes ärgere, dann sage ich mir, daß andere Leute manchmal über mich aufgebracht waren, ohne daß ich ihre Gründe für gerechtfertigt hielt. Also nehme ich automatisch an, daß mein Freund mich nicht absichtlich verletzen wollte.

Sie müssen auch bedenken, daß es für das Verhalten Ihres Freundes mildernde Umstände geben könnte. Vielleicht hat er finanzielle Sorgen oder Streit mit seiner Frau, oder vielleicht haben *Sie* etwas getan, das er falsch aufgefaßt hat. Verurteilen Sie ihn nicht nach dem Augenschein. Ich persönlich bin immer bereit zu verzeihen, weil es nicht in meinem besten Interesse ist, gegen Menschen, an denen mir etwas liegt, einen Groll zu hegen. Meine Einstellung beruht also auf rationaler Selbstsucht.

Aus dem gleichen Grund gehe ich sogar noch einen Schritt weiter. Meiner Erfahrung nach besteht der beste Schutz gegen Verletzungen und Enttäuschungen durch Freunde darin, daß man von niemandem etwas erwartet. Diese Einstellung macht es einem sehr leicht, Verzeihung zu gewähren. Seit ich mich für dieses Verhalten entschieden habe, ist es mir immer leichtgefallen, Freunde zu finden und zu behalten. Ein Freund kann mich überraschen und gelegentlich sogar enttäuschen, aber er kann mich praktisch niemals »verletzen«. Alles, was Sie tun, um Ihr Leben von Bitterkeit freizuhalten, hilft Ihnen, Nummer Eins zu werden.

Das heißt natürlich nicht, daß Sie jeden Ärger, den ein Freund Ihnen bereitet, schlucken sollen. Das richtet sich danach, wieviel Wert Sie dieser Freundschaft beimessen. Solange dieser Wert hoch ist, sollten Sie Verzeihung üben; andernfalls ist es Zeit, die Freundschaft zu beenden. Aber lassen Sie sich nicht von Ihren Emotionen beeinflussen; vielleicht sieht die Sache ganz anders aus, wenn Sie in Ruhe darüber nachgedacht haben. Ein einziger Augenblick des Zorns kann eine lebenslängliche Reue zur Folge haben, besonders wenn eine Freundschaft auf dem Spiel steht.

Damit sind wir wieder beim Ego angelangt. Wir haben davon gesprochen, daß Prinzipienreiterei oft der Ausdruck einer Ego-Sucht ist. Daran kann auch eine Freundschaft zerbrechen, also sollten Sie darauf achten, daß Sie diese Belastung Ihrer Beziehungen vermeiden.

Der Gummimann

Bilden Sie sich nicht ein, daß Sie ein Gummimann sind. Sie können sich nicht in alle Richtungen gleichzeitig ausdehnen. Sollten Sie es doch versuchen, wird die Qualität Ihrer Freundschaften darunter leiden. Es ist so leicht, Zusagen zu geben, und es ist so schwer, sie zu halten. Gehen Sie mit dem Wort »ja« nicht zu freizügig um, sondern sparen Sie es sich für besondere Gelegenheiten auf. Auf die Dauer gesehen bringt es Ihnen mehr Vorteile, wenn Sie lernen, ebenso höflich und freundlich wie sofort und energisch »nein« zu sagen.

Natürlich sollen Sie nicht jede Bitte, die ein Freund an Sie richtet, abschlagen. Sie sollten nur darauf achten, daß Sie es sich nicht angewöhnen, Versprechungen zu machen, die Sie nicht halten können. Hier haben wir wieder den Gegensatz zwischen kurzfristigem Flickwerk und langfristigen Lösungen: Wenn Sie einem Freund etwas versprechen, ist er vielleicht sehr begeistert von Ihnen, aber wenn Sie Ihr Wort nicht halten, verwandelt sich dieses Gefühl möglicherweise in Abneigung. Umgekehrt fühlt Ihr Freund sich vielleicht vor den Kopf gestoßen, wenn Sie ihm eine Bitte sofort abschlagen, aber es ist gut möglich, daß er die Sache im Laufe der Zeit vergißt, oder daß Sie später sogar in seiner Achtung steigen, weil Sie stark genug waren, eine Zusage zu verweigern, die Sie nicht hätten einhalten können.

Schwieriger ist es, wenn Sie ein Versprechen gegeben haben und erst später einsehen, daß Sie es nicht halten können oder wollen (z. B. aus Gründen der Integrität). Ganz allgemein gesagt, bin ich der Ansicht, daß man versuchen sollte, seine Versprechen zu halten. Sollte es sich jedoch erweisen, daß Sie einen großen Fehler gemacht haben, sind Sie keineswegs verpflichtet, Ihr Wort um jeden Preis zu halten, nur weil Sie die Folgen falsch eingeschätzt hatten.

Ebenso wie Ihre Freunde haben auch Sie das Recht, Fehler zu begehen. Halten Sie sich an den Grundsatz, daß es besser ist, eine Krise frühzeitig auszulösen, als sie auf später zu verschieben. Der ideale Zeitpunkt wäre natürlich gleich zu Anfang, indem Sie ohne langes Hin und Her sofort nein sagen. Aber auch wenn Sie die erste Gelegenheit zum Neinsagen versäumt haben, ist nichts verloren. Sie können auch später jederzeit einfach und aufrichtig erklären, daß Sie einen Fehler gemacht haben, aber lassen Sie keinen Zweifel daran, daß Ihre Entscheidung, das gegebene Versprechen zurückzuziehen, endgültig ist. Natürlich wird es immer schwieriger, je länger Sie damit warten.

Ersparen Sie allen Beteiligten Probleme, indem Sie lernen, sich selbst zurückzupfeifen, bevor Sie voreilige Zusagen geben. Sie können unmöglich so viel für Ihre Freunde tun, wie Sie es gern möchten. Also wählen Sie die Dinge aus, die Sie am besten handhaben können, und beschränken Sie sich auf die Freunde, an denen Ihnen am meisten liegt. Versuchen Sie nicht, es jedem rechtzumachen; tun Sie das, was *Sie* unter den gegebenen Umständen für richtig halten. Vermeiden Sie es, sich zu verzetteln.

Zuviel Eifer schadet nur

Zuviel Eifer ist noch schlimmer, als übereilte Versprechungen zu machen. In dem Wunsch, Freunde zu gewinnen oder zu behalten, entwickeln viele Menschen die gefährliche Gewohnheit, daß sie versuchen, jedermanns Probleme zu lösen. Wenn Sie diesen Fehler begehen, dann endet es oft so, daß Sie sich unbeliebt gemacht haben, während die anderen, die keinerlei Hilfe angeboten haben, von Vorwürfen verschont bleiben. Das kann, um das mindeste zu sagen, eine sehr frustrierende Erfahrung sein. Denken Sie an die alte Weisheit, daß man für seine Taten nur selten Anerkennung erntet.

Auch durch die sogenannte Selbstaufopferung werden Sie nichts Positives erreichen. Dadurch, daß Sie sich ständig in »Selbstlosigkeit« üben, können Sie keine Freunde gewinnen oder behalten. Sie verbergen nur Ihr wahres Selbst, und vielleicht wäre gerade das die Person, die bei anderen Menschen Achtung und Bewunderung finden würde. Aber niemand wird Ihnen Achtung entgegenbringen, nur weil Sie selbstlos sind.

Noch ein paar Tips, wie Sie Ihre Freunde verlieren können

Eine gute Methode, wie man Freunde verscheuchen kann, besteht darin, daß man sie als Klagemauer benützt. Natürlich können Sie mit guten Freunden ab und zu Ihre Probleme besprechen, nur dürfen Sie es nicht übertreiben, denn jeder Mensch hat seine eigenen Probleme und möchte nicht zusätzlich mit denen anderer Leute belastet werden.

Zuviel Vertrauensseligkeit wirkt abschreckend. Es ist sehr angenehm, wenn Sie jemanden haben, zu dem Sie Vertrauen haben können, aber das heißt nicht, daß Sie Ihre geheimsten Gedanken offenbaren sollen. An einem Menschen, den man zu genau kennt, verliert man das Interesse.

Damit will ich nicht sagen, daß Sie mit einem guten Freund nicht gelegentlich über sehr persönliche Probleme reden sollten, aber gehen Sie dabei nicht zu weit. Es gibt Dinge, die man unbedingt für sich behalten sollte.

Als ich jung war, ließ ich mich oft dazu hinreißen, zuviel über mich selbst zu erzählen, und jedesmal habe ich es bereut. Das Leben hat die häßliche Angewohnheit, Freundschaft in Gleichgültigkeit oder sogar Feindschaft zu verwandeln, deshalb ist es immer gut, wenn man niemandem zu viele private Informationen gibt.

Selbstachtung ist ein wertvolles Gut

Respekt ist ansteckend. Wenn Sie sich selbst achten, werden Sie auch die Achtung anderer Menschen bewahren. Gefährden Sie Ihre Selbstachtung nicht dadurch, daß Sie gegen Ihre moralischen Überzeugungen handeln, nur um anderen Leuten zu Gefallen zu sein.

Die Selbstachtung ist ein wertvolles Gut. Die Voraussetzung für ihre Entstehung ist, daß Sie Ihren Grundsätzen treu bleiben. Es kostet einen hohen Preis, diesen Besitz zu bewahren. Für gewöhnlich muß er in der Form von Selbstdisziplin bezahlt werden. Dadurch können Sie sich gelegentlich unbeliebt machen, insbesondere wenn Sie sich weigern, etwas zu tun, daß Ihrer Integrität schaden würde, aber letzten Endes werden auch die Leute, die Ihnen diese Weigerung übelgenommen haben, Sie ob Ihrer Charakterstärke respektieren (wenn auch nicht unbedingt lieben).

Auch eine Freundschaft kann in die »roten Zahlen« kommen.

Am sichersten können Sie eine Freundschaft zerstören, wenn das, was Sie einem Freund schulden, bei weitem das übersteigt, was er Ihnen schuldet. Es ist so leicht, sich einem guten Freund gegenüber Freiheiten herauszunehmen, die man seinem ärgsten Feind nicht zumuten würde. Aber halten Sie es für sinnvoll, Ihre Freunde schlechter zu behandeln als Ihre Feinde? Auch Ihre Freunde haben innere Waagen für das Glücksempfinden. Sie können es sich genausowenig wie Sie selbst leisten, daß ihre Bücher ständig überfällige Außenstände aufweisen. Wenn Sie bei einem Freund zu hoch verschuldet sind, wird aus der Freundschaft für Sie eine Verpflichtung. Ihre Freundschaftsschulden können so anwachsen, daß Sie die Freiheit verlieren, die Sie brauchen, um Nummer Eins zu werden.

Ich habe hier nur ein paar Möglichkeiten aufgezählt, wie Sie eine Freundschaft zerstören können, aber ich bin sicher, daß Sie sich noch mehr Methoden ausdenken können, ohne Ihre schöpferische Kraft allzusehr zu strapazieren.

Kann man eine »schlechte Persönlichkeit« haben?

Ich habe es schon öfters erlebt, daß jemand sich bei mir beklagte, seine »schlechte Persönlichkeit« hindere ihn daran, Freunde zu finden. Ich pflege darauf zu antworten, daß ich nicht genau weiß, was eine schlechte Persönlichkeit eigentlich ist. Auch die üblesten Verbrecher der Menschheitsgeschichte hatten Freunde. Man kann die Persönlichkeit eines Menschen nicht pauschal beurteilen. Die Charaktereigenschaften sind bei jedem Menschen anders abgestuft, und das ist es, was jeden von uns einzigartig macht. Es gibt keinen Menschen mit einer »schlechten Persönlichkeit«. Es gibt nur Menschen, die sich so verhalten, daß man glaubt, sie hätten auf dem Freien Markt der Freundschaft nichts anzubieten.

Wenn Sie glauben, daß Ihre Persönlichkeit Sie daran hindert, Freundschaften zu schließen und aufrechtzuerhalten, dann ist es Ihre Sache, den Preis für eine positive Veränderung der Situation zu bezahlen. Unterziehen Sie sich der Mühe, Ihr Verhalten zu analysieren und entsprechend zu korrigieren. Eine ehrliche und rationale Untersuchung des Problems führt oft zu der Erkenntnis, daß die Schwierigkeiten ihre Wurzel darin haben, daß man seine wahre Persönlichkeit verbirgt. Wir sind so defensiv eingestellt und fürchten uns so sehr davor, verletzt zu werden, daß wir keine Mühe scheuen, um eine künstliche Persönlichkeit als Schutzschild zu erschaffen. Wenn wir jemandem etwas vorschlagen und feststellen müssen, daß er schon andere Pläne gemacht hat, dann ist das für unser empfindliches Ego ein schwerer Schlag.

Verlassen Sie Ihr Schneckenhaus und lassen Sie andere Ihr wahres Selbst sehen. Haben Sie keine Angst davor, abgelehnt zu werden. Entweder hat derjenige, der Sie ablehnt, einen stichhaltigen Grund, oder Sie sollten genug Selbstachtung haben, um seine Entscheidung als einen Verlust für ihn selbst zu betrachten. Grübeln Sie nicht lange darüber nach und suchen Sie weiter; es kostet Zeit und Mühe, die richtigen Freunde zu finden. Die Frage lautet also nicht: »Was kann ich gegen meine schlechte Persönlichkeit tun?«, sondern: »Bin ich bereit, den erforderlichen Preis zu zahlen und herauszufinden, was ich falsch mache, es zu korrigieren, Ablehnung zu ignorieren und weiter nach Menschen zu suchen, die in einer Wert-für-Wert-Beziehung das schätzen, was ich zu bieten habe?«

Wie man eine lästige Freundschaft los wird

Wenn Sie eine Menge überflüssiges Gepäck in der Form von »Freunden« angesammelt haben, die für Sie eher eine Last denn ein Vergnügen sind, sollten Sie aus den vorangegangenen Kapiteln gelernt haben, daß Sie es sich nicht leisten können, dieses Übergewicht mitzuschleppen – jedenfalls nicht, wenn Sie es schaffen wollen, Nummer Eins zu werden.

Eine lästige Freundschaft ist eine Beziehung, in der Sie ständig mehr geben als Sie bekommen, und das wird im Laufe der Zeit zu einer unerträglichen Belastung. Wenn Sie erkennen müssen, daß eine Freundschaft sich in die falsche Richtung entwickelt, dann sollten Sie Schluß machen, bevor die Sache zu weit gegangen ist. Nur weil Sie einen Fehler begangen haben, sind Sie nicht verpflichtet, die Beziehung aufrechtzuerhalten und weiter darunter zu leiden.

Versuchen Sie nicht, eine ärgerliche Situation mit Stillschweigen zu übergehen; sie wird dadurch nur schlimmer. Die Gegenseite legt Ihre Passivität als Ermutigung aus, und das Endergebnis ist ein einziger Verhau. Wenn Sie in langfristigen Begriffen denken, sollten Sie voraussehen können, wie eine Situation sich weiterentwickelt.

Besinnen Sie sich auf Ihre Selbstachtung. Geben Sie nicht jedem nach, der sich in Ihr Privatleben hineindrängen will. Sollte das durch Ihre eigene Nachlässigkeit doch einmal vorgekommen sein, so übernehmen Sie die Kontrolle, sobald Sie erkannt haben, was geschehen ist. Nur Sie allein sollten entscheiden, wen Sie in Ihrem Leben haben wollen. Überlassen Sie die Frage Ihrer Freundschaften nicht den Launen anderer Menschen.

Schieben Sie Ihre Entscheidung nicht auf. Übernehmen Sie die Initiative. Jeder, der Ärger in Ihr Leben hineinträgt – gleichgültig ob es sich um einen »Freund«, einen Verwandten oder einen ungebetenen Gast handelt—, ist ein Aggressor. Er greift Ihr Recht auf ein glückliches Leben an. Sie sind weder brutal noch herzlos noch kaltschnäuzig, wenn Sie eine Beziehung beenden, die Sie als Last empfinden. Im Gegenteil, Sie handeln klug, denn auf die Dauer gesehen ist es sowohl für Sie als auch für die Gegenseite besser so. Wenn Sie nichts tun, kann das dazu führen, daß Sie verbittert und schlecht gelaunt sind und dadurch die Menschen abschrecken, die Ihr Leben bereichern könnten.

Die Auswirkungen dieses Kapitels auf mein eigenes Leben

Welche Auswirkungen hat das, was ich in diesem Kapitel gesagt habe, auf meine Freundschaften? Ist es klug gehandelt, wenn ich meine Ansichten über das Thema Freundschaft öffentlich darlege? Ja – genau das ist es, worauf es mir ankommt. Ich will, daß meine Freunde – und alle anderen Menschen, die mir begegnen – genau verstehen, wie ich über diese wichtige Frage denke. Dadurch, daß ich aufrichtig bin und mein wahres Selbst zeige, steigere ich meine Chancen, die Leute an mich zu ziehen, mit denen ich das meiste gemein habe. Und es fördert meine Verbundenheit mit Freunden, die genau so wie ich eine Freundschaft als eine Wert-für-Wert-Beziehung betrachten.

Außerdem wird dadurch eine Art Reinigungsprozeß in Gang gesetzt, der diejenigen Leute aus meinem Leben eliminiert, die nicht begreifen können, daß man für Freundschaften bezahlen muß. Das erspart mir Verwicklungen mit Menschen, die mir nicht liegen, und enthebt mich der unangenehmen Notwendigkeit, bestehende Freundschaften zu beenden, die sich ungünstig entwickeln.

8. Kapitel
Die Hürde der Liebe

Wenn Freunde eine der großen Freuden des Lebens sind, so muß man wohl Liebespartner als die größte aller Freuden bezeichnen. Liebespartner sind, genau so wie Freunde, Menschen, mit denen man durch Zuneigung verbunden ist, aber die Beziehung enthält ein zusätzliches Element der Intimität.

Das Lexikon gibt eine Definition der Liebe, die teilweise zutrifft: »Ein Gefühl der innigen persönlichen Verbundenheit oder der tiefen Zuneigung; eine starke oder leidenschaftliche Zuneigung zu einer Person des anderen Geschlechts.« Daß es unbedingt eine Person des »anderen« Geschlechts sein muß, ist vielleicht etwas vermessen, aber um der Einfachheit willen werde ich mich an diese Aussage halten. Damit erlaube ich mir kein Urteil über Ihre sexuellen Neigungen, denn die sind einzig und allein Ihre Sache.

Ich glaube, daß das Gefühl der leidenschaftlichen Zuneigung in seiner reinsten Form eine unerklärliche physische Attraktion ist – sozusagen eine undefinierbare chemische Reaktion –, die zwar nicht mit der Sexualität gleichzusetzen ist, aber in der Sexualität ihren höchsten Ausdruck findet. Die physische Attraktion ist wichtig, denn ohne sie ist eine romantische Liebe wohl kaum möglich. Man kann an einem Menschen viele Dinge lieben, aber wenn die romantische Affinität fehlt, dann ist dieser Mensch in Wirlichkeit nichts anderes als ein guter Freund. Ich nenne dieses physikochemische Phänomen »das andere Element«. Es ist der Bestandteil, der den Unterschied zwischen einem geliebten Menschen und einem Freund ausmacht.

Das andere Element ist nur insoweit von der Schönheit abhängig, wie man anerkennt, daß Schönheit kein absoluter Wert ist; sie ist eine Sache des persönlichen Geschmacks. Was Sie sehen, wenn Sie die Frau, die Sie lieben, betrachten, kann sich wesentlich von dem unterscheiden, was andere sehen. Die tiefe Zuneigung, die Sie für jemanden empfinden, ist der Ausdruck des Gesamtbildes, das Sie haben — eine Kombination von physischen und intellektuellen Qualitäten und anderen persönlichen Eigenschaften. Es ist dieses Gesamtbild, zu dem Sie sich physisch hingezogen fühlen.

Ebenso wie Freundschaft ist auch Liebe kein Entweder-oder-Begriff. Es gibt keinen rationalen Grund, warum Sie nicht für mehr als ein Mitglied des anderen Geschlechts ein tiefes, leidenschaftliches Gefühl empfinden können; wenn Sie diese Gefühle jedoch nicht unter Kontrolle haben, kann das zu einem irrationalen Verhalten führen, das nicht in Ihrem besten Interesse ist. Die Liebe ist, wie alle Emotionen, in ihrer Intensität variabel. Man kann den einen Menschen mehr lieben als den anderen. Und auch die Art der Liebe, die man empfindet, kann verschieden sein, weil jeder Mensch sich durch andere Eigenschaften auszeichnet.

Wie viele Liebespartner braucht der Mensch?

Wenn man ein unkompliziertes Leben vorzieht, ist ein Liebespartner die ideale Zahl. Aber das hängt von den Bedürfnissen des Einzelnen ab und auch davon, ob der Liebespartner fähig und bereit ist, diese Bedürfnisse zu befriedigen.

Das bringt uns zu der feinen Trennlinie zwischen einem Geliebten und einem Liebhaber. Ein Liebhaber ist eine Person, die irgendwo in dem weiten Land zwischen einem Geliebten und einem einmaligen Sexualpartner angesiedelt ist. Er (oder sie) hat nicht ganz den Rang eines Geliebten, aber die Beziehung hat doch mehr Inhalt als nur Sex. Es gibt Menschen, die sich von einer Vielzahl von Liebhabern trösten lassen, wenn ihre Suche nach einem Geliebten (oder einer Geliebten) keinen Erfolg hat.

Meiner Ansicht nach ist es aus dem Grunde bedenklich, eine Vielzahl von Liebhabern zu haben, weil die Gefahr besteht, daß man sich sowohl physisch als auch geistig verausgabt. Man muß nicht nur mehr Zeit aufwenden, als man es sich normalerweise leisten kann, sondern man muß auch zu viele Versprechungen machen, und das führt dazu, daß man die eine oder andere nicht halten kann. Das bringt eine Menge Ärger, nicht zu erwähnen die Gefahr, daß man sich ein paar saftige Kratzwunden im Gesicht einhandelt.

Die Sehnsucht, die man nach Liebe empfindet, ist anders als die Sehnsucht nach Freundschaft. Es ist ein Gefühl, das man nicht beschreiben kann. Jeder von uns kennt es.

Wenn Sie Ihre Liebessehnsucht nicht kontrollieren können, ergeben sich zwei Gefahren. Die erste ist, daß Sie eine Liebesbeziehung nicht voll genießen können, wenn Sie das Alleinsein mit der Einsamkeit gleichsetzen. Ich brauche nicht näher darauf einzugehen, da wir bereits besprochen haben, wie wichtig es ist, daß Sie lernen, die Dinge, die Sie zu bieten haben, richtig einzuschätzen. Aber Sie müssen die Rolle, die Ihr Liebespartner spielt, in einer angemessenen Perspektive sehen.

Gleichgültig wie eng die Beziehung zwischen Ihnen und Ihrem Liebespartner ist, Sie sind und bleiben eine eigenständige Persönlichkeit. Sie und Ihr Liebespartner sind keine Einheit; Sie sind zwei selbständige Menschen, die zufällig ein tiefes Gefühl füreinander empfinden. Aber Ihre Wünsche sind nicht identisch; Ihre Gedanken verlaufen nicht parallel; Ihre Bedürfnisse sind nicht die gleichen. Ein Geliebter kann ein Teil Ihres Lebens sein, aber nicht ein Teil Ihres Selbst.

Die zweite Gefahr besteht darin, daß Sie übereilte Entscheidungen treffen. Ein berühmter Schauspieler machte einmal die gar nicht so komische Bemerkung, daß wir alle aus Angst, allein sterben zu müssen, ein unglückliches Leben führen. Man kann zwar niemals wissen, was hinter geschlossenen Türen vor sich geht, doch geht man wohl nicht fehl in der Annahme, daß viele unglückliche Ehen aus dem Grund weiterbestehen, weil beide Partner sich davor fürchten, allein zu sterben. Vielleicht gestehen sie es sich nicht ein oder sind sich dessen überhaupt bewußt, aber der Preis, den sie dafür zahlen, daß sie in ihrer letzten Stunde nicht allein sind, besteht in einem freudlosen Nebeneinanderleben.

Es ist traurig, was diese Leute sich vormachen. Sie haben sich nie die Zeit genommen, einmal rational darüber nachzudenken, sonst würden sie begreifen, daß sie im Zeitpunkt ihres Todes sowieso allein sein werden. Sie dürfen Ihre Chance, Nummer Eins zu werden, nicht unbedacht opfern und aus Angst vor der Einsamkeit eine unüberlegte Verbindung eingehen oder eine Beziehung aufrechterhalten, in der Sie unglücklich sind.

Liebe und Einsamkeit

Wenn Sie in der Liebe auf Quantität Wert legen, ist das Ihre Sache. Aber wenn Sie die Quantität als Heilmittel gegen die Einsamkeit einsetzen wollen, werden Sie kaum das gewünschte Ergebnis erreichen. Meiner Ansicht nach verursacht eine Vielzahl von Liebhabern dasselbe Gefühl, das man empfindet, wenn man der Einsamkeit entfliehen will, indem man sich unter eine Menschenmenge mischt. Einige der am einsamsten wirkenden Menschen, die ich je getroffen habe, waren sogenannte Ladykiller. Wenn Sie die Selbstdisziplin und die Geduld haben, sich auf die Suche nach einem einzigen wertvollen Menschen zu konzentrieren, haben Sie eine bessere Chance, die ersehnte Erfüllung in der Liebe zu finden, als wenn Sie versuchen, Ihre Einsamkeit mit Hilfe von mehreren Liebhabern zu besiegen.

Ein Sieg genügt

Es gibt keinen Aspekt des Lebens, in dem Geduld und Selbstdisziplin eine größere Dividende zahlen können als in der Liebe. Unglücklicherweise gibt es kein anderes Gebiet, auf dem es so schwer ist, diese beiden Eigenschaften zu praktizieren.

Die Sehnsucht nach Liebe ist eine potentielle Paniksituation. Aber Panik ist etwas, das Sie um jeden Preis vermeiden müssen, wenn Sie weiterhin die Hoffnung haben wollen, daß Sie den einen besonderen Menschen finden. Vor vielen Jahren stellte ich einmal eine komplizierte Formel auf, um auszurechnen, wie viele Frauen im Gebiet von Los Angeles (Gesamtbevölkerung acht Millionen!) meinen Ansprüchen genügen würden. Können Sie sich vorstellen, auf welche Zahl ich kam? Achtzehn! Achtzehn Frauen in einer Stadt von acht Millionen Einwohnern, die für mich in Frage kamen. Mein Gott, dachte ich mir, wo soll ich da zu suchen anfangen? Und wenn ich tatsächlich eine finde, woher soll ich wissen ob die Gelegenheit günstig ist? Vielleicht treffe ich sie auf einer Party in Begleitung von Warren Beatty, und ich habe mir gerade Mostrich auf die Krawatte gekleckert. Damit wäre die Liste schon auf Siebzehn reduziert.

Ich begann schon daran zu denken, in ein Kloster einzutreten, als ich eine verblüffende Glückssträhne hatte. Innerhalb der nächsten sechs Monate stolperte ich über vier von diesen achtzehn Frauen, und jedesmal war die Gelegenheit günstig. Das war wieder einmal eine Bestätigung der Theorie, daß in der Liebe entweder Überfluß oder ein Notstand herrscht. Der Notstand ist schrecklich, aber oh, diese fetten Zeiten, wenn man in der seltenen Lage ist, zwischen zwei oder mehr verlockenden Alternativen wählen zu können!

Offensichtlich war in der komplizierten Formel, mit der ich die Anzahl der vorhandenen geeigneten Frauen ausgerechnet hatte, etwas falsch. Heute bin ich mir nicht mehr sicher, wie die Chancen wirklich stehen, aber bestimmt sind sie nicht so überwältigend, wie die meisten Leute, die gerade eine Zeit der Einsamkeit durchmachen, es annehmen. Wenn Sie es aus der richtigen Perspektive sehen, sind die Chancen nicht annähernd so schlecht, wie Sie es glauben, vorausgesetzt, daß Sie bereit sind, den Preis zu bezahlen, indem Sie Geduld und Selbstdisziplin praktizieren. Und die richtige Perspektive ist, daß Sie nur einen Menschen zu finden brauchen – nicht achtzehn oder dreißig oder hundert. Denken Sie darüber nach: Sie brauchen in Ihrem ganzen Leben nur einen einzigen Sieg in der Liebe – falls Sie den richtigen Menschen gefunden haben.

Die Suche

Sie können nicht erwarten, den richtigen Menschen zu finden, wenn Sie nicht wissen, was Sie suchen. Die Voraussetzung dafür ist, daß Sie eine ganze Menge über sich selbst wissen. Da Sie sich in einem kritischen Abschnitt Ihres Lebens befinden, müssen Sie sich mit absoluter Ehrlichkeit darüber klarwerden, wer und was Sie sind und was Sie vom Leben erhoffen. Diese Selbstprüfung muß rein verstandesmäßig durchgeführt werden. Falls Sie sich dabei von Ihren Emotionen leiten lassen, ist das Ganze sinnlos. Also denken Sie nach und haben Sie den Mut, den Tatsachen ins Auge zu sehen. Was danach kommt, ist eine Sache der Selbstdisziplin – nämlich daß Sie Ihren rationalen Schlußfolgerungen auch dann treu bleiben, wenn Sie unter dem Einfluß Ihrer Emotionen stehen.

Rationale Überlegungen für eine rationale Suche

In der Liebe gibt es viele Faktoren, über die Sie keine Kontrolle haben, und die daran schuld sein können, daß Ihre Beziehung zu einem bestimmten Liebespartner – oder potentiellen Liebespartner – nicht floriert. Lassen Sie sich von einer solchen Entwicklung nicht unterkriegen. Sie dürfen es nicht zulassen, daß Ihr Leben durch äußere Umstände – zu denen auch die Launen eines anderen Menschen gehören – ernsthaft gestört wird.

Genausowenig wie ein bestimmter Kunde oder Geschäftspartner oder ein bestimmter Beruf für Sie lebensnotwendig ist, brauchen Sie einen bestimmten Lebensgefährten. Sie mögen einen Liebespartner brauchen, aber es muß nicht unbedingt ein bestimmter Liebespartner sein. Es ist zwar richtig, daß Sie nur einen einzigen Menschen zu finden brauchen, aber das heißt nicht, daß nur ein einziger Mensch zur Auswahl steht. Jeder erwachsene Mensch weiß, wie viele Fische es im Meer gibt. Da es keine zwei Menschen gibt, die einander völlig gleichen, haben Sie recht, wenn Sie glauben, daß Sie niemals eine Liebe finden werden, die so ist wie die letzte. Was Sie finden werden, ist eine andere Liebe, die Sie auf eine neue Art und Weise glücklich machen kann. Versuchen Sie nicht, die alte und die neue Liebe miteinander zu vergleichen, denn das wäre unsinnig. Die Wahrheit ist, daß es viele Menschen gibt, die Sie aufrichtig lieben können.

Wenn Sie hartnäckig glauben, daß es nur einen einzigen Menschen gibt, der zu Ihnen paßt, dann schaffen Sie sich unnötige Probleme. Sie fühlen sich dann versucht, diesen Menschen zu bedrängen, und je mehr Sie ihn bedrängen, desto schlechter sind Ihre Erfolgschancen. Wenn aus einer Beziehung nichts wird, ist es für Sie am besten, das Ganze zu vergessen und weiter zu suchen.

Die Dame ist schon vergeben

Wann immer Sie eine Frau treffen, die Sie so beeindruckt, daß Sie Ihre Tabakspfeife am falschen Ende anzünden, versuchen Sie, Ruhe zu bewahren. Lassen Sie sich nicht allzu sehr hinreißen, bevor Sie ein paar Informationen eingeholt haben. Die Erfahrung hat mich gelehrt, daß es in jeder Hinsicht gesünder ist, wenn man die beiden folgenden Möglichkeiten berücksichtigt:

1. Sie hat schon einen Freund (oder Verlobten oder Ehemann).
2. Er ist ein schlagkräftiger Goliath.

Die Befolgung dieser Theorie erhöht Ihre Chancen für ein längeres und gesünderes Leben ganz erheblich. Wenn Sie sie ignorieren, kann das beträchtliche Komplikationen verursachen, insbesondere, wenn Sie den Anblick Ihres eigenen Blutes nicht ertragen können.

Was ein Geliebter/eine Geliebte nicht ist

Eine Geliebte

- ist kein Dienstmädchen, von dem man erwartet, daß es ständig mit Hausarbeiten beschäftigt ist;
- ist keine Köchin, deren Aufgabe es ist, Ihnen das Essen pünktlich auf den Tisch zu stellen;
- ist kein Kindermädchen, dessen Pflicht es ist, Sie vor allen unangenehmen Dingen abzuschirmen, die Kinder anstellen können;
- ist keine Frau, deren einziger Freund Sie sind.

Ein Geliebter

- ist kein Maler, Tischler oder generelles Faktotum;
- ist keine Druckerpresse, deren einzige Funktion darin besteht, Geldscheine zu produzieren, um Ihnen einen Lebensstil zu bieten, den er sich nicht leisten kann;
- ist keine Staffage bei gesellschaftlichen Veranstaltungen, die er lieber nicht besuchen würde;
- ist kein Mann, dessen einzige Freundin Sie sind.

Eine Geliebte oder ein Geliebter kann gelegentlich eine oder alle der obigen Funktionen ausüben, aber es darf kein Dauerzustand sein. Wenn irgendeine dieser Beschäftigungen seine oder ihre einzige Aufgabe wird, dann zerstört das die Grundlage für eine echte Liebesbeziehung. Das Fundament für eine rationale Beziehung zwischen zwei Liebespartnern ist das gleiche wie für eine gute Freundschaft: Bewunderung, Achtung und rationale Selbstsucht. Sie können mit jemandem, den Sie nicht achten und bewundern, keine Wert-für-Wert-Liebesbeziehung aufbauen, denn was könnte ein solcher Mensch Ihnen im Austausch bieten?

Selbstsucht — die Wurzel alles Guten

Da die rationale Selbstsucht eine der wesentlichen Voraussetzungen dafür ist, daß Sie Nummer Eins werden (das bewußte, rationale Streben nach dem Genuß), und da die Liebe wahrscheinlich die genußvollste aller Erfahrungen ist, müssen Sie unbedingt begreifen, welche Rolle die rationale Selbstsucht in Liebesbeziehungen spielt.

Wenn Sie in einer Liebesverbindung keine Wert-für-Wert-Beziehung sehen, dann belasten Sie sich von Anfang an mit Problemen, die Sie bei Ihrer Suche nach einem besseren Leben bestimmt behindern werden. Und Sie wissen ja, daß Sie kein überflüssiges Gepäck brauchen können, wenn Sie Nummer Eins werden wollen.

Sie dürfen auch nicht vergessen, daß Ihr Liebespartner ebenfalls eine innere Waage für das Wohlbefinden hat. Er schuldet Ihnen nichts – besonders aber keine Liebe. Ich will Ihnen verraten, wieviel Liebe Sie von Ihrem Partner erwarten dürfen: genau so viel, wie Sie *verdienen*. Sie werden niemals die Freiheit haben, die guten Dinge des Lebens zu genießen, wenn Sie sich nicht bemühen, alles zu verdienen, das Sie bekommen möchten. Das gilt für Geld ebenso wie für Freundschaft, Selbstachtung und Liebe.

Auch bei einer Liebesbeziehung ziehen die Partner nicht den gleichen Genuß aus ihrer Verbindung. Es geht nicht darum, einander die gleichen Bedürfnisse zu erfüllen, sondern darum, einander das zu geben, was jeder braucht. In dem Maße wie Ihr Partner Ihre Bedürfnisse erfüllt, macht er Sie glücklich; in dem Maße wie er sie glücklich macht, lieben Sie ihn; in dem Maße, wie Sie ihn lieben, bemühen Sie sich, seine Wünsche zu erfüllen – so einfach ist das. Wenn alle von uns es lernen würden, dann würde die Zahl der Scheidungen auf den Nullpunkt sinken.

Kann man Liebe kaufen?

Sie kennen die Antwort schon: Sie müssen Sie kaufen – auf dem Freien Markt der Liebe.

Wie bezahlt man für eine Geliebte? Nun, Nerzmäntel sind schon immer sehr beliebt gewesen, aber leider können Sie damit nicht die wahre Liebe kaufen. Luxusdinge sind nette Zugaben zu den gültigen Liebeswährungen (Rücksichtnahme, Güte, Herzlichkeit), aber das ist auch alles, was sie sind – Zugaben.

Was mir am Freien Markt der Liebe am besten gefällt, ist die Tatsache, daß er so glatt funktioniert. Da es keine Regierungskontrollen gibt, steht es jedermann frei, sich das auszusuchen, was ihm gefällt, und niemand ist gezwungen, mit irgend jemand anders Geschäfte zu machen. Es gibt auch keine echte Konkurrenz, da ja jeder Mensch einzigartig ist.

Wenn Sie rational genug sind, um selbst entscheiden zu können, was Sie wollen, und sich nicht von den Meinungen anderer beeinflussen lassen, dann brauchen Sie nichts weiter zu tun, als Ihren eigenen Maßstäben treu zu bleiben. Auf diese Art und Weise werden sie weniger »Rivalen« antreffen – weniger Männer und Frauen, die nach dem Gleichen suchen wie Sie. Werte, die für Sie wichtig sind, haben für die anderen keine Bedeutung und umgekehrt. Die Folge davon ist, daß keiner mit dem anderen konkurriert.

Wie man den Fisch an die Angel bekommt

Für Liebespartner gilt das Gleiche wie für Freunde: Sie dürfen sicher sein, daß sie sich nicht bemühen werden, Sie zu entdecken. Sie müssen selbst losgehen und sich umsehen. So lang ist Ihr Leben nicht; Sie haben keine Zeit, herumzusitzen und darüber zu jammern, wie einsam Sie sind. Starten Sie Ihren Fischzug sofort.

Wo? Nun, überall. Probieren Sie neue Plätze, neue Erfahrungen und neue Menschen aus. Wenn Sie sich früher nie besonders bemüht haben, werden Sie überrascht sein, wie viele Aktivitäten auf Sie warten – Aktivitäten, die Sie bisher nicht gekannt haben, oder Dinge, die Sie noch nie ernsthaft in Betracht gezogen haben. Das Leben hat mehr zu bieten als essen, schlafen, arbeiten, einmal in der Woche zum Dinner auszugehen oder sich gelegentlich einen Film anzusehen. Das »Wo« ist kein Problem, solange Sie bereit sind, neue Erfahrungen zu sammeln.

Viel schwieriger ist das »Wie«, das weiß jeder, der schon einmal einen Fischzug unternommen hat. Man braucht die richtige Angel und den richtigen Köder, und man muß wissen, wie man die Leine auszuwerfen hat. Es ist ein Sport, der viel Geschick erfordert. In der Theorie klingt es leicht, in der Praxis kann es sehr schmerzhaft sein. Aber das gehört zu dem Preis, den Sie bezahlen müssen, wenn Sie den richtigen Menschen finden wollen.

Ich habe einen Freund, der sich auf Fischzüge spezialisiert hat. Er verfährt nach der folgenden Methode (so unglaublich sie auch klingt):

Wenn sich in seinem Privatleben nichts tut, fährt er langsam durch Einkaufsviertel und hält nach attraktiven Frauen Ausschau. Sobald er eine sieht, stellt er den Wagen schnell ab, geht zu ihr hin und versucht, eine Unterhaltung anzuknüpfen. Ich fragte ihn, was er zu diesen fremden Frauen sagt, und er erklärte, das »Geheimnis« sei, keinen besonderen Plan zu haben. Er sagt ganz einfach irgend etwas, von dem er glaubt, daß es das Eis brechen könnte, zum Beispiel: »Ich bin gerade hier entlang gefahren, als ich Sie gesehen habe. Plötzlich kam mir der Gedanke, daß ich Sie nie wieder sehen würde, wenn ich jetzt nicht aus dem Wagen springen und mich Ihnen vorstellen würde.«

Die Ergebnisse? Er gibt ohne weiteres zu, daß die Frauen ihn meistens ignorieren. Und was tut er dann? Er bleibt hartnäckig. Und wie reagieren die Frauen? Für gewöhnlich fordern sie ihn auf, zu verschwinden. Wenn dieser Punkt erreicht ist, versucht er einen letzten Trick: Er stellt sich vor die Frau hin, breitet die Arme aus wie ein Verkehrspolizist, sieht ihr ins Auge und sagt (mit einem Lächeln, das seiner Meinung nach unwiderstehlich ist): »Ich mache Ihnen einen Vorschlag. Ich lasse Sie in Ruhe, wenn Sie mir Ihren Namen und Ihre Telefonnummer geben. Ich will nichts weiter, als mit Ihnen ausgehen.«

Der Prozentsatz seiner Erfolge ist kläglich. Aber er hat sich dazu erzogen, die Mißerfolge zu ignorieren. Er nimmt nur die Fälle zur Kenntnis, in denen er Glück gehabt hat. Und ob Sie es glauben oder nicht, er hat schon ein paar sehr interessante Frauen an die Angel bekommen. Warum? Wer kann das wissen. Vielleicht hatte das Mädchen sich mit seinem Freund verzankt, vielleicht hatte sie gerade Lust, vielleicht war sein Annäherungsversuch so lächerlich, daß sie ihn originell fand. Das Gesetz des Durchschnitts ist ein seltsames Phänomen – seltsam, weil es immer funktioniert, und zwar in dem Sinne, daß es *früher oder später funktioniert.*

Obwohl mir seine Methode nicht liegt, muß ich zugeben, daß seine grundlegende Idee vernünftig ist. Er versucht es immer wieder. Das ist sein Geheimnis. Ich habe ihn einmal gefragt, wie es kommt, daß so viel Ablehnung ihn nicht entmutigt. Er erklärte, ihm sei klar, daß die Frauen nicht seine Persönlichkeit ablehnten, sondern jemanden, den sie nicht kannten. Daher fühlte er sich nicht betroffen.

Aber vergessen Sie seine verrückte Methode, vergessen Sie die ganze Geschichte bis auf diesen einen Punkt: Der Mann hat gelernt, die Angst vor der Ablehnung zu bewältigen. Eine der hauptsächlichen Schranken, die Männer und Frauen davon abhält zusammenzukommen, ist die Angst vor der Ablehnung. Und damit sind wir wieder bei unseren Egos angelangt – wenn wir sie nur loswerden könnten! Sie können eine abschlägige Antwort einfach nicht ertragen. Aber, wie mein Freund ganz richtig sagte, in den meisten Fällen wird nicht eine bestimmte Persönlichkeit abgelehnt, sondern ein Fremder.

Die Furcht vor der Ablehnung kann eine neue Erfahrung zunichte machen, bevor sie überhaupt begonnen hat. Eine ganz besondere Methode des Selbstschutzes ist die kühle Haltung, wenn man jemanden zum ersten Mal trifft. Sie bedeutet, daß man sich weigert, an einer neuen Bekanntschaft Interesse zu zeigen, und zwar aus Angst davor, daß dieses Interesse nicht erwidert wird. Unglücklicherweise ist diese Methode für den Urheber ein Nachteil. Da niemand seine Gedanken lesen kann, wird man zweifellos annehmen, daß er kein Interesse an einem hat.

Was mich betrifft, so sinkt eine Frau keineswegs in meiner Achtung, wenn sie bei unserem ersten Treffen freundlich, offen und natürlich ist. Tatsächlich bringe ich ihr deswegen sogar mehr Achtung entgegen. Dadurch, daß sie nicht defensiv oder verkrampft ist, erzählt sie mir eine ganze Menge über sich selbst: daß sie wahrscheinlich weniger neurotische Anwandlungen hat als die meisten anderen Leute; daß sie eine gesunde Selbstachtung hat und als Folge davon weniger Angst vor einer Ablehnung; daß sie keine Gefangene von Gewohnheit und Tradition ist; daß sie selbständig denkt. Somit gefällt sie mir von Anfang an. Ich bewundere Individualität. Ich respektiere Leute, die unverkrampft sind und offen ihr wahres Selbst zeigen.

Die Angst vor einer Bekanntschaft ist oft die Folge einer erlebten Ablehnung. Ein gebranntes Kind scheut das Feuer. Wenn Sie nicht fähig sind, Ihre Emotionen zu kontrollieren und rational zu denken, wird diese Angst nach jeder in die Brüche gegangenen Liebesbeziehung wachsen. Die bedauerliche Folge davon ist, daß die meisten Leute im Laufe der Zeit verhärten – sie werden defensiver, vorsichtiger, verschlossener und verkrampfter und zeigen weniger von ihrem eigenen Selbst, wenn sie Vertreter des anderen Geschlechts treffen. Schmerzen sind unangenehm. Niemand braucht sie. Wenn Sie Nummer Eins werden sollen, sollten Sie Schmerzen vermeiden, statt sie zu erdulden.

Hier stehen wir vor einem Paradox. Der Preis für den Genuß und die Elimination von Schmerzen besteht zum Teil darin, daß man das Risiko auf sich nimmt, die Schmerzen der Ablehnung zu erfahren. Wenn Ihnen diese Tatsache nicht gefällt, kann ich es Ihnen nicht übelnehmen. Aber ich muß Sie abermals fragen: Wer hat denn gesagt, daß das Leben leicht sein soll?

Liebe, die größte aller Freuden, fordert einen enormen Preis. Die damit verbundenen Risiken sind unglaublich. Wie kann die Natur von uns verlangen, daß wir all die Ablehnung und all die Schmerzen durchmachen und daß wir so viele Mühen auf uns nehmen, und uns dann nicht einmal garantieren, daß es uns gelingen wird, das was wir suchen, zu finden, zu erringen oder zu behalten? Ich kann diese Frage nicht beantworten. Ich erkenne nur die Realität an, daß die Natur diese Spielregeln vorschreibt.

Falsche Selbstdarstellung erzeugt falsche Liebe

Wenn Sie begreifen, wie wichtig es ist, auf das Schlimmste gefaßt zu sein und das Beste zu erhoffen, und die Realität des Gesetzes des Durchschnitts anerkennen, dann ist das ein großer Fortschritt in der Kunst des Fischzugs. Aber leider genügt das nicht. Die Person, die Sie suchen, muß Sie auch erkennen, wenn Sie ihren Weg kreuzen.

Ich hoffe, es ist Ihnen inzwischen zur zweiten Natur geworden, Ihr wahres Selbst zu zeigen, andernfalls sehe ich schwarz für Ihre Chancen, die richtige Person zu finden. Wenn Sie all die neuen Aktivitäten ausprobieren, die Sie bisher nicht gekannt haben, sollten Sie stets daran denken, daß Sie überall Mitglieder des anderen Geschlechts treffen, die Sie so mögen, wie Sie wirklich sind. Imitieren Sie keine Methode, die Ihnen nicht liegt, nur weil jemand anders damit Erfolg gehabt hat. Wenn Sie sich selbst falsch darstellen, vergeuden Sie nur Zeit, denn jede Beziehung, die sich daraus ergibt, ist stark gefährdet, sobald der Partner Ihr wahres Selbst entdeckt.

Andererseits können Sie manchmal durch die Zurschaustellung Ihres wahren Selbst einem anderen Menschen helfen, der noch nicht begriffen hat, wie vorteilhaft ein solches Verhalten ist. Nehmen wir einmal an, daß Sie eine Frau sind, die eine Vorliebe für ruhige Männer hat, die es genießt, intellektuell stimuliert zu werden, und Unterhaltungen zu zweit schätzt. Sie sind auf einer Party gelandet, wo es ziemlich verrückt zugeht und alle sich wie die Wilden benehmen. Unter den Gästen befindet sich ein Mann, der ein ruhiger, intellektueller Typ ist und ebenfalls Unterhaltungen zu zweit schätzt. Das einzige Problem ist, daß Sie ihn nicht finden können, weil er sich so benimmt wie die anderen, in dem irrigen Glauben, daß es zu seinem eigenen Besten ist, wenn er sich an die allgemeine Atmosphäre anpaßt.

Da *Sie* aber wissen, wie nützlich es ist, sein wahres Selbst zu zeigen, kann jeder Sie leicht erkennen. Es ist also sehr wahrscheinlich, daß der ruhige Intellektuelle, der den »Swinger« spielt, Sie finden wird. Falls das geschieht und Sie anschließend gemeinsam ins sanfte Abendrot hineinschweben, dann können Sie es der Tatsache zuschreiben, daß Sie durch Ihr Verhalten seine falsche Selbstdarstellung wettgemacht haben.

Alles über die Hindernisse auf Ihrem Weg

Der Weg, der zur Hürde der Liebe führt, ist so holprig, daß man sich nicht zu wundern braucht, wenn nur wenige Leute es schaffen, ihn erfolgreich zurückzulegen. Als Zugabe zu den Schlaglöchern hat Murphy an einigen strategischen Stellen Hindernisse plaziert und kichert bei dem Gedanken, daß Sie und ich jedesmal, wenn wir nicht aufpassen, darüber stolpern werden.

1. Was andere denken

Sollten Sie sich darum kümmern, was andere über Ihren Liebespartner sagen? Angesichts all der Probleme, die sich bei der Suche nach dem richtigen Partner ergeben, brauchen Sie die Meinung anderer Leute nicht, um die Verwirrung noch größer zu machen. Natürlich hören Sie es gern, wenn andere Ihren Partner bewundern und achten, aber wenn ihre Meinungen für Sie zur Richtlinie werden, dann sind Sie ein Opfer der Einschüchterung durch Komformität geworden.

Falls Sie in Fragen der Liebe den Rat von Freunden hören wollen, sollten Sie sich erst vergewissern, wer Ihre Freunde sind. Unglück liebt Gesellschaft. Unsichere, unerfüllte Menschen fühlen sich stets ein bißchen besser, wenn auch Sie unglücklich sind. Wenn Sie auf die Meinungen solcher Leute hören, kann es leicht passieren, daß Sie ein ganzes Leben voller Glück unbedacht wegwerfen.

Es stellt sich die Frage, ob ein Freund, der Ihnen rät, auf den Menschen zu verzichten, den Sie lieben, Ihnen jemanden liefern kann, der besser ist. Oder wenn ein Freund Sie zu einer Beziehung mit einem Menschen ermutigt, über den Sie sich nicht ganz sicher sind, wäre er dann bereit, in fünf Jahren an Ihre Stelle zu treten, falls es sich herausstellt, daß sein Rat falsch war? Bedenken Sie, daß Sie derjenige sind, der die Schmerzen einer falschen Entscheidung ertragen muß; wäre es da nicht besser, wenn Sie die Kontrolle über die Situation behalten und die Meinungen anderer mit einem Körnchen Salz entgegennehmen, wenn überhaupt?

Es ist immer gefährlich, wenn man sich von dem Gedanken leiten läßt, anderen zu Gefallen zu sein oder sie zu beeindrucken. Die Geschichte eines Jugendfreundes gibt ein gutes Beispiel dafür: Er hatte die beliebteste Studentin an einer Universität für sich gewonnen. Sie war in jeder Hinsicht vollkommen – genau das, was jeder *andere* Mann sich wünschte. Nach der Hochzeit stellte mein Freund seine »Trophäe« sozusagen auf den Kaminsims, lehnte sich in seinen Sessel zurück und wartete auf . . . nun, ich glaube , er wußte nicht genau, auf was er wartete. Was er bekam, war so ungefähr alles, das er sich nie gewünscht hatte.

Kein Mann und keine Frau ist eine Trophäe, die man gewinnt. Sie sind Menschen. Sie haben Bedürfnisse, die erfüllt werden müssen, und sind für Sie in dem Maße potentielle Werte, in dem sie Ihre Bedürfnisse erfüllen können. Wenn Sie gegen dieses Naturgesetz verstoßen, werden Sie Ihr Verbrechen teuer bezahlen müssen. Die Jagd nach einer Frau, die jeder für das begehrenswerteste Mädchen in der Umgebung hält, ist (meistens) ein unbewußtes und (immer) ein irrationales Bestreben, das Ihnen mehr Schmerzen eintragen kann, als Sie es sich in Ihren kühnsten Träumen vorstellen können.

Das Unterfangen, eine Frau hauptsächlich wegen ihrer Schönheit zu verfolgen, fällt in die gleiche Kategorie, der Verfolger läuft Gefahr, eine Trophäe zu gewinnen, deren menschliche Eigenschaften ihm nicht sympathisch sind.

Ein anderes Problem ist die Tatsache, daß Schönheit vergeht. Die Trophäe verschwindet und übrig bleibt ein Mensch. Das ist der Punkt, an dem die Situation sehr problematisch werden kann, es sei denn, Sie hatten Glück und konnten zu Ihrer eigenen Überraschung feststellen, daß die Trophäe wunderbare Eigenschaften besitzt, von denen Sie vorher nichts wußten.

2. Die Vorliebe für Schwierigkeiten

Alle Menschen haben eine Schwäche dafür, das zu wollen, was sie nicht haben können, und das, was für sie leicht erreichbar ist, nicht zu wollen. Das ist ein gefährlicher Instinkt, der oft die Form einer gigantischen Illusion annehmen und eine verheerende Wirkung auf das Leben eines Menschen haben kann. Er versucht, unsere rational selbstsüchtigen Wünsche beiseite zu schieben und sie durch unbegründete Wünsche nach »verbotenen Früchten« zu ersetzen.

Wahrscheinlich ist es nicht möglich, diesen Instinkt völlig zu besiegen, aber Sie können ihn unter Ihre Kontrolle bringen. Es erfordert viel Konzentration, rationales Denken und Ehrlichkeit gegen sich selbst, um herauszufinden, ob man einen Menschen gewinnen will, weil er sich »rar macht«, oder weil er tatsächlich Eigenschaften hat, die man bewundert und achtet. Lassen Sie es nicht zu, daß diese Schwäche Ihr Leben ruiniert. Gestatten Sie es Ihren Emotionen nicht, Sie in die Falle der Illusion zu lokken. Das ist nur etwas für Leute, die ein mangelhaftes Wahrnehmungsvermögen haben, nicht aber für jemanden, der Nummer Eins werden will.

Die Kehrseite der Medaille sieht z. B. so aus, daß Sie es sich leichtmachen und jemanden heiraten, an den Sie seit langem gewöhnt sind. Das Wort »Liebe« wird nur gebraucht, weil es sich nun mal so gehört. In einem solchen Fall sind die Partner so aneinander gewöhnt, daß es für sie das Normale ist, zusammenzubleiben. Das Motiv, das einen Menschen dazu treibt, den sogenannten leichten Weg zu wählen, ist die Tatsache, daß er nur zu gut weiß, wie hart und strapaziös das Unbekannte sein kann.

Die chronische Leere, die meist aus einer so gleichgültigen Einstellung zur Liebe resultiert, ist eine wohlverdiente Strafe. Der einzige gültige Grund, um sich mit einem Menschen zusammenzutun und mit ihm zusammenzubleiben, ist Liebe und nicht etwa der Umstand, daß der Partner zur Verfügung steht. Wenn Sie nicht die Aufregung verspüren, die ein wesentlicher Bestandteil des Gefühls der Liebe ist, dann sollten Sie sich fragen, ob Sie Ihren Partner wirklich lieben. Seien Sie sich selbst gegenüber ehrlich. Wenn der Grund für Ihre Wahl nicht darin liegt, daß Sie Ihren Partner bewundern und achten, oder daß er Ihren höchsten Ansprüchen entspricht und Ihre Bedürfnisse erfüllen kann, dann haben Sie eine falsche Entscheidung getroffen. Kein Mensch kann es sich leisten, die Liebe leichtzunehmen oder sie als eine alltägliche Sache zu betrachten.

3. Die Sucht, einen noch besseren Handel abzuschließen

Es liegt in der Natur des Menschen, sich sofort zu fragen, ob es nicht noch eine bessere Möglichkeit gegeben hätte, sobald er einen »Handel« abgeschlossen hat. Theoretisch gibt es diese Möglichkeit bestimmt, und zwar einfach aus dem Grund, weil das Reservoir an Menschen so groß ist. Die große Frage ist nur, wie lange man warten soll, bis man eine sinnvolle und dauerhafte Liebesbeziehung eingeht.

Es gibt eine noch größere Frage: Nachdem Sie Ihren mythischen »besseren Handel« gefunden haben, wie können Sie dann sicher sein, daß Sie nicht einen noch besseren hätten finden können? Die Antwort lautet, daß Sie nicht sicher sein können. Kein Mensch ist allwissend. Der chronische Sucher nach besseren Handeln ist ein Mensch, der wie ein Skorpion hoffnungslos seinen eigenen Schwanz jagt und sich selbst um das Glück betrügt, das in seiner Reichweite liegt.

Arbeiten Sie an sich selbst, um diese Neigung so weit wie möglich zu unterdrücken. Die Jagd nach dem besseren Handel ist noch irrationaler als die Vorliebe für Schwierigkeiten. Bei letzterer besteht die Illusion, daß das Gras auf der anderen Seite des Zauns grüner ist, aber sie bezieht sich wenigstens auf Menschen aus Fleisch und Blut. Die Jagd nach dem besseren Handel hat überhaupt keine Basis. Sie nehmen nur an, daß es grünere Wiesen gibt, die Ihnen besser gefallen, und wahrscheinlich werden Sie Ihr ganzes Leben lang nach dieser Annahme handeln, gleichgültig wie viele grüne Wiesen Sie finden.

4. Emotionen

Emotionen haben die Eigenschaft, die Wirklichkeit zu vernebeln und die Logik zu zerstören. Wenn das passiert, gibt es keinen Menschen mehr, der Sie beeinflussen könnte. Sie müssen sich selbst mit Ihren Emotionen auseinandersetzen, wenn Sie sie dauerhaft unter Kontrolle bringen wollen. Der springende Punkt ist, daß Ihre rationalen Denkprozesse die Oberhand über emotional motivierte Aktionen gewinnen. Wenn Sie Ihren Emotionen zu oft freie Bahn lassen, erwecken Sie den Eindruck, daß Sie starke selbstzerstörerische Neigungen haben.

Die Vorliebe für Schwierigkeiten ist ein gutes Beispiel dafür, wie Ihre Emotionen Ihre Handlungen kontrollieren können. Wenn es Sie nach verbotenen Früchten gelüstet, ohne daß Sie überlegen, ob das Objekt Ihrer Wünsche Werten entspricht, die für Sie wichtig sind, dann haben Ihre Emotionen die Kontrolle übernommen.

Ein anderer Übeltäter, der die Illusion der Liebe produzieren kann, ist die Sexualität. Auch wenn Sie schon entsprechende Erfahrungen haben, kann die Sexualität Sie immer wieder in die Falle locken. Manchmal dauert es allzu lange, bis Sie erkennen, daß es nur die Sexualität und keine Liebe ist, die Sie zu einem anderen Menschen hinzieht.

Und dann gibt es noch die blinde Verliebtheit. Sie ist eine weitverbreitete Illusion, die am häufigsten zwischen dem dreizehnten und dem dreißigsten Lebensjahr auftritt. Unglücklicherweise kann man ihre Symptome oft auch bei viel älteren Leuten finden; das kann manchmal sehr peinlich sein, denn bei einem Fünfzigjährigen wirkt blinde Verliebtheit viel lächerlicher als bei einem Fünfzehnjährigen.

In meiner Jugend hatte ich mit dem Hindernis der blinden Verliebtheit viel mehr Schwierigkeiten als mit allen anderen zusammengenommen. Die blinde Verliebtheit ist schwer zu definieren. Sie ist eine Mischung aus chemischer und physischer Attraktion, sie ist verrückt, sie macht Spaß – und sie ist ein Zeichen für Unreife. Sie kann manchmal auch sehr gefährlich sein.

In meinen jungen Jahren traf ich einmal eine äußerst verführerische Puertoricanerin, in die ich mich heftig verliebte. Nach einigen romantischen Mittagessen im Automatenrestaurant gelang es mir eines Abends, sie in ihrer Wohnung im vierten Stock eines alten Mietshauses zu besuchen. Endlich lag ich bei ihr im Bett—in einem Zimmer ohne elektrischem Licht. Und als ob das nicht schlimm genug war, gab es auch keine Feuerleiter und keinen Lift. Außerdem hatte Marias Wohnung nur einen Ausgang.

Das Unvermeidliche geschah: Um vier Uhr morgens klopfte jemand an die Tür. Das Klopfen wurde bald zu einem wütenden Hämmern, in das sich spanische Worte mischten, die ich nicht verstand. Aber ich hatte keinen Zweifel daran, daß der Mann vor der Tür uns kein Ständchen brachte. Sehr leise fragte ich Maria: »Wer ist das?« Sie erwiderte genauso leise: »Mein Mann.« Kein Problem, dachte ich mir. Ich werde einfach den Atem anhalten, bis ich tot bin, auf diese Weise erspare ich es mir mitzuerleben, was er mit meinem Körper macht.

In panischer Hast suchte ich in der Dunkelheit nach etwas zum Anziehen – irgend etwas, ihre Kleider, meine Kleider, seine Kleider – es spielte keine Rolle. Nachdem ich mich teilweise mit den verschiedensten Kleidungsstücken auf das Abenteuerlichste bedeckt hatte, schloß sie die Tür auf und ließ Ihren Mann herein. Was sollte ich tun? Ich war nicht wendig; ich hatte keine Waffe; ich hatte kein Talent zum Boxen. Während Maria zu erklären begann, daß ich ein Pfarrer aus Jersey City sei, schlich ich mich unauffällig zur Tür . . . weiter . . . immer weiter . . .

Ich jagte die Treppen in einer phantastischen Zeit hinunter und stellte einen weiteren Rekord für die Entfernung von der Avenue B zur First Avenue auf, und das, obwohl ich nur einen Schuh hatte. Zum Glück kam ein Taxi vorbei, und ich sprang hinein.

Sie werden verstehen, wenn ich sage, daß blinde Verliebtheit gefährlich sein kann.

5. Verliebt sein in die Liebe

Die Liebe – auch die wirkliche Liebe – ist bis zu einem gewissen Grad immer eine Illusion. Wir sehen überall Phantasiebilder der Liebe, weil unser Durst nach Liebe unersättlich ist. Das führt viele Leute dazu, sich in das Gefühl selbst zu verlieben.

Wenn Sie sich so oft verlieben, wie Sie in Betten hinein- und aus ihnen wieder herausklettern, dann besteht jede Chance, daß Sie in die Liebe verliebt sind. Und das bringt Ihnen keinen sonderlichen Nutzen. Die Liebe ist kein guter Liebhaber. Sie kann mit Ihnen weder lachen, noch sich mit Ihnen unterhalten oder Ihnen gar einen Drink mixen. Lebende Menschen geben viel bessere Liebhaber ab. Aber hüten Sie sich vor dem Wahn, daß Sie in alles verliebt sind, das einen Rock trägt.

6. Die Sucht, den Partner umzuerziehen

Nichts ist frustrierender, als jemanden zu lieben (oder sich einzubilden, daß Sie jemanden lieben), der nicht genau Ihren Vorstellungen entspricht. Wenn Sie nicht erkennen, wer oder wie Ihr Liebespartner in Wirklichkeit ist, kann das zu zwei irrationalen Verhaltensweisen führen. Die erste ist, daß Sie versuchen, ihn sich als etwas anderes vorzustellen, als er ist. Die zweite ist, daß Sie versuchen, ihn so zu formen, wie Sie ihn haben möchten. In beiden Fällen verstoßen Sie gegen Naturgesetze. Im ersten Fall belügen Sie sich selbst, im zweiten Fall versuchen Sie, das Unmögliche zu erreichen, in der ziemlich überheblichen Annahme, daß es Ihr Recht ist, jemanden zu »verbessern«.

Ich war einmal mit einer Frau liiert, die acht Punkte auf meiner Liste der »zehn höchsten Werte« erfüllte. In den beiden anderen Punkten war sie leider ein Versager. Da sie auf den acht anderen Gebieten so wunderbar war, versuchte ich mir einzubilden, daß die beiden »Versager« nicht existierten. Und dann machte ich alles noch schlimmer: Als meine Weigerung, die Realität anzuerkennen, nicht funktionierte, versuchte ich ihr zu helfen, die beiden »problematischen« Punkte zu »korrigieren«. Das Ergebnis können Sie sich vorstellen. Wenn Sie jemandem »helfen« wollen, sich zu ändern, dann wird aus einer passiv unglücklichen Situation plötzlich ein emotionaler Feuersturm.

Wenn ein Mensch viele Eigenschaften hat, die Sie bewundern und achten, so werden dadurch nicht diejenigen Qualitäten ausgemerzt, die Ihnen nicht gefallen. Es bedeutet auch nicht, daß Sie diese Qualitäten ändern können – oder das Recht dazu haben. Glauben Sie niemals, daß Sie die angeborenen Charakterzüge Ihres Liebespartners ändern können; das ist unmöglich. Wägen Sie die vorhandenen Plus- und Minuspunkte gegeneinander ab und lassen Sie Ihre innere Waage das Urteil sprechen.

7. Der Irrtum, daß Gegensätze sich anziehen

Es ist sicherlich viel Wahres an dem alten Sprichwort, daß Gegensätze sich anziehen. Viel wichtiger ist die Tatsache, daß sie nicht allzu lange zusammen bleiben, und wenn sie es tun, dann ist das kein sonderlich glücklicher Zustand. Es ist sowieso schwierig genug, den richtigen Partner zu finden. Der gesunde Menschenverstand muß Ihnen sagen, daß die Chancen für einen langfristigen Erfolg sich erheblich verringern, wenn zwei Menschen nicht die meisten ihrer Vorlieben miteinander teilen.

Bei einer Beziehung, die auf der Illusion beruht, daß Gegensätze sich anziehen, gibt es drei Möglichkeiten: Die erste ist, daß man sich trennt, und zwar nur allzuoft, nachdem viele wertvolle Jahre vergeudet worden sind; die zweite ist, daß man aus irrationaler Passivität zusammenbleibt und sich ein Leben lang gegenseitig an die Gurgel fährt. Die dritte ist die schlimmste von allen: ein Kompromiß.

Ein Kompromiß als Lebensstil bedeutet, daß eine Beziehung allmählich auf den Punkt herabsinkt, wo die Partner für gewöhnlich das kleinere von zwei Übeln wählen, statt sich auf erfreuliche Aktivitäten zu konzentrieren. Wir haben bereits darüber diskutiert: Ein Kompromiß ist in Wirklichkeit ein Opfer, und ein Opfer ist in Wirklichkeit eine irrational selbstsüchtige Aktion. Wenn man Nummer Eins werden will, erfordert das *rational* selbstsüchtige Aktionen.

Die Einschüchterung durch Gewohnheit und Tradition schreibt Ihnen vor, daß zwei Menschen »ihrer Ehe eine Chance geben müssen«, daß sie versuchen sollten, »die Dinge zu klären«. Was dieser traditionelle Mythos Ihnen nicht sagt, ist, wie viele Jahre Ihres Lebens Sie mit dem Versuch riskieren sollen, die Dinge mit jemandem zu »klären«, der weder Ihre Interessen noch Ihre Wertbegriffe mit Ihnen teilt.

Zum Glück gibt es eine intelligentere Lösung. Bemühen Sie sich, einen Liebespartner zu finden, dessen Hauptinteressen mit den Ihren übereinstimmen. Warum soll man eine Liebesbeziehung beginnen, die unter zwei ungünstigen Vorzeichen steht? Es ist für zwei Menschen schon schwierig genug zusammenzuleben, wenn sie gemeinsame Interessen haben.

Die einzige rationale Lösung für das Problem einer Beziehung, die auf der Theorie, daß Gegensätze sich anziehen beruht, besteht darin, daß man sie beendet. Bezahlen Sie den Preis – in der Form von seelischen Schmerzen – sofort und endgültig.

8. Der Sprung in unbekannte Gewässer

Das Leben hat mich gelehrt, daß man ein unbekanntes Gewässer prüfen soll, bevor man hineinspringt.

Liebende haben eine natürliche Neigung dazu, sich im Frühstadium einer Beziehung von ihrer besten Seite zu zeigen. Das ist etwas, das Sie nicht kontrollieren können, aber Sie können Vorsicht walten lassen. Bevor Sie irgendwelche Verpflichtungen eingehen, die aus Ihrem Leben einen kochenden See machen, sollten Sie erst Ihren großen Zeh hineinstekken. Bemühen Sie sich, mit einem potentiellen Liebespartner so viele wirklichkeitsnahe Situationen wie nur möglich zu erleben.

Ich möchte Ihnen von einer eigenen Erfahrung mit einer solchen Situation erzählen, die ich die »Geschichte des Backschinkens« nenne: Meine damalige Freundin war eine wunderschöne junge Dame, intelligent, sensibel und von freundlichem Wesen. Sie war beinahe ein vollkommenes Wesen. Aber im Laufe der Zeit entdeckte ich auf dem makellosen Bild ein schwarzes Pünktchen. Sie begann auf die unschuldigste Art und Weise Vorschläge für Änderungen meines Lebensstils zu machen, der zugegebenermaßen etwas exzentrisch ist. Ich bin in meinen Gewohnheiten nicht sehr flexibel, aber ich versuche niemals, sie anderen zu oktroyieren. Ich schlage einem anderen Menschen nie vor, seinen Lebensstil zu ändern, und erwarte auch nicht, daß er sich meinen Gewohnheiten anpaßt.

Der Tag des Backschinkens kam heran. Er begann harmlos genug. Ich hatte ein paar Freunde eingeladen und plante, Hamburger und Hot Dogs zu grillen. Die junge Dame hatte andere Ansichten. In ihrer netten, ruhigen Art sagte sie, daß das nicht die richtige Art sei, eine Party zu geben. Da mir das Ausdeutungsspiel vertraut war, begriff ich, daß sie in Wirklichkeit sagte, *sie* würde niemals auf diese Art und Weise eine Party geben.

Sie wußte sehr genau, wie man Bienen mit Honig ködert. Sie war so beharrlich, daß ich schließlich die Waffen streckte. Ich mag es gar nicht, Frauen in meiner Küche zu sehen, aber um des Friedens willen gab ich nach. Fein säuberlich machte sie sich an die Arbeit und kochte ein wunderbares Diner aus Backschinken mit allen Beilagen. Die Folgen waren:

1. Alle Gäste waren von dem Essen begeistert; es sah nicht nur lecker aus, sondern es schmeckte auch so.
2. Der Backschinken bewirkte, daß meine Gäste die Party um möglicherweise ein Prozent mehr oder um ein Prozent weniger genossen, als wenn wir Hamburger und Hot Dogs gegrillt hätten.
3. Weil ich über die Situation so unglücklich war, benahm ich mich schlecht und tat ein paar Dinge, welche die sanfte junge Dame in eine sehr erboste Köchin verwandelten.
4. Nachdem sie, wie erwartet, im Zorn von mir geschieden war, fand ich mich um Mitternacht in der Küche wieder, fluchend und ins Spülwasser schluchzend.

Die junge Dame war – und ist – ein sehr feiner Mensch. Sie versuchte nur das zu tun, was sie für richtig hielt – das heißt das, was *sie* tun wollte. Nun gut – aber angesichts meiner umfangreichen Erfahrungen mit Sprüngen in unbekannte Gewässer wußte ich, daß ich sozusagen nur die Spitze des Backschinkens gesehen hatte. Es war der Teil, den ich nicht gesehen hatte, der mich in Schrecken versetzte.

Sie sind nicht verpflichtet, einem anderen Menschen zu gestatten, Ihnen seinen Lebensstil oder seine Maßstäbe aufzuerlegen, auch wenn er die Ihren für noch so anomal hält. Das sollten Sie nur dann gestatten, wenn Ihre innere Waage Ihnen sagt, daß das, was Sie im Austausch bekommen, die Sache wert ist. Dann schließen Sie weder einen Kompromiß, noch bringen Sie ein Opfer, sondern Sie bezahlen den Preis.

Prüfen Sie immer zuerst das Wasser. Wenn Sie das nicht tun, dann sorgen Sie zumindest dafür, daß Ihr Liebespartner lange genug dableibt, um beim Geschirrspülen zu helfen.

Was soll man tun, wenn man keine Wert-für-Wert-Liebesbeziehung finden kann?

Wenn Sie große Schwierigkeiten mit dem Spiel um die Liebe haben, sollten Sie zuerst einmal in den Spiegel sehen. Sind Sie sicher, daß es nicht daran liegt, daß Sie nicht bereit waren, den Preis in der Form eigener Bemühungen, in der Form der Schmerzen, die eine Ablehnung bereitet, und in der Form eines im Wert ausreichenden Beitrags für die innere Waage des anderen zu zahlen? Machen Sie sich bei dieser Selbstprüfung nichts vor; sie ist zu wichtig für Ihr Bestreben, Nummer Eins zu werden.

Die Liebe ist kein Gefallen, der einem automatisch erwiesen wird. Wenn Sie in Ihrem Leben nicht genug davon bekommen haben, dann liegt es wahrscheinlich daran, daß Sie es nicht verdient haben. Natürlich können Sie erst dann Liebe von jemand anderem verdienen, wenn Sie sich Ihre eigene Liebe verdient haben. Die wahre Liebe ist der Ausdruck der Bewunderung für bestimmte Eigenschaften eines anderen Menschen – Eigenschaften, die oftmals die Qualitäten widerspiegeln, die man an sich selbst am meisten bewundert.

Ohne Selbstachtung kann man keine Liebesbeziehung aufbauen. Sie entwickeln Ihre Selbstachtung, indem Sie Ihre Wertmaßstäbe genau festlegen und dann die Selbstdisziplin aufbringen, ihnen immer treu zu bleiben. Wenn Sie sich weigern einem möglichen Liebespartner gegenüber, der ähnliche Wertmaßstäbe hat, Ihre Integrität zu kompromitieren, dann sollte allein dieses Verhalten Ihnen seine Bewunderung und seine Achtung eintragen.

Wenn Sie bisher keine Liebe finden konnten, müssen Sie sich beim Suchen mehr Mühe geben. Unter dem Unkraut dort draußen gibt es viele Rosen, aber Sie müssen sie selbst entdecken.

Die Geschmäcker sind verschieden

Die Definition, was eine schlechte Persönlichkeit ist, oder was ein ästhetischer Genuß ist und was nicht, ist eine Sache des persönlichen Geschmacks. Ich habe oft erlebt, daß gutaussehende Männer Frauen von »durchschnittlichem« Äußeren begleiteten, und ich habe oft bezaubernde Frauen gesehen, die in der Gesellschaft von recht nichtssagend aussehenden Männern waren. Aber das ist meine persönliche Beurteilung; Sie würden vielleicht etwas ganz anderes sehen.

Über das Problem der »schlechten« Persönlichkeit haben wir bereits diskutiert. Wenn Sie glauben, daß Ihre Persönlichkeit Ihnen beim Spiel um die Liebe Probleme bereitet, dann ist es Ihre Sache, den notwendigen Preis zu zahlen, um Ihre schwachen Stellen zu finden und zu korrigieren. Als erstes müssen Sie sich vergewissern, daß Sie nicht Ihr wahres Selbst verbergen, was der am weitesten verbreitete Fehler ist. Dann müssen Sie prüfen, ob Sie Ihre Angst vor der Ablehnung unter Kontrolle haben. Sie dürfen nie etwas vortäuschen oder sich defensiv verhalten, weil Sie Angst davor haben, daß man Sie ablehnen könnte. Seien Sie auf das Schlimmste gefaßt und erhoffen Sie das Beste. Sollte das Schlimmste eintreffen, dann besinnen Sie sich auf Ihre Selbstachtung und suchen Sie weiter.

Wie man eine Liebesbeziehung zerstören kann

Um eine Liebesbeziehung möglichst schnell und mühelos zu zerstören, brauchen Sie nur zu vergessen, daß Ihr Partner ein Mensch ist. Wiederholen wir es noch einmal: Die Menschen werden Sie verletzen, enttäuschen und im Stich lassen. Auch Ihr Partner ist ein Mensch; wenn Sie von ihm erwarten, daß er all diese Dinge niemals tut, dann erwarten Sie das Unmögliche und handeln sich Schwierigkeiten ein.

Die rational selbstsüchtige pragmatische Einstellung zu einem Fehler, den Ihr Partner begangen hat, besteht darin, daß Sie im Zweifel zu seinen Gunsten entscheiden. Vermeiden Sie Zornausbrüche; sie lösen kein einziges Problem und richten oft bleibenden Schaden an. Worte, die einmal ausgesprochen sind, kann man nicht zurückholen.

Wie üblich, schreibe ich aus persönlicher Erfahrung. Ich hatte einmal eine wunderbare Liebesbeziehung, die nur aus dem Grund zerbrach, weil ich kurzsichtig bin. Meine Geliebte hatte eine Menge fabelhafte Eigenschaften, die allerdings nicht die Fähigkeit zur Verzeihung einschlossen. Die Detonation geschah, als ich mich auf einem Parkplatz ganz harmlos mit einer anderen Frau unterhielt. Wie das Glück es wollte, kam meine Geliebte die Straße entlang und begann zu winken. Aber ich konnte sie nicht erkennen.

Die Explosion war vernichtend. Ich machte mir weniger Sorgen um das Überleben unserer Beziehung als darum, daß ich mit heiler Haut aus dem Vorfall herauskam. Sie gestand mir keinen Zweifel zu, obwohl ihre bisherigen Erfahrungen mit mir ihr keinen Grund gaben, etwas Schlechtes von mir anzunehmen.

Die Prinzipienreiterei geht Hand in Hand mit der Unfähigkeit, Verzeihung zu gewähren. Der Grund dafür ist folgender: Wenn Sie einmal die Beherrschung verloren haben, dann glauben Sie, daß es sehr schwierig wäre, einen Rückzieher zu machen. Aber das ist pure Einbildung. Es ist sogar sehr leicht, einen Rückzieher zu machen, insbesondere dann, wenn Sie jemanden lieben. Sie brauchen es nur zu tun. Ich kann mir keinen sinnloseren Weg für die Zerstörung einer Liebesbeziehung vorstellen, als den, daß man sich auf ein Prinzip versteift.

Über den Umgang mit der Liebe

Leider kommt es sehr oft vor, daß jemand das Glück hat, Liebe zu finden, und sich dann umdreht und sie tötet. In einem solchen Fall wird die Liebe nicht schal, noch schwindet sie dahin; sie wird vernichtet. Der äußere Anlaß ist Eifersucht; vollbracht wird die Tat durch eine Einmischung in das persönliche Wachstum des Partners; der tiefere Grund ist das Besitzergefühl. Sie und Ihr Liebespartner sind zwei eigenständige Menschen. Ihre Gedanken, Ihre Meinungen und Ihre Interessen können nicht vollkommen übereinstimmen. Außerdem würde das die Beziehung fade und langweilig machen.

Die Liebe ist keine einfache Angelegenheit. Es gibt viele Wege, wie man sie zerstören kann. Wenn Sie Ihren Liebespartner als einen Gebrauchsgegenstand betrachten, kann die Katastrophe eintreten, bevor Ihnen überhaupt bewußt wird, was Sie angerichtet haben. Wenn Ihr Liebespartner Werte besitzt, die für Sie wichtig sind, und seinen Beitrag leistet, um Ihre innere Waage im Gleichgewicht zu halten, dürfen Sie nicht nachlässig werden.

Ein Liebespartner ist ein Mensch, mit dem Sie sowohl gute als auch schlechte Nachrichten teilen können sollten. Aber weil er ein Mensch ist, hat er keine Vorliebe für Probleme, und Sie sollten ihn nicht täglich mit schlechten Neuigkeiten überfluten.

Betrachten Sie Ihren Liebespartner nicht als Abfalleimer. Er ist auch nicht verpflichtet Ihr Echo zu sein, das wäre sogar Ihnen gegenüber unfair. Ermutigen Sie ihn, Ihnen gegenüber aufrichtig zu sein.

Denken Sie an die innere Waage – sowohl an Ihre als auch an seine. Lassen Sie keine auf einer Seite zu tief absinken. Praktizieren Sie keine Selbstaufopferung; damit verstoßen Sie nur gegen die Naturgesetze und verlieren seine Achtung. Achten Sie darauf, daß Sie nicht zu tief in der Schuld Ihres Partners stehen, sonst verlieren Sie die Freiheit, Ihre Liebesbeziehung zu genießen. Erfüllen Sie die Bedürfnisse Ihres Partners und achten Sie darauf, daß er Ihre erfüllt. Denken Sie in Wert-für-Wert-Begriffen, dann können Sie nie einen Fehler machen.

Signale, die Ihnen sagen, das etwas nicht stimmt

Je mehr Erfahrungen ich im Laufe der Jahre gesammelt habe, desto weniger war ich geneigt, in eine Situation hineinzugeraten, in der mir das einzige passieren kann, das für mich unerträglich ist: Ich will mich nicht bedrängen lassen.

Wenn Ihre Liebesbeziehung schon wacklig ist, können Sie es nur schwer vermeiden, bedrängt zu werden. Wenn Ihr Partner eine Neigung dazu hat, andere Leute zu bedrängen, können Sie es überhaupt nicht vermeiden. Mir gefällt die Formulierung, die ein Freund von mir geprägt hat: Er glaubt, daß jeder Mensch am Hinterkopf einen kleinen Sicherheitsverschluß für das Glücksempfinden hat. Wenn dieser Verschluß sich bei jemandem öffnet, ist der Betreffende zu einem Leben voller Bedrängungen, Problemen und allgemeinem Unglück verdammt.

Wie kann man erkennen, ob jemand seinen Sicherheitsverschluß für das Glücksempfinden verloren hat? Achten Sie darauf, wie oft Ihr Partner Sie in eine Situation hineindrängt, in der Sie nicht gewinnen können. Solche Situationen sind ungesund; es ist dann sehr leicht, ein Opfer der Theorie »Ich bin verrückt/Du bist normal« zu werden. Und da Sie in einer Liebesbeziehung innerlich viel stärker beteiligt sind als in einer anderen Beziehung, sind Sie nicht nur eine bequeme Zielscheibe, sondern Ihre Fähigkeit, rational zu denken, kann durch Ihre Emotionen beeinträchtigt werden.

Auch ich habe einmal mit einer Frau zusammengelebt, deren Sicherheitsverschluß für das Glücksempfinden nicht mehr funktionierte. Wenn sie Gesellschaft um sich herum hatte, machte sie das schüchtern, wenn sie keine hatte, fühlte sie sich einsam. Armut deprimierte sie, Geld erweckte Schuldgefühle in ihr, weil sie es nicht »verdiente«. Sie haßte es, arbeiten zu müssen, aber wenn sie nichts zu tun hatte, fühlte sie sich minderwertig. Sie konnte einfach nicht glücklich sein.

Und so ging es tagein, tagaus, Woche um Woche, Monat um Monat. Sie war nie zufrieden. Hier ist ein typisches Beispiel für eine Unterhaltung zwischen uns:

ICH: Schau dir diesen Regen an. Das ist das schlimmste Unwetter, das ich seit Jahren erlebt habe.

SIE: Es regnet nicht; die Sonne scheint.

ICH: (Während der Regen noch heftiger herunterpladdert): Hmm, du hast recht; die Sonne scheint.

SIE: Ich glaube, du redest mir nach dem Mund. Du weißt sehr genau, daß es regnet.

ICH: (denke nervös alle Möglichkeiten durch, als mir klar wird, daß ich schon wieder in eine Situation hineinmanövriert werde, in der ich nicht gewinnen kann): Du hast recht. Es regnet. Es ist jedoch möglich, daß die Sonne schließlich durchkommen wird, aber es könnte auch sein, daß es weiterregnet.

SIE: Ich weiß, was du tust. Du versuchst zu beweisen, daß du klüger bist als ich. Aber das wird dir nicht gelingen. Von mir aus kannst du dich zur Hölle scheren.

ICH: Verzeih mir, bitte.

Sie erkennen es sofort, wenn Sie das Glück haben, mit einem Partner zusammenzuleben, dessen Sicherheitsverschluß für das Glücksempfinden in Ordnung ist. Er wird sich alle Mühe geben, nach Freuden zu suchen und nicht nach Konflikten. Wenn der Sicherheitsverschluß nicht funktioniert, wird Ihr Partner ein perverses Entzücken daran finden, Sie in Situationen zu bringen, in denen Sie nicht gewinnen können.

Falls Sie in einer solchen Beziehung leben, dann machen Sie, daß Sie wegkommen. Da helfen keine Bitten, keine Argumente und keine vernünftigen Erklärungen. Die Karten sind schon ausgeteilt, bevor Sie den Mund aufmachen. Sie müssen unbedingt Situationen vermeiden, in denen Sie nicht gewinnen können, wenn Sie es schaffen wollen, Nummer Eins zu werden.

1. Das Kompromiß-Signal

Ein Kompromiß ist entweder ein rational oder ein irrational selbstsüchtiger Akt. Sie »geben nach«, wenn Ihre innere Waage Ihnen sagt, daß das, was Sie im Austausch bekommen, Ihr Verhalten rechtfertigt. Aber wenn Sie zu oft nachgeben und deswegen ein schlechtes Gefühl haben, dann sind Sie wahrscheinlich irrational selbstsüchtig. Nachgeben ist zu oft die Folge eines Betrugs – das heißt, daß Sie Ihre innere Waage mit unrichtigen Informationen beschickt haben.

Wenn eine Liebesbeziehung zu viele Kompromisse verlangt, dann sind die Gegensätze vermutlich zu groß. Das ist für keinen der Beteiligten gut. Sowohl Sie als auch Ihr Partner sollten die meiste Zeit damit verbringen, die Dinge zu tun, die Ihnen Freude bereiten. Wenn das nicht der Fall ist, welches Signal brauchen Sie dann noch, um zu erkennen, daß Sie einen Fehler gemacht haben? Die Lösung ist nicht eine Fortsetzung der Kompromisse, sondern die Suche nach einem Partner, dessen Interessen den Ihren ähneln.

Wenn Ihr Partner Spielregeln befolgt, die Sie entweder nicht gutheißen oder nicht verstehen, dann macht ihn das nicht zu einem schlechten Menschen. Es macht ihn nur für Sie ungeeignet.

Hören Sie auf das Kompromiß-Signal, wenn es versucht, Ihre Aufmerksamkeit zu erregen und dann tun Sie das Richtige, statt Ihrem Instinkt zu folgen. Geben Sie nicht den Einschüchterungen durch Gewohnheit und Tradition nach, die Sie glauben machen wollen, daß Sie aus einem unerfindlichen Grund mehr von Ihrem begrenzten Vorrat an Zeit für den Versuch abzuzweigen, eine unhaltbare Situation in Ordnung zu bringen.

2. Das Signal des gierigen Blicks

Wenn Sie anfangen, gierige Blicke um sich zu werfen, dann stimmt etwas nicht. Ich meine damit nicht den gelegentlichen Blick auf eine schöne Frau oder auf einen gutaussehenden Mann. Ich glaube, daß ein gelegentlicher kleiner Seitensprung verzeihlich ist. Es ist zwar nicht empfehlenswert, so etwas zu tun, aber bis zu einem gewissen Grad verständlich.

Was mich so fassungslos macht, ist der Mann oder die Frau, der oder die den Ehepartner regelmäßig betrügt und trotzdem behauptet, eine gute oder sogar eine sehr gute Ehe zu führen. Das werde ich niemals glauben. Vielleicht bin ich zu altmodisch, um das zu begreifen, aber wenn man einen so phantastischen Ehepartner hat, warum ist es dann noch nötig, den Blick umherschweifen zu lassen? Sex? Unsinn! Das ist nur eine billige Flucht vor der Frustration, die für gewöhnlich die Folge eines tiefliegenden Problems ist; wahrscheinlich ist es das Zeichen einer Unsicherheit, die man sich nicht einzugestehen wagt.

Ich habe bereits die Bedeutung der physischen Attraktion betont. Ich glaube, daß sie im Laufe der Jahre in dem Maße wächst, wie die gegenseitige Achtung und Bewunderung zunehmen. Wenn dieses Gefühl verschwindet, ist das ein Zeichen dafür, daß auch Achtung und Bewunderung verschwunden sind.

Wenn Sie bereit sind, Ihren Partner zu betrügen, ist das ein Zeichen dafür, daß Ihnen zu Hause etwas fehlt. Gestehen Sie es sich ein. Es ist nie gut, sich vor der Wirklichkeit abzuschirmen. Ich bin der Ansicht, daß zwei Menschen, die einander aufrichtig lieben, das Gefühl der physischen Attraktion nicht mit dem Alter verlieren. Wenn sie ihre gegenseitigen Bedürfnisse erfüllen und sich in die gleiche Richtung entwickeln, wird die physische Attraktion noch stärker werden.

Es erstaunt mich immer wieder, wie viele Leute sich in diesem Punkt selbst etwas vormachen. In stundenlangen irrationalen Debatten versuchen sie zu erklären, warum Seitensprünge nichts mit ihren Gefühlen gegenüber ihren Ehepartnern zu tun haben. Ein Bekannter von mir hatte sein Büro in der Stadt, seine Wohnung in einem Vorort. Das war sehr bequem für ihn, weil er ein festes Verhältnis in der Stadt hatte. Seiner Frau erzählte er, daß er fast jeden Abend bis in die Nachtstunden hinein arbeiten müsse. Eines Tages bat er sie, ihn abends gegen elf Uhr vom Büro abzuholen.

Das tat sie auch, und er setzte sich ans Steuer. Unterwegs tat er so, als ob er vor Müdigkeit einschliefe, und wich absichtlich von der Fahrbahn ab (er hatte schon vorher eine dafür geeignete Stelle ausgesucht). Seine Frau schrie, und er »wachte« erschrocken »auf«. Das ganze Theater zahlte sich für ihn wunderbar aus. Seine Frau bestand darauf, daß er über Nacht in der Stadt blieb, wenn er spät arbeiten mußte, und kaufte ihm sogar einen Handkoffer! Die beiden sind inzwischen geschieden. Mich wundert es immer noch, daß die Frau es all die Jahre nicht gemerkt hatte, daß er sie betrog.

Denken Sie daran: Nummer Eins können Sie nur dann werden, wenn Sie auch die schmerzhaftesten und unangenehmsten Tatsachen erkennen und den Mut haben, sich damit auseinanderzusetzen. Wenn Sie oder Ihr Partner die Blicke umherschweifen lassen, ist das ein Warnsignal, daß in Ihrer Beziehung etwas nicht stimmt. Haben Sie den Mut, die Realität anzuerkennen, analysieren Sie den Grund und ergreifen Sie die entsprechenden Maßnahmen.

Wenn Ihre Neigung, sich »umzusehen«, die Folge einer tiefsitzenden Unsicherheit ist, müssen Sie versuchen, eine rationale Lösung dieses Problems zu finden.

3. Das Signal, daß »alles in Ordnung« ist

Ein anderer Bekannter von mir gibt ganz offen zu, daß er sich nicht das geringste aus seiner Frau macht. Als ich ihn fragte, warum er sich nicht scheiden ließe, sagte er, daß er seinen kleinen Sohn nicht aufgeben wolle.

Dafür hatte ich Verständnis, aber ich wollte doch wissen, wie er ein Leben unter solchen Bedingungen ertragen konnte. Er meinte, so schlimm sei es gar nicht. »Sie kommt mir nicht in die Quere und belästigt mich kaum.« Solche Aussagen erschüttern mich immer wieder. Wenn die einzige Funktion der Ehepartner darin besteht, sich gegenseitig nicht in die Quere zu kommen, ist es kein Wunder, daß so viele Ehen geschieden werden, und daß der Ehebruch ein Lebensstil geworden ist.

4. Das Signal der vollkommenen Ehe

Zum Schluß noch eine Geschichte, die beweist, daß auch Frauen keine Engel sind. Ein sehr guter Freund von mir schien eine vollkommene Ehe zu führen. Er und seine Frau waren seit 25 Jahren miteinander verheiratet. Sie schienen viele gemeinsame Interessen zu haben, behandelten einander mit Zuneigung und machten einen glücklichen Eindruck.

Eines Tages brannte die Frau, die damals Anfang vierzig war, mit einem Neunundzwanzigjährigen durch. Als ich später mit meinem Freund darüber sprach, sagte ich, daß ich total überrascht gewesen sei; ich hätte immer geglaubt, daß sie eine vollkommene Ehe führten. Nie werde ich seine Antwort vergessen. Er starrte verloren vor sich hin und sagte: »Ich auch«.

Wie man eine Liebesbeziehung beendet, die keine mehr ist

In einer schlechten Liebesbeziehung geben Sie ständig mehr, als Sie bekommen. Beenden Sie einen solchen Zustand so schnell wie möglich. Die Tatsache, daß Sie eine bestimmte Anzahl von kostbaren Jahren in eine Beziehung investiert haben, die Ihnen mehr Kummer als Freude bereitet hat, bedeutet nicht, daß Sie noch mehr Jahre darauf vergeuden sollen. Überlassen Sie die Entscheidung über Ihr Glück (oder Unglück) nicht einer anderen Person; Sie selbst sollten die Kontrolle über Ihr Schicksal haben. Schieben Sie Ihre Entscheidung nicht auf, denn die Zeit steht nicht still.

Es gibt keinen Grund, warum eine schlechte Beziehung aufrechterhalten werden sollte. Falls Kinder vorhanden sind, sollten Sie Ihnen eine Chance geben. Gehen Sie aus dem Leben Ihres Partners heraus, so daß die Kinder ihre Eltern endlich wieder in einer unbeschwerteren Verfassung erleben können als bisher.

Schuldgefühle wären fehl am Platz. Sie und Ihr Partner sind Erwachsene und hätten sich trennen können, bevor die Sache zu weit gegangen war. Schuldgefühle wären nur berechtigt, wenn Sie versuchen würden, die Stücke einer zerbröckelnden Beziehung zusammenzuhalten.

Die einzige Realität ist die Gegenwart. Die Vergangenheit ist vorbei und existiert nicht mehr. Die Zukunft ist eine Möglichkeit oder bestenfalls eine Wahrscheinlichkeit, aber keine Realität. Nur das, was Sie jetzt mit Ihrem Partner erleben, ist Wirklichkeit.

Wenn Sie zehn Jahre lang ein treuer Ehemann waren, können Sie von Ihrer Frau erwarten, daß Sie Ihnen einen einmaligen Seitensprung verzeiht. Aber wenn das im Alter von vierzig Jahren zur Gewohnheit wird, dann wird eine rationale Frau erkennen, daß das, was Sie gestern getan haben, dem entspricht, was Sie gestern waren. Was Sie heute tun, entspricht dem, was Sie heute sind. Nichts gibt Ihnen das Recht, Ihren Partner ständig schlecht zu behandeln.

Die Menschen verändern sich im Laufe der Jahre. Wenn zwei Liebespartner sich in verschiedene Richtungen entwickeln, werden sie allmählich zu Fremden.

Bei der Untersuchung der Frage, ob Sie in einer schlechten Liebesbeziehung leben, brauchen Sie nur einen Faktor zu berücksichtigen: Sagt Ihre innere Waage Ihnen, daß das, was Sie aus der Beziehung gewinnen, das wert ist, was Sie hineinstecken? Wenn die Antwort nein lautet, dann ist es eine schlechte Liebesbeziehung, die Sie nicht aufrechterhalten sollten.

Blicken Sie nie zurück

Wenn Sie entschieden haben, daß Ihre Liebesbeziehung nicht mehr die Forderungen erfüllt, die notwendig sind, damit Sie ein glückliches Leben führen können, und wenn Sie beschlossen haben, sich zu trennen, dann möchte ich Ihnen einen guten Rat geben: Blicken Sie nicht zurück. Fast immer fühlt man sich versucht, zurückzugehen und es noch einmal zu versuchen. Das ist zwar möglich, aber es funktioniert nur sehr selten.

Sicherlich spielt dabei zumindest unbewußt die Erinnerung an die Schmerzen und an die Zeit eine Rolle, als Sie nach dem richtigen Partner suchten. Das allein genügt, um jeden zu entmutigen. Nachdem Sie seit so vielen Jahren mit dem Suche- und Ablehnungsmuster nichts mehr zu tun hatten, kann die Aussicht, all das noch einmal durchzumachen, furchterregend sein. Es gibt wohl nur eins, das schlimmer sein könnte: ein Leben in einem stumpfen, quälenden Nichts.

Sind Sie – im Alter von dreißig, vierzig oder fünfzig Jahren – bereit, den Preis für ein besseres Leben zu bezahlen?

Die große Belohnung

Ob Sie noch niemals geliebt haben oder jetzt in einer schlechten Beziehung leben und den Wunsch haben, endlich das Richtige zu finden – es wartet ganz bestimmt dort draußen auf Sie, das kann ich Ihnen garantieren. Und wenn Sie endlich die Liebe entdecken, dann versäumen Sie es nicht, sie zu nähren und zu pflegen. Lassen Sie es nicht zu, daß sich Ihnen jemand in den Weg stellt, wenn Sie den richtigen Menschen gefunden haben – weder Vater noch Mutter, Sohn oder Tochter, Ehemann oder Ehefrau.

Der Ehemann oder die Ehefrau sollte natürlich kein Faktor sein, wenn die Zeit gekommen ist. Wenn die Beziehung nicht gut war, hätte sie zu diesem Zeitpunkt getrennt sein sollen, damit Sie beide frei gewesen wären, nach dem richtigen Partner zu suchen. Solange zu warten, bis die Kinder erwachsen sind und die Ehefrau ihre besten Jahre hinter sich hat, ist die schlimmste irrational selbstsüchtige Aktion, die ein Ehemann unternehmen kann.

Seien Sie rational selbstsüchtig und haben Sie den Mut, jetzt schon anzufangen, den erforderlichen Preis zu zahlen. Und wenn Sie das Richtige gefunden haben, dann sollten Sie sich nicht davor fürchten. Das Morgen wird schnell genug da sein und seinen Anteil an unerfreulichen Dingen mitbringen. Noch wichtiger ist die Überlegung, daß es vielleicht kein Morgen geben wird. Die Realität ist nur das Heute, und wenn Sie heute glücklich sind, dann nützen Sie es aus.

Lassen Sie sich gehen, wenn Sie den richtigen Menschen gefunden haben. Widmen Sie sich voll und ganz den Freuden der Gegenwart. Lieben Sie und lassen Sie sich lieben und halten Sie nicht nach Problemen Ausschau. Sie und Ihr Partner sollten sich gegenseitig Ihre Bedürfnisse erfüllen. Erhalten Sie Ihre innere Waage im Gleichgewicht. All das bedeutet Genuß, das Endergebnis Ihrer Bemühungen, für Nummer Eins zu sorgen.

Die Auswirkungen dieses Kapitels auf mein eigenes Leben

Inwieweit könnte meine Philosophie über Liebesbeziehungen eine Auswirkung auf mein Liebesleben haben? Im gleichen Maße wie es bei meiner Philosophie über die Freundschaft der Fall war. Sie erspart mir Arbeit, indem sie diejenigen Leute, die kein Verständnis für die Schönheit einer Wert-für-Wert-Liebesbeziehung haben, ermutigt, sich selbst aus meinem Leben auszuschließen. Das ist ein großer Vorteil; ich bin dankbar für alles, was mir beim Eliminationsprozeß hilft. Es erhöht die Chancen jener Rosen dort draußen, besser gesehen zu werden.

9. Kapitel
Die Startlinie

Soll ich Ihnen etwas sagen? Jetzt, da ich fertig bin, macht es mich froh, daß das Leben nicht so ist, wie es von der Werbung dargestellt wird. Dadurch daß ich dieses Buch geschrieben habe, statt in Rio Ferien zu machen, bin ich wieder daran erinnert worden, wie aufregend und schön das wirkliche Leben sein kann.

Ich hoffe, daß Sie vor allem folgendes begriffen haben: daß die Bewältigung der Hürden, die wir diskutiert haben, Ihr Leben zu einem freudvollen Erlebnis machen kann, zu einer Reise, bei der das Vergnügen bei weitem die unangenehmen Augenblicke überwiegt. Und wenn Ihre Zeit einmal abgelaufen ist, können Sie sich dann einen schöneren Nachruf vorstellen, als daß Sie sich auf Erden wohlgefühlt und niemals in das Leben anderer Menschen eingemischt haben?

Wenn wir wirklich die gleiche Wellenlänge haben, dann wissen Sie, daß dieser Nachruf kein Zufall ist. Um all die Hürden zu bewältigen, müssen Sie hart arbeiten. Die Arbeit ist der Preis, das Glück ist der Lohn. Es erfordert Mühe, hellwach zu sein und bewußte, rationale Entscheidungen zu treffen; es erfordert Mühe, sich nicht selbst zu täuschen und Ihre innere Waage für das Glücksempfinden mit unrichtigen Informationen zu beschicken; es erfordert Mühe, sich auf die »Ist's« des Lebens zu konzentrieren und die »Sollte-sein's« zu ignorieren, die Sie ständig dazu verlokken vom Kurs abzuweichen.

Außer der Mühe erfordert es auch Mut – den Mut, den gewohnten Lebensstil zu ändern und sich für einen besseren zu entscheiden. Sie beginnen, den erforderlichen Mut aufzubringen, wenn Sie Ihre Probleme in die richtige Perspektive stellen. Diese Probleme sind nicht unüberwindlich. Denken Sie daran, daß es immer einen Ausweg gibt – eine Methode, um von der Stelle, wo Sie jetzt sind, dorthin zu gelangen, wo Sie sein möchten. Es ist nicht unmöglich, etwas zu ändern; es ist nur schwierig. Durch Kompromisse werden Sie es nicht erreichen; durch das Wegschieben von

Störungen werden Sie es nicht erreichen; durch das ständige Mitschleppen von überflüssigem Gepäck werden Sie es ebenfalls nicht erreichen.

Erreichen werden Sie es nur dadurch, daß Sie den Preis bezahlen, und zwar in der Form, daß Sie Ihr Leben von Komplikationen befreien, oder daß Sie neue Erfahrungen ausprobieren, von denen einige Ihnen Schmerzen bereiten werden; andere werden Sie jedoch zu Freuden führen, von denen Sie bisher nicht einmal geträumt haben. Bezahlen Sie den Preis, indem Sie auf die Suche nach den Menschen gehen, die Sie brauchen – und suchen Sie sorgfältig. Kaufen Sie sich so viele von der besten Sorte, wie Sie es sich leisten können; sie werden Ihr Leben um viel Glück bereichern, wenn Sie bereit sind, mit ihnen auf einer Wert-für-Wert-Basis zu verkehren.

Und die anderen? Lassen Sie sie, wo sie sind. Menschen, die Sie einschüchtern würden – durch Referenzen, Gewohnheit und Tradition, Konformität oder irgendeinen anderen Trick – haben keinen Platz in Ihrer Planung, Nummer Eins zu werden. In einigen Fällen werden Leute, die Ihnen Probleme bereiten, sich sowieso in Ihr Leben hineindrängen. Sie werden Sie jedoch nur so lange belästigen, bis Sie es gelernt haben, sie daran zu hindern.

Von heute an ergreifen Sie die Kontrolle über Nummer Eins. Und wenn Sie bereit sind, mit der Bewältigung der Hürden zu beginnen, dann lassen Sie sich von niemandem zurückhalten. Bevor Sie an die Startlinie herantreten, noch eine Warnung: Begehen Sie keinen Betrug. Unter Startlinie verstehe ich die Linie, von der aus Sie zu langfristigen Lösungen gelangen. Wenn Sie einmal angefangen haben, ist kein kurzfristiges Flickwerk mehr gestattet. Sobald Sie auf die erste Hürde zuspringen, müssen Geduld und Selbstdisziplin – das Festhalten an Ihrem Spielplan – Ihr Motto sein. Richten Sie alles auf eine langfristige Lösung aus. Bezahlen Sie den vollen Preis für Liebe, Freundschaft und materiellen Gewinn. Auf diese Weise wird Ihr Leben nicht ein ständiger Wiederholungslauf zu den Hürden sein, die zwischen Ihnen und der Freiheit stehen, welche das Ergebnis Ihrer Bemühungen, Nummer Eins zu werden, ist.

O je – fast hätte ich Murphy vergessen. Denken Sie stets daran, daß er dort draußen ist und nur darauf wartet, Ihnen eins auszuwischen. Aber im Grunde genommen ist er nur ein verspielter alter Gauner. Ich habe manchmal den Verdacht, daß es ihm heimlich Spaß macht, wenn Sie seine kleinen Streiche durchkreuzen. Ich glaube, daß er tatsächlich Ihre rationale Anwendung der Theorie, auf das Schlimmste gefaßt zu sein und das Beste zu erhoffen, bewundert. Murphy oder die Natur oder beide werden ständig dafür sorgen, daß die Bedingungen sich ändern, aber sobald Sie sich damit vertraut gemacht haben, werden Sie dieses Phänomen handhaben, als ob es ein alltägliches Ereignis ist – was es tatsächlich auch ist.

Also los, wenn Sie bereit sind, dann treten Sie jetzt an die Startlinie. Denken Sie daran, daß die Uhr nicht erst dann anfängt zu ticken, wenn Sie starten; *sie tickt bereits.* Wenn Sie die Fähigkeit haben, bewußte rationale Entscheidungen zu treffen, die zu Freude und Genuß führen, dann bleibt nur noch diese Frage übrig: Haben Sie auch den Mut?

Ich persönlich bin der Meinung, daß Sie die Freude, Nummer Eins zu werden, verdient haben. Wie kann ich eine solche Aussage machen, wenn ich Sie gar nicht kenne? Weil ich glaube, daß jeder Mensch das Recht hat, nach einem glücklichen Leben zu streben, solange er nicht gewaltsam in das Leben anderer eingreift. Fangen Sie noch heute an, für jemanden etwas Gutes zu tun, den Sie wahrscheinlich viel zu lange vernachlässigt haben: für Nummer Eins. Die Welt schuldet Ihnen vielleicht nichts, aber Sie schulden sich selbst der Welt.

Viel Glück, und passen Sie auf Ihre Zehen auf, während Sie jede Hürde überspringen. Falls Sie über eine stolpern, dann ist das nur eine Prüfung von Murphy. Bleiben Sie beharrlich, und ich glaube, er wird Sie respektieren. Stehen Sie auf und versuchen Sie es immer wieder, bis Sie die Hürde bewältigt haben.

Und wenn Sie alle Hürden bewältigt und das Zielband zerrissen haben, dann haben Sie nicht die Ziellinie erreicht, sondern die *Startlinie* für den Beginn eines Lebens, in dem rationale Träume Wirklichkeit werden.